세금을 다시
생각하다

조세 전문가의 한국 사회 돌아보기

# 세금을 다시
# 생각하다

소순무 지음

# 바른 세금을 위한
# 공감대를 넓히는 계기가 되기를

내가 《조세일보》에 칼럼을 기고하기 시작한 것은 2015년 하반기부터이다. 그로부터 2019년 말까지 105편을 게재했다. 기고의 동기는 오랜 기간 저술과 조세 실무를 거쳤지만, 무엇인가 세상을 향한 메시지가 필요하다고 생각했기 때문이다. 소수 인원만이 접하는 개개의 사건이나 논설에 머물지 않고 납세자인 모든 국민이 알아야 하고 공감하여야 할 일이 많아졌기 때문이기도 하다. 그 통로로 조세 언론 매체인 《조세일보》가 제격이었다.

칼럼 쓰기는 쉽지 않은 일이었다. 대략 2주에 1편을 기고하기로 하였는데 겨우 1편을 송고하고 나면 이내 기고일이 턱밑에 와 있었다. 많은 시간을 할애할 수 없어 완성도가 떨어지는 경우도 적지 않았다. 주제에 제한을 두지 않았지만, 세금과 연관이 있는 분야로 한정하였다. 조세 실무 경력 이외에 앎의 깊이가 미치지 못하는 점이 마음에 걸리곤 하였다. 그동안 칼럼을 통하여 내놓은 제언이나 개선책이 조세 입법이나 집행에 얼마나 영향을 미쳤는지는 가늠하기 어렵다. 큰 호응이 있었던 것도 아니어서 대답이 없는 메아리에 그치는 것이 아닌가 하는 우려도 있었다.

그렇지만 그동안의 칼럼 내용이 조세 입법부터 조세 집행, 조세사 등 조세 전반에 걸친 것이어서 이를 정리하여보는 것도 의미 있는 일이라고 보았다. 책자로 발간하면 더 많은 관심층에 쉽게 다가갈 수 있기 때문이다.

우리 조세 시스템은 경제 발전과 규모의 확대와 더불어 조세 행정의 측면에서는 탄탄한 구조를 쌓았다. 그러나 세제나 납세 의식을 비롯한 조세 문화는 크게 나아지지 않고 있다. 촘촘한 과세 그물망으로 탈세나 조세 탈루는 적어졌지만, 자발적 납세보다는 위험 회피에 더 무게가 실리는 듯하다.

국가나 지방자치단체의 살림에 대한 공동 기여에 참여하고 재정의 주역이 된다는 의식은 희박하다. 세금은 빼앗기는 것이라는 생각이 앞서 방어적 인식이 강하다. 무엇 때문일까? 세금이 납세자를 위해 제대로 쓰이고 있지 않다는 생각이 지배하고 있다. 게다가 인간의 이기적인 본성인 '혜택은 나에게, 부담은 다른 사람이'라는 인식이 바탕에 자리 잡은 결과이다. 세금은 '공돈'이라는 잘못된 인식이 고쳐지지 않으면 조세 문화의 선진화는 기대하기 어렵다.

그 개선의 출발점은 조세 입법이다. 이어 조세의 징수와 재정의 편성과 집행이다. 이 모두 조세 제도의 일환이다. 이를 관통하는 정신은 헌법상의 재산권 보장, 조세 원칙이다. 조세 정의란 이 모든 영역에서 살아 숨 쉬어야 한다. 아쉽게도 조세 입법을 담당하는 정부와 국회, 징수와 집행을 담당하는 정부, 조세 구제를 담당하는 법원이나 헌법재판소까지 헌법에서 나오는 조세 정의에는 감각이 무디다. 조세는 경제 현상과 불가분의 관계에 있다. 무턱대고 입법을 한다고 예상대로 되는 것이 아니다. 그럼에도 조세 영역도 입법 만능의 사고가 뒤덮고 있지 않나 하는 우려가 크다.

칼럼 내용을 정리함에 있어 조세 각 영역으로 구분해보았다. 여러 영역이 겹치기도 하지만, 내용의 중점이 어디에 있는지를 기준으로 하였다. 쉽게 써보려고 하였으나 일반 국민의 시각에서는 내용이 어려울 수도, 전문적인 수준일 수도 있다. 칼럼 중 오랜 것은 4년이 넘었다. 그동안 칼럼에서 다루었던 문제들이 해결되거나 입법화 혹은 변화가 있었다. 그래서 오늘의 시각에서 달라진 부분은 '후기'로 간단히 설명을 덧붙이기로 하였다.

아울러 칼럼 게재의 총정리로서 「조세 정의, 누가 어떻게 세울 것인가?」라는 제목의 글을 새로 썼다. 이는 내가 제48회 한국법률문화상을 수상하면서 상금 전액을 한국세법학회에 기부하여 연구 과제로 삼아줄 것을 요청한 것이기도 하다.

독자는 일반 납세자는 물론이고 기업에서의 세무 업무 종사자, 변호사, 공인회계사, 세무사 등 전문직, 조세 관련 업무를 다루는 공직자들이 대상이다. 이 책자로 독자들이 지금까지 인식하지 못하였던 우리 조세 시스템의 현주소와 과제에 대하여 새로운 시각을 갖게 된다면 큰 보람이라고 생각한다. 아직도 조세 관련 업무에 종사하는 많은 공직자가 조세의 기초 없이 중대한 업무를 담당하는 경우가 허다하다. 특히 조세 쟁송 업무를 담당하게 되는 심판관, 법관, 헌법재판관 등이 조세 현실을 좀 더 이해하여 업무에 조그만 도움이 된다면 가치 있는 일이 될 것이다. 조세 선진화는 민간 영역과 공적 영역이 함께해야 가능한 일이다. 이 책이 양 축軸의 조세 정의를 위한 공감대를 넓히는 계기가 되기를 소망한다.

끝으로 외삼촌을 위해 기꺼이 삽화를 그려준 세종고 신현재 선생, 원고의 정리를 도와준 임태욱 세무학 석사, 책자의 출간이라는 어려운 결정을 해주신 21세기북스 김영곤 대표님과 관계자 여러분께 감사의 말씀을 드린다.

# 차례

**제1장**　# 조세 입법

## 제4장 조세 구제 절차

## 제5장 조세 헌법

## 제6장 공익·기부 세제

**제7장 조세 정책 및 조세 제도**

# 조세 정의,
# 누가 어떻게 세울 것인가?

## 세금에 대한 인식

세금, 오늘 우리 국민은 이를 어떻게 생각할까? 주택에 대한 양도소득세는 집 한 채를 가진 국민이라면 모두 신경을 곤두세운다. 우리 세법에 양도소득이 과세 대상으로 등장한 것은 1954년이지만 1974년 부동산투기억제세를 전환한 것이 부동산 양도소득세이다. 이때부터 본격적으로 국민 속에 가장 민감한 조세의 하나로 자리 잡게 되었다. 국세청이 따로 만들어진 것은 1966년이다. 전후 재정이나 경제 규모가 보잘것없었던 두 세대 전만 하여도 일반 국민에게 세금은 별 신경을 쓰지 않아도 되는 공적 부담이었다. 오히려 도로 보수 등 몸으로 때우는 부역이 더 큰일이었다.

 국가가 국민의 삶을 적극적으로 보살피겠다는 복지 국가를 지향하면서 재정 규모는 커져야 했다. 이에 따라 각종 조세가 새로 생겨나고 납세자의 부담도 가파르게 늘어났다. 조세 부담률은 이미 20%를 넘어섰다. 빈부 및 계층 간의 차이로 인한 갈등, 노사의 대립 등으로 '우리 살림을 우리가 꾸린다'는 공동체 의식은 사라지고 '세금은 네가, 그 혜택은 내가'라는 이기적인 인식이 자리 잡고 있다. 대부분의 나라에서 나타나는 현상이지만 건강한 것이라고 할 수 없다. 조세 정의는 세금이 지향하여야 할 궁극의 목표이다. 문제는 조세 정의란 무엇이며 누가 어떻게 이를 세울 것인가이다.

## 세법이란?

국가가 생겨나면서 재정 수요를 충족하기 위한 세금의 징수는 필수적이었으므로 어떤 형태로든 재정 조달을 위해 세금을 걷는 룰은 존재하였다. 다만 왕이나 영주 등 지배자의 판단에 따른 임의적인 룰에 따라 이루어져 정작 세금을 내야 하는 국민의 의사는 무시되고 감내하기 어려운 부담에 시달렸다. 동서양을 막론하고 왕조 말기에는 세정이 문란해져 왕조의 종말로 이어졌다.

　서구에서 근대 시민혁명의 단초인 1215년의 영국 존John 왕과 귀족 사이에 맺어진 마그나 카르타는 '대표 없이 과세 없다'는 보편적인 원칙을 싹틔우는 계기가 되었다. '대표 없이 과세 없다'는 원칙은 오늘 국민을 대표하는 국회에서 법률에 의하여야 한다는 조세법률주의의 원칙으로 진화되었다. 조세 정의의 출발점은 누가 얼마나 조세 부담을 하여야 할 것인지를 정하는 조세 입법이다.

　오늘날 어느 나라든 조세가 법률에 의하지 않은 경우는 없다. 조세법률주의는 누구나 아는 당연한 것이지만 국회에서 세법을 만든다고 하여 다 바른 세법이 되는 것은 아니다. 세법의 형식이 법률에 의하면 족하다는 것이 아니고, 내용이 조세 정의에 부합하여야 한다. 조세 정의를 정의定義하는 것은 정말 어렵다. 국가 체제와 진보와 보수라는 일반의 성향, 노사와 빈부 계층에 따라 폭이 다르다. 세제 법률이 국회를 통과하였다고 하여 그 정당성이 당연히 부여되는 것은 아니다. 그만큼 세법의 내용은 헌법 정신에 부합하여야 하는 것이다. 어느 것이 헌법에 맞는 조세 정의인가는 헌법의 해석, 적용의 문제이기도 하다.

세법은 헌법 없이 그 정당성을 갖지 못한다. 그만큼 헌법은 세법의 입법, 나아가 그 집행에 이르기까지 필수적인 지표로 기능한다. 세법의 주요 통과 무대인 예산 정기국회에서 매년 세법 개정안을 둘러싸고 일어나는 난맥상은 눈감기 어렵다. 개별적인 정치적 이해관계에 따라 누구도 예측하지 못한 의원 입법안이 튀어나오고 쉽게 변형되어 통과된다. 이런 경우 통과된 세법의 내용이 실제 어떠한 것인지 바로 알기도 어려운 것이 현실이다. 예측 가능성이 무시되고 검증의 기회조차 주어지지 않는다. 아무런 조세 철학을 찾아볼 수 없는 세제 입법은 이제 그만두어야 한다.

## 세금과 경제

세수를 늘리기 위하여 과세권자가 징세권을 강화하고 세무조사를 일상화하면 어떻게 될까? 세수가 늘어나기는 하겠지만 얼마나 늘지, 그것이 효율적인지는 생각해보아야 한다. 세원이 날로 투명해지고 조세 탈루에 대한 제재는 무거워지고 있다. 오늘의 납세자는 과거와 달리 고지서를 받는 것이 아니라 거의 자진납세를 하고 있다. 종래 부과 방식에 의하던 조세는 태반이 신고납부 방식으로 바뀌었기 때문이다. 그에 따라 신고에 의한 세수가 전체의 태반을 차지한다.

과세 관청이 세무조사 방법에 따라 걷는 세수를 '노력세수'라고 한다. 노력세수의 비율은 2010년부터 2018년 통계를 보면 대략 4조 원에서 7조 원이다. 전체 국세 세수의 2%에서 4%에 불과하다. 결국 세수를 늘리는 데 세무조사는 한계가 분명하다. 경기의 활성화와 소득의 증가가 해결책이다. 세수 당국이 가만히 있어도 세수는 두 요소가 작동하면 저절로 늘어난다. 반면 노력세수는 제한적이다. 세수는 경제와 움직임을 같이한다. 경제는 법으로 좌우할 수 없다는 것이 우리의 오랜 경험에서 우러난 결론이다. 그러나 정부나 입법자는 입법으로 이를 좌우할 수 있다고 생각한다. 무책임할 뿐인 엄청난 착각이다. 과세징수권의 한계를 알아야만 올바른 세정이 가능하다. 우리 모두 빠짐없이 새겨두어야 할 점이다.

## 납세 문화의 수준

우리 납세 문화의 수준은 어디에 와 있을까? 우리는 초등학교부터 납세를 국민의 4대 의무 중 하나로 배워왔다. 의무는 그 성격상 자발적 요소는 찾기 어렵다. 그렇지만 세금을 다루는 조세법률관계는 종래 권력관계설에서 채무관계설로 변해왔다. 세금의 자진신고가 늘어감에 따라 조세의 자기부과라는 용어도 익숙하게 되었다. 자기부과란 국가 등 공동체의 존속과 유지, 복지를 위하여 구성원 스스로 담세 능력에 따라 자발적으로 내는 절차라는 배경을 갖고 있다.

모범 납세자가 많지만, 고소득 전문 직종, 자영업자, 중소기업 오너의 조세 포탈로 조세 탈루 보도는 이어지고 있다. 아직도 지하경제는 그 규모가 크다. 납세자 사이에 세금은 빼앗기는 것이라는 인식이 강하면 아직은 조세 후진국이다. 어느 납세 의식 연구 조사 결과에 따르면, 자기 몫의 세금 납부에 대하여서는 너그럽지만 남의 세금 납부에 대하여는 엄격한 잣대를 내세우고 있는 것으로 나타났다. 또한 고액 납세자에 대한 사회적 기여 평가에는 인색하다. 아직 납세 의식 수준을 개선하여야 할 부분이 많은 것이다. 세금은 우리 모두를 위한 몫이라는 인식으로 바뀌려면 어떠한 문제를 해결하여야 할까?

## 납세자는 어떠한 대우를 받아야 하는가?

국가든 지방자치단체이든 존립 기반은 세금이고 그 세금은 국민 또는 주민인 납세자로부터 나온다. 세금에는 납세자의 대다수가 부담하는 간접세인 부가가치세 등과 개별적으로 내는 소득세, 법인세, 상속증여세 등이 있다. 간접세의 비율은 3분의 1 정도이다. 소득세는 다양하게 분류할 수 있지만, 근로소득세의 면세율은 한때 48%까지 기록하였다가 아직도 30%가 훨씬 넘고, 종합소득세의 최고세율은 46.2%(지방소득세 포함)이다. 고소득자, 대규모 법인이 조세의 태반을 부담하고 있지만, 국가 재정의 최대 기여자인 이들은 제대로 대접을 받지 못하고 있다.

　매년 3월 3일은 납세자의 날이다. 당초 조세의 날이었다가 납세자를 존중한다는 의미에서 이름을 바꾼 것이다. 그럼에도 납세자의 날은 정부 행사의 하나에 불과하다. 대통령이 납세자의 날 행사에 참석하거나 예산 시정연설에 납세자에게 감사의 뜻을 표하는 일은 보기 어렵다. 세법을 만들면 당연히 이를 이행하여야 할 의무의 주체로만 납세자를 대한다. 세금을 납부하지 않으면 가산세, 조세 포탈 명단 공개, 출국 금지의 엄격한 제재를 가하지만, 평생 성실히 납부한 기업인이 망하여도 재생의 기회를 주기 위한 지원이나 납부한 세금의 일부를 돌려주는 제도는 전혀 없다.

일부 선진국에서는 세금을 더 많이 납부하려고 노력한다. 노후에 지급받을 연금액이 늘어나기 때문이다. 내기만 하는 것이 아니라 어려울 때 돌려받는다. 그러한 제도가 없는 우리나라에서는 '세금은 빼앗기는 것'이라는 인식이 강하다. 더구나 세금을 공돈처럼 쓰거나 허투루 써대니 누가 기꺼이 세금을 내려 하겠는가?

조세나 조세 행정에 대한 납세자들의 시선이 동서고금을 통틀어 좋을 리 없다. 조세 문화 선진국인 스웨덴도 예외는 아니었다. 그러나 세제와 세무 행정의 개혁을 통하여 세상을 바꾸어놓았다. 이와 관련한 내용은 『스웨덴 국세청 성공스토리』라는 단행본으로 간행되었다. 납세자를 존중하면 재정이 투명해지고 빈부의 갈등이 줄어들며 국민으로서의 자긍심이 높아진다. 민관이 합심하여 변화를 이끌어내야 한다. 그렇지 않으면 후진적 갈등을 면할 수 없다. 정의로운 사회는 더 멀어질 것이다.

## 조세 정의는 세금의 시작부터 끝까지

조세 정의는 세금을 말할 때 항상 따라붙는 표어이다. 조세 정의를 정의定義하는 것이 정말 어렵다는 것은 앞에서도 이야기한 바 있지만 "납세자 모두 그 능력에 맞게 골고루"라고 말할 수 있겠다. 언뜻 세금을 걷는 것만 연상이 되지만 실제론 여러 단계를 거친다.

먼저 세금을 누구로부터 얼마나 걷을 것이냐를 정하는 세법 입법의 문제이다. 세법은 재정의 기초로서 나라 살림을 살아야 하는 정부가 주도적으로 입법안을 만들어왔다. 국가마다 정부와 의회의 역할이 다르기는 하지만 우리는 전통적으로 정부가 주도하고 있다. 국회의 권한이 강화되면서 수많은 의원 입법으로 세법이 생겨나고 바뀌지만 큰 틀은 여전히 정부 수중에 있다. 정부는 국가 계획, 복지 수준, 재정 상황에 집권당의 정책을 반영하여 세제 개정안을 마련한다. 주무 관서는 기획재정부 세제실이다. 관료 조직이다. 그 전문성은 한계가 있다. 따라서 연구 기관이나 학자, 실무가의 도움이 필수적이다. 매년 땜질식이 아닌 장기적인 플랜 아래 진행해야 한다. 그렇지만 지금의 세제안은 그때그때의 문제를 모면해보려는 미봉책에 그치는 경우가 많다. 조세 철학이 없고 장기적인 대책이 보이지 않는다. 오래된 세제발전심의위원회가 있지만 제구실하기에는 전문성이 없고 각계의 목소리를 듣는 통과 의례에 그치고 있다. 이제 그 역할을 마감하고 전문가가 상시적으로 관여하고 조언하는 시스템으로 전환하여야 한다. 그래야 세법이 고도화하고 안정성을 띨 수 있다. 세법 개정안을 심의·통과시키는 국회 역시 전문성을 강화하여야 한다. 조세 감면에 매달리는 의원 입법안보다 정당의 정강·정책을 반영한 세법안을 내놓아야 하고 예산정책처, 입법조사처도 적극 활용하여야 한다. 정당이 아닌 몇몇 의원들이 세법 개정안을 내는 현재 관행은 사라져야 한다.

세법을 마련하면 다음 단계는 집행이다. 국세청이 맡고 있다. 조세 행정의 발전으로 이제 세무 공무원이 걷으러 다니는 일은 사라졌고, 세무조사로 징수하는 것도 아주 일부에 불과하다. 대부분 납세자들이 자진납부한다. 세무서는 수집된 방대한 과세 자료를 바탕으로 신고의 적정성을 검토하고 필요하면 세무조사를 통하여 검증한다. 징수 과정에서의 조세 정의는 관심 대상이 아니다. 그렇지만 세무 공무원은 세법을 구석구석 형평에 맞게 적용하여 징수하여야 한다. 새로운 세원을 방치하거나 알고도 징수하지 않는다면 조세 정의를 해치는 것이다. 종교인에 대한 근로소득세 과세는 세법상 당연한 것이고 징수를 실행하면 되는데 세법 외 사정으로 오랫동안 과세가 미루어졌다. 당연한 것을 원칙을 틀어 다른 납세자군보다 많은 특혜를 주는 세법을 만든 다음에야 겨우 징수를 시작하였다. 손쉬운 원천징수를 강화하면서 징수가 어려운 지하경제 과세에 힘을 쓰지 않는 것은 조세 정의에 반한다.

이렇게 징수한 세금은 국가나 지방자치단체 예산에 편입되어 지출 항목이 정해진다. 거둔 세금을 어디에 어떻게 쓸 것인지 정하는 것이다. 예산안은 집권당이 주도하는 정부의 정책에 따라 쓸 곳이 달라진다. 제출한 예산안은 국회에서 심의·확정한다. 이른바 예산 국회의 책무이자 권한이다. 어디에 어떻게 쓸 것이냐는 집권당의 정책에 따라 달라지겠지만 효율적으로 형평에 맞게 정해야 하는 것이 철칙이다. 세금은 집권당의 전리품이 아니다. 정권이 교체되면 예산 낭비가 항상 문제가 되어 감사원의 감사 대상이 되어온 것이 어제

오늘의 일이 아니다. 쪽지 예산이 무엇인가? 힘 있거나 예결위에 참여한 지역구 의원의 나눠 먹기 행태이다. 세법 통과를 빌미로 예산 당국의 팔을 비틀어 특정 예산을 증액시키는 것이다. 그리고서는 지역구에 본인이 한 예산을 확보했다면서 공치사하고 지역구민은 이에 박수를 친다. 가장 골고루 나누어야 할 세금을 힘으로 밀어붙여 더 가져가면 어떻게 되나? 남의 몫을 빼앗는 것이 어떻게 정당화되고 칭찬받을 일인가? 이러한 후진성이 부끄럽다.

　마지막으로 조세 쟁송 절차에서의 정의이다. 납세자가 부당하거나 위법한 과세 처분 또는 잘못된 과다 신고를 바로잡는 절차이다.

조세 쟁송에서 조세 정의가 가장 빈번하게 등장하지만, 개별적·구체적인 사건에 관한 것이기 때문에 그 영향이 미치는 실질 범위에는 한계가 있다. 그러나 그 절차를 통하여 다른 납세자나 과세 당국, 나아가 입법자에게 주는 메시지는 의미가 크다.

조세 행정심판이나 조세 소송에서 나오는 세법 해석의 원칙은 세법에 규정된 과세나 면세의 범위를 실질적으로 넓히기도 하고 좁히기도 한다. 조세법률에 대한 위헌심판은 세법 자체의 효력을 좌우할 수 있다. 정의에 반하는 조세법에 대한 가장 강력한 견제 수단이며 납세자 보호의 보루이기도 하다. 그러나 조세 행정심판이나 조세 소송 단계에서 조세 정의라는 거대한 화두는 세법 규정에 얽매이어 큰 힘을 발휘하지 못한다. 아직도 담당 인력을 전문화하지 못하여 역량이 부족한 탓도 있다.

헌법재판소 출범 초기에 조세법률은 위헌 판단을 가장 많이 받는 법역이었다. 토지초과이득세법, 택지소유상한에 관한 법률, 양도소득에서 기준시가 제도, 법인세 소득처분 제도 등 굵직한 이슈가 위헌 판단을 받았다. 헌법이 가장 잘 작동하는 시기였다. 그러나 근래 헌법재판소의 위헌 통제는 아주 소극적이다. 위헌 판단을 찾기 어렵다. 조세법률이 국가 재정의 근간이라는 특수성을 감안하더라도 그렇고, 그동안 조세법률 입법 단계에서 위헌 여부에 대한 관심이 높아졌다고 해도 그렇다. 아직도 조세법률 위헌 소송이 그치지 않고 있다. 노사, 빈부, 계층의 갈등이 심화되어 조세 정의의 문제가 더욱 심화되고 있는 현실에서 헌법재판소는 책무를 다하지 못하고 있다.

조세 정의는 이같이 세법 입법에서 출발하여 예산 집행, 나아가 조세·헌법소송에 이르기까지 각 단계에서 살아 숨 쉬어야 비로소 실현될 수 있다.

## 누가 세금을 지켜야 하나?

지금까지 세금의 속성과 조세법의 입법과 그 징수, 예산과 집행과 조세 불복 등의 제도를 살펴보았다. 조세 정의는 위 제도의 운용 책무를 지는 다수의 공적 조직이 모두 이에 기여해야 한다. 그렇지만 공적 조직은 조직 자체의 특성이 있고 개개 공직자의 이해와 맞물려 선의로 이를 맡겨놓는다고 문제가 해결되지 않는다.

우선 필요한 것은 조세·재정 전문가의 역할을 제도화하는 것과 연구 지원 조직을 정비하는 일이다. 담당 관료는 정치적 영향력에 민감하고 장기적인 계획은 관심이 적다. 이를 보완하기 위하여서는 든든한 전문가군의 지속적인 관여가 필요하다. 상시적인 검토와 자문이 이루어지도록 세제발전심의위원회를 전면 개편하여 조직화하는 것이 필요하다. 지원 연구 조직도 개편·강화해야 한다. 현재의 조세재정연구원의 조세 담당 인력의 풀을 보면 열악함을 알 수 있다. 전문가의 제도적 관여와 지원 연구 기관의 정비를 바탕으로 공론화를 통하여 조세 계획과 입법 과정에서 중립성을 유지하고 정치적 압력을 물리칠 수 있다.

그러나 가장 중요한 것은 납세자의 역할이다. 세금을 공돈이 아니라 자기 돈 이상으로 소중하고 필요한 곳에 효율적으로 써야 한다는 인식이 납세자 모두에게 확고하게 자리 잡혀야 바람직하다. 그러나 인간의 이기심은 공적 성격의 돈에는 너그럽다. 회삿돈으로는 비행기 비즈니스석을 타도 자기 돈으로는 좀처럼 타지 않는다. 이른바 '법카'는 자기 신용카드보다 너그럽게 쓴다.

생각을 바꾸어야 한다. 조세 정의에 좀 더 가까이 가려면 납세자의 역할과 감시가 필수적이다. 납세자 운동이 그것이다. 납세자 운동은 그 자체가 개개 납세자의 이익과 직결되는 경우가 적은 관심을 받는다. 납세자 스스로 다양한 이해관계에 얽혀 있는 것도 구조적 한계이다. 어느 누군가가 적게 내면 다른 이가 더 많이 내야 하기 때문이다. 그렇기에 공동선을 추구하는 고도의 문화적 토대가 뒷받침되지 않으면 성과를 내기 어렵다. 우리 사회는 수많은 사회단체로 넘쳐나지만 제대로 된 납세자 단체는 찾기 어렵다. 납세자 단체는 다수의 납세자가 참여하여야 하고 회비로 재원을 조달하여야 한다. 납세자 스스로 인식을 바꾼다면 새로운 형태의 납세자 운동이 어렵지 않다. IT 기술과 소셜미디어를 결합하여 참여 플랫폼을 열면 누구나 손쉽게 납세자 운동에 참여할 수 있다.

가장 중요한 것은 세금 감시이다. 납세자 누구나 자기 관련 영역에서 멋대로 쓰이는 세금을 보면 감시 단체에 신고하고 단체는 이를 모아 공개하고 담당 관서에 답변을 요구하는 것만으로도 감시의 효과는 클 것이다. 전 납세자가 예산의 책정이나 배정, 집행과 그 효과에 대하여 '세금 CCTV' 역할을 한다면 세금은 투명해지고 공정해지며 비효율이 사라질 것이다. 그래야 우리가 살기 좋고 믿고 사는 조세 정의가 실현되는 선진 사회로 갈 수 있다.

제1장

# 조세 입법

# 01 | 세금은 여론으로 정하는 것이 아니다

올해 세법 개정안이 발표되어 찬반 논의가 무르익고 있다. 문재인 정부의 공약 시행과 정책 방향의 토대가 되는 재정 조달의 밑그림이 그려진 것이다. 증세에 대한 엇박자가 있었지만, 초고소득자 및 대기업에 대한 소득세, 법인세만 증세한다는 것이다.

명예 과세에 이어 핀셋 증세라는 신조어도 등장했다. 수천 년의 인류 세제 역사에서 아직까지 등장하지 않았던 용어로 그 창조적 발상은 세법 전문가를 넘어선다. 이번 세법 개정안에 대하여 각 당의 입장이 다르고, 전문가의 견해도 다르다. 세법 개정안의 기조는 분배를 강화하여 소득 주도 성장을 내세운 것으로 박근혜 등 보수 정부와는 다른 틀이다.

성장과 분배 어디에 중점을 둘 것인가는 여태까지 지속되고 있는 경제 논쟁이니 그렇다고 치자. 경제 운용의 최고 책임자인 경제부총

리의 세율 불조정 시사는 하루아침에 정치권 논리에 밀려났다. 정치가 경제 논리를 압도했다. 정치적 잣대로 경제를 운용하는 길에 들어섰다가 나락에 떨어진 나라가 유럽, 남미 등 수두룩하다.

많은 이가 우려를 나타내는 이유이다. 증세 자체는 국민의 지지로 집권한 정부의 정책 방향이니 나무랄 수는 없다. 문제는 증세 방법과 대상인 것이다. 조세 입법에는 조세 정의, 응능應能 부담, 보편 과세 등의 전제가 항상 따라다닌다.

세금이 국민 개인의 삶과 정권의 성패를 좌우하여온 것이 오랜 역사적 경험이다. 그만큼 바른 해법을 찾기가 어려운 것이다. 흔히 인용되는 넓은 세원, 낮은 세율로 증세를 꾀하자는 모토에 이의를 달 사람은 많지 않을 것이다.

그런데도 정작 근로소득자의 48%가 한 푼의 세금도 내지 않고 있는 현실을 외면하고 있다. 이번 정부, 여당의 증세 논의 과정에서 들이댄 논리 중 하나는 고개를 가로젓게 한다. 여론의 80%가 고소득자, 대기업의 증세에 찬성한다는 것이다.

　세금의 세 자를 제대로 모르는 발상이거나 의도적으로 본질을 호도하는 논리다. 모든 국민은 법률이 정하는 바에 의하여 납세의 의무를 진다(헌법 제38조). 국민개세주의國民皆稅主義의 표현이다. 납세를 정하는 법률을 여론조사에 따른다면 어떻게 될까? 모두가 납세 의무를 지는 국민에게 나 아닌 남에게 세금을 더 걷겠다는 데 반대할 사람이 있을까? 뻔한 결론을 두고 여론조사가 왜 필요한가? 여론조사를 할 것은 따로 있다.

　국민 사이에 견해가 대립되는 공공의 정책 방향과 같은 것이다. 이해관계자의 결정 참여 배제는 각종 법률이나 정관, 회칙에서 명문화된 것도 적지 않다. 명문이 없더라도 어느 조직이나 단체에서나 이해관계자는 그에 관련된 결정에 참여를 사양하는 것이 상식이다. 이해 충돌을 방지하여 바른 결정을 담보하기 위한 것이다. 앞으로 세법의 개정 방향에 대하여 여론조사를 하고 그 결과를 끌어다 쓰는 일은 그만두면 좋겠다.

(2017. 8. 10.)

# 02 | 기본을 지키지 못한
세제 입법

2016년 세법 개정이 마무리되었다. 지난 2일 예산 처리 법정 기한 내에 2017년 예산안과 함께 처리되었다.

당초의 정부 안, 의원 입법안이 뒤섞여 막판에 개정안이 확정됨에 따라 정확한 개정 세법의 내용이나 배경을 쉽사리 파악하기 어렵다. 국회 기획재정위 조세소위는 지난달 7일에야 무려 205건에 달하는 세법 개정안을 다루기 시작하였으니 심의 기간이 1개월이 채 안 된다.

정부 안이 9월 2일에 제출되었고 야당도 법인세율, 소득세율 인상을 내용으로 하는 개정안을 제출하였으나 다수의 개별 의원 입법안이 교통정리 없이 쌓였다. 그 짧은 시간 안에 제대로 옥석을 가리는 심의가 되었을까?

조세 입법은 국가 재정의 기초 수단이 될 뿐 아니라 국민의 재산권, 경제 행위에 지대한 영향을 주는 것이므로 원래 개별 의원 입법의 형태와는 맞지 않는다.

정당은 왜 있는가? 각 정당이 내세우는 정강·정책에 맞는 세법안을 내놓고 경쟁하여야 한다. 우리 정당마다 국고 보조를 받은 싱크 탱크는 있지만, 정당이 체계적인 세법 개정안을 제대로 내놓지 못한다.

그동안 예산 심의와 맞물려 정부 안을 토대로 여당, 야당 사이의 입법 거래의 대상이 되었을 뿐이다. 국회의 힘이 커지자 예산 편성권을 갖는 정부의 세제 입법에서의 목소리는 예전과 같지 않다.

이번에도 정작 세금을 내야 하는 납세자는 중요한 세법 쟁점이 어떻게 심의되고 처리되는지 알 길이 없었다. 어디로 튈지 모르는 럭비공 같은 입법이 조세소위에서 만들어졌다. 납세자는 갑갑하고 깜깜하다. 세법안이 통과되고 나서야 "그랬어?" 하는 조항이 너무 많다.

올해 중요한 세제 이슈는 법인세율, 소득세율 조정이었다. 이는 경제의 활성화, 경제 민주화, 빈부 양극화 해소 등 굵직한 이슈를 포함한 것이었다. 국회가 전문가의 의견을 토대로 치열한 논의로서 최적의 해법을 찾아야 할 어젠다였다.

그러나 막상 이것도 저것도 아니게 법인세는 손대지 않고 엉뚱하게 소득세에서 40% 최고 세율을 신설하는 데 그쳤다. 근로소득세 면세자의 비율이 48%가 넘어 이를 조정하여야 한다는 그동안의 공감대에 대하여는 눈을 감았다.

OECD 국가의 평균 면세자 비율은 16%에 불과하다. 그 결과 조세 입법에서 가장 중요한 조세 형평, 국민개세주의는 더 멀어졌다. 역주행이다. 이는 조세 부정의를 심화하는 오로지 다수의 표만 바라보는 입법 남용이다. 겨우 6000억 원을 더 걷기 위해 '넓은 세원, 낮은 세율'은 '표적 세원, 편파 세율'이 되어 원칙이 무너졌다.

국민 회비인 조세를 납세자의 반이 내지 않는데 이는 고치지 않은 채 초고소득자라 하여 세금을 더 내야 한다면 이들이 과연 수긍할 수 있을까? 세법에서 소수 납세자의 권리도 보호되어야 하는 것은 당연하다. 조세 형평은 조세 제도를 떠받치는 기둥이다.

이번 예산 국회에서 '김영란법'의 시행으로 쪽지 예산이 줄어들 것이라는 기대는 무산되고 막판에 찔러 넣은 지역구 선심 예산이 7410억 원이란다. 돈은 나누어 가질 수 있지만, 세법은 멋대로 나눌 수 있는 것이 아니다. 법은 사리에 맞아야 하고 형평에 부합하여야 한다.

세법 개정에 관한 전문가의 연구나 논의는 제쳐둔 채 세제소위 몇 사람이 예산 나누듯이 이리 붙이고 저리 틀어서 만들어서는 안 된다. 앞으로 이러한 조세 입법 행태가 반복되어서는 안 된다. 세법안은 정당이 책임져야 하고, 그 논의 과정부터 공개되어야 한다. 납세자인 국민의 소리가 가장 적합하게 반영되어야 한다.

더 이상의 깜깜이 논의, 어디로 튈지 모르는 흥정 세법은 발붙여서는 안 된다. 그럼에도 불구하고 중대한 정치 일정을 앞둔 내년 걱정이 앞선다. 표만 좇는 '증세 없는 복지'라는 허망한 구호가 가져다준 세법의 왜곡이 다시 나올까 두렵다.

(2016. 12. 8.)

# 03 | 재원 없는 선한 법은 '희망 고문'에 지나지 않는다

우리 국회는 발의 건수로는 세계 으뜸인지 모른다. 무슨 사건이나 이슈가 생기면 국회의원들은 너도나도 법안을 발의하기 시작한다. 중복 발의도 아무런 제한이나 거리낌이 없다. 국회의원만 되면 입법 전문가가 된 것으로 행세한다.

여러 경로로 국회에 입성은 하였으나 법의 기본을 익히지 못한 인사가 더 많을 것이다. 적어도 입법 발의를 하려면 의정연수원에서 일정 기간 연수를 받아 최소한의 법 지식을 갖춘 후에 자격을 부여해야 옳다. 이는 국가 기관 중 최고의 자율권을 가진 국회 스스로 입법 품질을 높이기 위한 내부 노력으로 할 수 있는 일이다.

그렇지만 국회 구성원 어느 누구도 이러한 문제를 거론하여 자체의 시스템을 개선하자고 나서지는 않는다. 얻는 것 없이 동료로부터 욕만 먹는 일이 되기 때문이다.

입법권을 갖는 국회가 스스로의 권한으로 기구와 예산을 늘려놓고도 정작 좋은 입법을 만들어내는 데는 크게 기여하지 못하고 있다.

정당도 정치적 입법 이외에는 역할도 관심도 없다. 입법 개선의 해법은 개개 국회의원이 스스로의 입법 발의권을 신중하게 자제하는 데 있다.

새로운 강사법의 시행에 즈음하여 어느 신문에 「강사법이 강사를 죽이는 역설…」이라는 사설이 실렸다.

선한 의도로 만든 법이라 하여 그 실행까지 보장하지 않는다는 것은 다들 아는 일이다. 그 이유는 돈에 있다. 돈이 들지 않는 좋은 법도 있지만, 입법의 태반은 그 실행을 위한 재원이 필수적이다. 그 재원은 관련 기관, 개인, 단체의 주머니에서 나오거나 세금이다.

강사법의 취지는 백번 옳지만, 재원이 뒷받침되지 않으면 허망한 일이 된다. 어느 대학이 법 하나 통과되었다고 막대한 돈을 추가로 들여 강사를 전과 다름없이 채용하겠는가? 결국 국고가 동원되지 않으면 실행되지 않는다.

입법 시 그 실행을 위한 재원 조달 방안은 검토되었는가? 되었다면 오늘의 이와 같은 현직 강사와 강사 지원자의 희망 고문은 일어나지 않았을 것이다.

추경 280억 원을 들여 실직 대학 강사에게 연간 1300만 원씩 지원한다고 한다. 무책임한 입법에 따른 뒤틀린 추경이다. 추경은 이렇게 쓰는 것이 아니다.

경직된 52시간 근무제 입법, 최저임금 급격 인상. 이는 누구에게는 좋지만, 일부 계층에 재앙을 안기는 것이다. 이러한 법역은 경제 활동의 기본에 관한 것이므로 여러 경제 주체가 수용 가능해야 실행될 수 있는 법역이다.

더 많은 일을 하여 그 수입으로 더 나은 미래를 꿈꾸는 이들에게 이를 법으로 금지하는 것은 헌법상 보장된 행복 추구권의 침해로 위헌적이다. 다 같은 국민인 자영업자도 52시간만 일하도록 하여야 하지 않을까? 법은 좋은 취지와 선의만으로 그 목적을 달성할 수 없다.

국고나 사경제 주체의 재원이 필요한 입법은 재정 사정이나 민간이 수용 가능한 범위를 정밀하게 검증하는 것이 우선이고 필수적이다. 입법 시 재정이 뒷받침되어야 한다는 '페이 고$_{pay\,go}$' 규정 신설은 오랫동안 잠자고 있다.

정말 입법 포퓰리즘은 막기 어렵다. 법이 국민을 괴롭히고 자유를 가로막고 대수롭지 않은 행위를 어느 날 갑자기 범죄로 만드는 경우도 참 많다.

우리 국민은 '법'을 너무 모른다. 어려서부터 법을 제대로 배울 기회가 없었기 때문이다. 이렇게 된 데에는 우물 속에 안주해온 법률가, 시민 법 교육의 책무를 소홀히 하여온 소관 당국의 책임이 크다. 지금이라도 시작하자.

(2019. 8. 14.)

# 04 | 숲을 보지 못하는 부실 세제 입법

'창조 경제' '스타트업 기업 지원'은 새로운 경제 동력을 이끌어내기 위한 정부의 정책 드라이브로 익숙해진 단어이다. 이러한 정책이 시행되고 있는 가운데 대학생들이 창업한 스타트업 기업인 자동차 온라인 경매 업체 하이딜러가 폐업한 사건은 단연 화젯거리다.

국회에서 중고 자동차 소비자 보호를 위한 명분을 내걸고, 온라인 자동차 경매 업체도 필수적으로 주차장 확보를 강제하고 불이행 시 벌금을 부과하도록 하는 자동차관리법 개정 법률을 통과시키자 하이딜러는 바로 사업을 접었다. 불법 영업이 되기 때문이다. 이는 청년 일자리 빼앗기라는 지적이 일자 정부가 나서서 의견을 수렴하여 대안을 마련하겠단다.

또 하나의 사례. 하수도 사용료의 일부를 개인 건물 정화조 수리에도 쓸 수 있게 하자는 하수도법 개정안이 지난 연말 국회를 통과하였다. 문제는 전국의 하수도가 거의 노후화되어 현재의 하수도 사용료 징수로는 그 유지보수도 어려운 상황인데 개인까지 나눠 쓰면 적자 폭은 더욱 커진다는 것이다.

개정안을 대표 발의한 국회의원은 지역구 내에 공단과 공동주택의 하수도가 낡아 악취가 심해 민원이 발생하여 지자체가 주민을 지원하기 위한 것이라고 설명하였다. 결국 지역구 민원 해결 차원에서 하수도 사용료를 개인용으로 전용할 근거를 마련한 것이다.

이러한 입법 부실은 세법이라고 예외가 아니다. 올해부터 시행되는 비업무용 토지 양도소득세 개정 규정은 정부 안이 법안 심사 과정에서 갑자기 뒤집혔다.

정부는 비사업용 토지에 대한 양도소득세를 10% 추가 과세 유예하던 것을 지난해 말로 종료하는 대신 급격한 세 부담 증가를 막기 위해 보유 기간에 따라 최대 30% 장기 보유 특별 공제를 인정하는 소득세법 개정안을 제출했다. 그런데 개정안은 조세소위에서 그 보유 기간 인정 시기를 2016년 1월 1일부터 계산하는 것으로 변경되었다. 그 결과 토지 소유자가 장기 보유 특별 공제를 받으려면 3년은 기다려야 한다.

그 사이는 10% 추가하여 양도소득세를 물어야 한다. 정부가 개정 조항을 마련한 정책적 의도는 무산되고, 대상자들은 뒤통수를 맞은 격이 되었다. 그런데 변경 경위를 알 수 있는 공식 기록이 없단다. 조세소위가 비공식 간담회 형식으로 열려 회의록을 작성하지 않았다는 것이다. 소위의 의사록 기재는 의무이다. 현재 국회의 입법 절차와 관행으로 보면 소위만 통과되면 소관 상임위, 본회의는 통과 의례가 되는 경우가 태반이다.

이렇게 중요한 소위에서의 논의 내용을 주권자인 국민이 전혀 알수 없다면 의원은 국민을 대변하는 대표자라고 할 수 없다. 국회 관계자의 말을 빌리면 그 변경 이유가 일부 위원들이 투기 세력에 과도한 시세 차익을 줄 수 있다고 반대했다는 것이다.

개정안의 결과는 무엇인가? 토지 거래의 절벽 이야기가 나오고 다시 개정하라는 목소리도 나온다. 토지 투기는 종전에는 극성이었으나 요즈음은 잘 나오지 않는 이야기이다. 세율이 10% 높아진다하여 투기자가 거래를 멈출까? 부진한 토지 거래를 활성화하여 사업용 전환을 유도하려는 정부의 정책 목표는 잘못된 것인가? 세법은 특히 중립적이어야 한다. 소위 위원들이 국가의 살림 책임을 맡는 정부 안보다 더 나은 세법안을 낼 수 있을까? 아직은 아니다.

지난번 어느 국회의원이 밀어붙인 면세점 특허 제도의 변경 입법이 얼마나 해악을 끼치고 있는지 모든 국민이 알고 있지 않은가? 우수한 인재가 몰려 있는 국회의 예산정책처, 입법조사처가 입법 과정에서 하는 일은 별로 주어져 있지도 않고 전문위원의 역할은 한계가 있다.

세법을 포함한 입법은 국회의 고유 권한이지만 세법 개정은 경제와 따로 갈 수 없다. 앞에서 본 사례는 모두 하나만 알고 둘은 모르는, 나무만 보고 숲은 보지 못하는 부실 입법이다. 좋은 입법은 국민을 웃게 하지만 나쁜 입법은 국민에게 고통을 줄 뿐이다.

(2016. 1. 22.)

# 05 | 탈세 포상금 해마다 개편은
## 법 안정성 해쳐

국가의 행정 업무를 원활하게 수행하기 위해서는 담당 공무원의 활동만으로는 한계가 있기 마련이다. 국민의 협조가 필수적인 경우가 허다하다.

그런데 국민의 자발적 협조는 그리 쉬운 일이 아니다. 그래서 국민의 협조로 인하여 행정이 원활하게 수행된 경우 그 대가를 지급하는 것으로 정한 것이 포상금 제도이다.

요즈음은 각종 행정 영역에서, 특히 위법 사항의 신고에 대하여 각양각색의 포상금을 지급한다. 흔히 '○○파라치'라고 하여 그 종류도 많다. 2013년에는 정부와 지자체가 운용하는 파라치 종류가 1100개가 넘어섰다는 보도도 있다.

세정의 영역에서도 예외가 아니다. 1951년 제정된 조세범처벌절차법에서 조세범 확정 벌금액의 10% 이상 25% 이하에서 제보자에

게 포상금을 지급하는 규정이 신설되었다.

이 법은 국세기본법상의 포상금 제도와 중복돼 2011년 삭제되었다. 한편 2003년 국세기본법 제84조의 2에 1억 원까지로 하는 포상금 규정을 신설하였다.

포상 금액은 2012년 10억 원, 2013년 20억 원, 2014년 30억 원까지로 각각 상향 개정하였다. 매년 10억 원씩 늘고 있다. 내년에도 늘어날 것인가? 증액 이유는 탈세 포상금이 국세청의 효자 노릇을 잘하고 있기 때문이다.

지난해 지급된 포상금은 87억 원이었고 추징액은 1조 5301억 원이란다. 그렇더라도 매년 포상금 상한액을 인상하는 법률 개정은 무언가 이상하다. 조세 행정이 무슨 영업이라도 되는 것인가? 세법 개정이 얼마나 단견에 의하여 이루어지고 있는지를 보여주는 징표라고 할 수밖에 없다.

법률 개정에 있어서 법적 안정성과 예측 가능성은 가장 중요한 출발선이다. 수시로 바꿀 것이 아니다. 포상금 제도로 증세의 목적을 이루겠다는 것인가?

사실 탈세 제보는 내부자가 아니면 불가능하다. 내부자는 태반이 탈세에 가담하였다가 어떠한 사유로 경영자와 대립 관계에 있게 된 사람일 것이다.

법은 법이고 도덕과 윤리는 다르지만, 국가 행정에서 제보에 너무 의존하는 모양을 보인다는 것은 바람직한 일이 아니다. 일본도 미국에서 시행하고 있는 우리와 유사한 제3자 통보 제도를 도입한 적이 있었으나 현재는 폐지하였다.

포상금 제도의 필요성에도 불구하고 탈세 제보가 비리에 관련된 사람들에게 새로운 로또가 되어서는 곤란하지 않겠는가? 매년 탈세 제보 포상금 상한액을 개정하는 것은 조세 행정에 대한 아무런 고민이나 철학 없이 편의에 따른 것이 아닌가 고민해볼 시점이다.

비단 포상금 규정이 아니어도 앞으로 세법 조항의 개정에 있어 법규범 원칙을 지키고 납세자가 공감하는 수준이 되어야 한다는 점을 분명하게 인식하지 않으면 안 될 것이다.

(2015. 5. 7.)

# 06 | 세제 관련 의원 입법은 신중해야

19대 마지막 정기국회 회기를 진행하고 있다. 매년 여야 사이에 말초적 쟁점을 둘러싸고 기싸움이나 감사 대상자에 대한 으름장 놓기라고 비난받는 국감도 막을 내렸다. 정작 생산적인 국정감사의 정착은 요원한 것일까?

이제는 내년 예산안과 그 부수 법안인 세법 개정안의 처리가 가장 중요한 현안이 되었다. 하지만 이마저도 국정 교과서 예산 문제로 암초에 부닥쳐 순항할지 의문이다. 국회의원 10인이 모이면 발의되는 의원 입법안 숫자는 상승 일로이다.

19대 국회에서 무려 1만 5172건을 발의하였으나 가결된 법률안은 11.5%에 불과한 1746건이라 한다. 16대 국회 가결률 27% 이후 계속 하향 추세이다. 16대는 발의 건수가 1912건 정도에 불과하였다.

이러한 의원 입법안 발의의 폭증은 입법이 의원 개인의 업적으로

평가되면서 우후죽순과 같은 난맥상을 낳았다. 어느 일간지 보도에 따르면 의원 명의로 발의되어 통과된 법안 869건 중 148건(17%)은 용어 한두 개를 바꾸는 수준의 '꼼수' 입법이었다. 148건 중 벌금형 액수만 바꾼 법안이 78건이라고 한다.

정당 정치가 정착된 구미歐美에서는 의원 몇 사람이 모여 발의되는 법안은 많지 않다고 한다. 정강·정책에 부합하는지가 정당 차원에서 검증되어야 하기 때문이다. 이러한 점에서 현재 우리 입법 절차의 후진성을 지적하는 분도 적지 않다.

특히 세법은 국가 재정의 기초가 되고 집행상의 어려움으로 의원 입법의 영역은 아닌 것으로 여겨져왔다. 그러나 의원 입법이 폭증세를 보이면서 각 납세자 단체나 지역을 대변하는 세법 개정안 발의가 증가해 예외가 될 수 없는 것 같다.

예컨대 세무조사 대상자에게 사전 통지하고 교통비를 지급하자는 것, 세무조사 결과를 두고 납세자와 최종 협의를 거치도록 하자는 것, 금품 제공자에 대한 세무 재조사를 의무화하자는 것 등을 내용으로 하는 세무조사 관련 개별 의원 입법안이 발의되었다. 국회 전문위원은 긍정적인 의견을 냈다지만 그것을 의원 입법 방식에 의한 '법률'로 정하여야 하는지는 동의하기 어렵다.

이러한 입법이 세무조사의 실효성 제고와 과세 처분의 투명성과 신뢰도를 높이는 길일까? 교통비 지급은 수많은 다른 행정조사와 균형을 맞춰야 할 일이다. 세무조사 결과 최종 협의는 아직은 세무 공무원과 납세자 사이의 유착이나 조세 행정의 불신을 키울 가능성이 크다.

납세자의 금품 제공은 뇌물 공여로 형사처벌하는 것이 올바른 길이다. 세무 재조사는 탈루된 소득을 찾기 위한 것이지 뇌물 공여자를 제재하기 위한 것이 아니다. 이들 사안은 전형적인 행정 입법으로도 가능한 부분이다.

법률은 법의 목적에 맞게 만들어져야 하고 새로운 법은 정합성을 해치지 않는 무거운 것이어야 한다. 올해 세법 개정 법안 심사 과정에서 여러 개별 발의 법안들이 잘 걸러져서 체계적이고 실효성 있는 좋은 세법 만들기가 이루어지기 바란다.

(2015. 11. 5.)

# 07 | 변죽만 울리고 만
## 세법 개정안

2016년 세법 개정안이 나왔다. 예년보다 조금 빠르다. 국회에서는
충분한 예산 심의를 위하여 국가재정법을 개정하여 회계연도 개시
120일 전에 예산안을 국회에 제출하도록 하였고 올해가 120일이
처음 적용되는 해이다.

기획재정부 자료에 따르면 개정안 항목이 190개에 이른다. 잡다
한 내용이 담겨 있다. 올해는 세제발전심의회의 분과위원회가 예년
과 달리 여러 번 개최되어 무엇인가 노력하는 모습을 보여주었다.

그러나 세제발전심의회는 여전히 세제 개정에서 주도권이 없다.
60인이 넘는 전체 회의는 추인하는 절차에 불과하다. 종전에는 정
부 안은 곧바로 세법 개정 법률이라는 등식으로 인식되었다. 그러
나 요즘 사정이 많이 달라졌다.

칼자루를 쥔 국회의 권한이 강화되고, 이해관계자의 목소리는 커

졌고 조직화되었다. 정부의 정치적 고려는 좋은 세법 입안의 걸림돌이다.

지지난해 연말정산 파동으로 개정 초안이 백지화된 것은 세법 개정의 주무부서인 세제실의 위상을 보여주는 단적인 사례다. 이를 계기로 세제실의 입법 주도권은 힘을 잃은 느낌이다.

이번 개정안도 개정 항목은 무려 190개에 이르지만 자잘한 것이 대부분이다. 예컨대 출산 세액공제액을 둘째, 셋째의 경우 20만 원, 40만 원 더 늘려주면 출산 장려라는 조세 정책적 목적이 달성될 것이라고 믿는 것인가? 봉급생활자의 거의 과반인 48.1%가 근로소득세를 한 푼도 안 내 국민개세의 원칙을 무너뜨리고 있는 현실을 개선하자는 목소리는 묻혔다.

오히려 신용카드 소득공제를 연장하고 근로장려금도 늘려 면세자 비율이 더 늘어날 전망이다. 완전포괄주의 증여세는 실패작이라는 지적이 있는 가운데 소득세와 체계를 조정하는 문제도 고심의 흔적이 없다. 세금은 국민이 내는 국민 회비이다.

정부가 내세우는 '넓은 세원, 낮은 세율'이 조세 형평을 이루고 재정을 튼실하게 한다. 나라 살림을 맡은 정부가 구호에 그치지 말고 흔들리지 말아야 한다.

이를 정치적 차원에서 접근하면 올바른 해법이 나오지 않는다. 국회도 재정 영역과 세법에서만큼은 포퓰리즘을 참아야 한다. 이번에 야당 측은 법인세, 소득세 인상을 내용으로 하는 의원 입법안을 발의하여 이에 손대지 않은 정부 안과 상충된다.

세율 인상안은 정강·정책에 따른 것이므로 국회에서 장단점을 충분히 심의하여 그 결과에 따르면 된다. 반면 대다수의 조세 관련 의원 입법은 혼란스럽다. 거개가 특정·개별 사안에 대하여 조세 감면을 하자는 내용이다.

제주도 내 구입 관광 상품에 대한 부가세 환급, 신문 구독료 30만 원 소득공제, 초·중·고 체험학습비 특별 세액공제 등은 다분히 특정 대상을 겨냥한 포퓰리즘 법안이다. 적어도 세법 개정안만은 각 정당의 정강·정책의 검증을 거쳐 나와야 맞다.

일본의 내각 세제조사회는 세법 교수 등으로 구성하여 연중 가동된다. 회의록, 토의 자료도 공개하고, 회장은 매번 기자회견을 한다. 사실상 공개 토론으로 지혜를 모은다. 각 정당도 세제조사회를 구성해놓았다. 임기응변식인 우리와 다르다.

그렇다면 핵심에 가까이도 못 가는 정부의 세법 입법 현실은 어떻게 개선하여야 하나? 주무부서인 세제실의 싱크 탱크 기능을 보완하는 것이 급선무이다. 조세재정연구원의 역할도 증대하여야 한다.

그러나 무엇보다도 정부나 정치권이나 세제에 관하여서는 전문가의 역할을 강화하고 존중하는 새로운 제도적 시스템을 마련하는 일이 중요하다. 변죽만 울리는 세법 개정안은 주무부서인 세제실의 책임을 다하는 것이 아니다.

(2016. 8. 4.)

# 가산세 부과 제도
# 이대로 좋은가?

가산세는 세금이라는 이름을 갖고 있다. 하지만 담세의 원천인 경제 활동과 무관하게 납세자의 부작위를 탓하여 부과하는 것이다. 납세자의 부작위란 원활한 조세 행정 실현을 위해 납세자에게 요구되는 과세표준 신고 의무, 성실 납부 의무 등 협력 의무를 이행하지 않았다는 것이다.

따라서 그 법적 성질은 행정벌의 일종이다. 그럼에도 불구하고 가산세는 세금이라는 이름을 가진 탓에 일반적인 행정벌인 과태료나 과징금과는 달리 운용하여왔다.

원래 벌이란 위반자의 위반 경위나 그 정도, 위반 횟수에 따라 그 벌의 크기가 달라진다. 반면 가산세는 전부 아니면 전무이다. 그렇지만 실제 부과 절차에서 부과하지 않아 전무가 되는 사례는 거의 없다.

　일반 행정벌의 집행에 있어 관할 관청이 처분 기준표를 만들어 제재 금액을 다양화하고 있는 것과는 사뭇 달라 사정에 따라 깎아 주는 일은 없다. 과연 맞는 것일까? 종래에 가산세는 본세의 10% 내외였지만 40%나 되는 중가산세 규정이 들어오면서 이제 납세자에게는 본세 못지않게 큰 부담이 되고 있다.

　헌법재판소는 행정벌인 과징금이나 과태료의 차등 부과 가능성을 배제한 입법을 위헌이라고 보고 있다. 아직 가산세에 대해 판단한 선례는 없다. 대법원은 가산세 부과에는 납세자의 고의·과실을 고려하지 않는다는 입장이지만, 질서위반행위규제법은 고의·과실 없는 질서위반행위를 과태료 부과 대상이 아니라고 규정한다.

현행 가산세 중 명의신탁 증여의제에 따른 증여세의 가산세는 흥미롭다. 명의신탁 증여세 과세에 대한 위헌 논의는 대표적인 세법 논쟁으로 수십 년 동안 계속되고 있다. 헌법재판소는 여러 차례 합헌론을 고수하고 있지만, 위헌 주장은 수그러들지 않고 있다.

명의신탁 증여세의 원조 격인 부동산 명의신탁은 부동산 실권리자 명의 등기에 관한 법률이 제정되어 세법의 영역을 떠난 지 이미 오래다. 명의신탁 증여세의 경우 가산세 규모는 어느 정도일까?

주식 명의신탁 후 10년이 지나서 명의신탁 사실이 밝혀진다면 가산세만 증여세 본세의 129.5%(무신고 가산세 20% + 납부 불성실 가산세 연 10.95% × 10년)다. 만일 15년의 부과 제척기간이 적용되는 사례라면 가산세는 증여세 본세의 184.25%가 된다. 배보다 배꼽이 크다.

그런데 명의신탁은 왜 이루어지는가? 명의신탁은 우리 특유의 제도로서 오래된 법률 관행으로 자리 잡았다. 명의신탁은 종중 재산의 보전, 법인의 토지 취득 제한, 주식회사 발기인 수 충족, 주식의 분산, 경영 지배 등 다양한 동기에서 비롯되었으나 그 사실을 대외적으로 밝히고 싶지 않은 경우가 태반이다. 그렇지만 부동산을 제외한 명의신탁 자체는 아직도 사법상으로 유효하다.

명의신탁은 이와 같이 그 사실을 밝히지 않기 위해서 이루어지므로 만약 대외적으로 밝혀야 한다면 명의신탁을 할 이유가 없어진다. 그런데 명의신탁의 당사자가 과연 세법을 지켜 증여세를 신고하고 납부하는 경우가 있을까? 국세 당국에 명의신탁 증여세를 시행한 수십 년 동안 단 한 건이라도 있었는지 묻고 싶다.

명의신탁을 하고 증여세를 자진하여 신고납부하는 국민이 있을

리 없다. 증여세를 내면서까지 명의신탁을 하여야 할 아무런 경제적 동기가 없기 때문이다. 결국 명의신탁 증여세 신고 의무를 부과한다는 것은 납세자에게 불가능하거나 기대 가능성이 없는 것을 세법이 요구하는 셈이다. 이러한 법이 허용될 수 있을까? 법의 원론적 의문 이외에도 다음과 같은 지적이 있다.

첫째, 이는 행정벌 대상자에게 스스로 자신이 행정벌 부과 대상자임을 신고하라고 요구하는 것과 다름없어 행정벌의 본질에 반한다. 행정벌 부과 대상 행위를 찾아내고 요건 충족을 입증해야 할 국가의 책무를 국민에게 떠넘기는 결과가 된다.

둘째, 제재 대상이 될 자기 행위에 대하여 신고 의무를 부과하는 것은 헌법상의 진술 거부권을 침해한다. 조세 회피 목적으로 명의신탁을 하였다는 사실에 대한 자백을 강요하는 것이다. 이 모두 가볍게 넘겨버릴 수 없는 주장이다. 그동안 우리는 관성에 젖어 제도와 납세자 의식의 변화에 둔감하였던 것은 아닌지 되돌아볼 필요가 있다. 지금까지 부과되어서는 안 될 가산세가 무비판적으로 부과되고 있었던 것이 아닐까?

가산세는 왜 일반적인 감경 사유나 고의·과실의 고려 없이 틀에 찍어낸 듯 정액으로 부과되어야 하는가? 이러한 의문들을 입법은 물론, 법 집행과 해석 과정에서 풀어 납세자를 납득시킬 수 있는 가산세다운 가산세를 만들어가야 한다.

(2018. 1. 25.)

# 09 │ 신설되는 출국세는 어떤 세금?

오는 2018년 1월 1일부터는 이민을 떠나는 국민은 갖고 있는 국내 주식이 대주주 요건에 해당하면 이를 전부 양도한 것으로 보아 양도 차익의 20%를 세금으로 내야 할 전망이다. 정부는 이를 '국외전출세'라고 이름 지었지만, 일반적으로 '출국세Exit Tax'라고 부른다.

국제공항에서 승객으로부터 징수하는 공항 이용료도 출국세라 부르기도 하지만 성질이 전혀 다르다. 2016년 정부 세법 개정안에 이러한 세금을 신설하는 내용이 담겼다. 역외 조세 회피 방지 및 국내 재산에 대한 과세권 확보 차원이라고 설명한다.

출국세는 이미 미국, 프랑스, 독일, 호주, 캐나다 등 주요 선진국이 도입하고 있는 세제이다. 출국세는 최근 교통, 정보통신의 발달 및 경제 활동 영역의 확대로 글로벌 마켓이 만들어지게 됨에 따라 개인의 지역적 이동성이 증가하면서 이슈가 되고 있다.

최근 3년간 한국 국적 포기자의 규모는 국적 취득자의 2배에 달하는 것으로 나타났다. 우리 세법도 내국인이라 하더라도 거주자냐 비거주자냐에 따라 세법의 적용이 달라지기는 한다. 그러나 출국세는 아예 국적을 버릴 때 부과하는 것이다.

조세 부담이 낮은 국가로 국적을 옮기는 사례는 이미 세율이 높은 프랑스에서 조세 망명이라 하여 큰 이슈가 된 적이 있다. 요즈음 출국세를 새로 도입하는 국가가 늘고 있다. 출국세는 종전 소속국에서 생긴 실현되지 않은 자본이득에 대하여 과세를 미리 허용하는 것이다.

그 입법적 타당성과 관련하여 거주지를 이전하려는 납세자의 재산권, 평등권, 거주 이전의 자유를 침해하는 것이 아니냐는 헌법적 문제도 제기된다. 과연 문제가 없는 세제일까? 자국의 과세권 확보와 조세 회피에 대한 대응 수단이라는 점에서 과세의 정당성을 인정하고 있는 것이 대세이다.

OECD의 세원 잠식과 소득 이전 방지를 위한 프로젝트BEPS 중 조세 조약 남용 방지에 관한 보고서에서도 출국세 부과가 조세 조약에 위배되지 않음을 시사하고 있다. 그러나 과세 대상의 범위, 자산의 실제 처분 시 발생하는 자본이득세와의 이중과세 조정, 출국세의 납부 유예 및 이연 등의 보완 조치가 따르지 않으면 납세자의 권리 침해 여지는 남는다.

새로 도입되는 출국세는 우선 국내 주식 중 대주주 요건을 갖춘 경우에 한정하되, 외국 납부 세액공제 및 추후 주식 양도 시 국외 전출 시보다 가격이 하락한 경우 세액공제를 허용하는 규정을 두고 있다. 아울러 그 대상을 대주주 주식에서 다른 자본이득까지 넓힐 방침을 시사하고 있다.

출국세를 도입한 국가를 보면 대개 잘살면서 세율이 높은 나라이다. 이런 점에서 우리가 출국세를 신설한다 하여 그 도입에 굳이 얼굴을 찡그릴 이유는 없다. 그러나 출국세 도입이 얼마나 실효를 거둘지는 의문이다.

국적 포기자가 늘었다지만 조세 회피를 위한 것인지 분명치 않다. 오히려 미국에 있는 교민이 영구 귀국하려 하여도 미국의 출국세가 걸림돌이 되어 이를 실행하지 못하고 있는 사례가 적지 않다.

그러면 출국세와는 거꾸로 들어오는 대가인 입국세는 없을까? 입국세는 아직 듣지 못했지만 각국은 돈이 없는 타국인은 받아들이지 않는다. 일종의 입국세가 작동하고 있는 셈이라고 할까? 글로벌 경제 시대에 자국의 세원 지키기는 국제 공조로 더욱 강화되고 조세피난처로 지목되던 국가는 된서리를 맞고 있다.

앞으로 출국세를 도입하는 국가가 더 늘어날 것이다. 그렇지만 조세 회피에 용이한 국가를 찾는 납세자의 시도 또한 멈추지 않을 것이다. 인간이 소유 본능에서 벗어날 수 없는 것처럼.

(2016. 9. 22.)

# 10 | 부부 재산 행위에 가혹한 세법 이대로 좋은가

민법은 혼인의 재산상 효력에 관하여 혼인 전에 약정한 때에는 그에 따르고 혼인 중 약정한 때는 법원의 허가 없이는 변경하지 못하도록 규정한다.

부부 일방이 혼인 전부터 가진 고유 재산과 혼인 중 자기 명의로 취득한 재산은 그 특유 재산으로 하며, 귀속 불명 재산은 공유로 추정하도록 하고 있다.

부부 별산제를 채택하고 있는 것이다. 그러나 유교적 전통이 남아 있는 노년층에게 부부 재산 계약은 생소한 것이고 특별한 경우가 아니고서야 이를 문서화하는 경우가 없다.

부부 재산의 문제는 공동생활체인 부부 고유의 영역일 수밖에 없다. 민법의 부부 재산 조항의 초점은 상호 분쟁이 생겼을 경우 귀속을 정하는 문제와 내막을 모르는 제3자의 권리 보호에 초점이 맞춰져 있다.

반면, 부부 재산을 보는 세법의 시각은 어떠한가? 어느 때는 한통속으로 보고 어느 때는 따로 보기도 한다. 헌법재판소는 2002년 8월 29일 부부의 자산소득 합산 과세에 대하여 위헌 결정을 내렸다.

부부의 자산소득을 합쳐 중과세하는 것은 별산제에 맞지 않고 독신자에 대하여 불평등하게 취급한다는 이유에서이다. 그러나 세법에 부부 재산을 일체로 취급하는 잔재는 아직 남아 있다.

그 예가 과점주주 제2차 납세의무이다. 가족 등 특정 집단을 경제적 이해를 같이하는 한통속으로 보는 것이다.

제2차 납세의무는 대단히 무거운 납세의무 확장 제도의 하나이다. 배당을 한 푼도 받지 못한 배우자가 제2차 납세의무자가 되어 고유 재산 전부를 내놓아야 하는 경우도 드물지 않다.

또 하나는 부부 사이의 증여세 문제이다. 젊은 부부 사이에는 네 것, 내 것이 분명하지만 노부부 층은 이러한 개념이 분명하지 않다. 재산 명의와 상관없이 우리 것이라는 생각이 지배한다. 이러한 불철저한 재산관과 법의식으로 이들은 종종 어려움을 겪게 된다.

세법은 매정한 잣대를 들이대기 때문이다. 부부가 재산 명의를 편의상 서로 왔다 갔다 하였다가는 틀림없이 세무서에서 찾아온다. 증여를 문제 삼는 것이다.

부부간 재산 행위에 대하여 문서를 작성하여두는 것은 아직 우리 문화가 아닌 것 같다. 가령 부부 사이에서 재산 명의를 다른 배우자에게 일부 이전하였다고 하는 경우 그것이 세법에서 말하는 증여인지 법으로 허용하는 단순한 명의신탁인지는 서로가 너무 잘 아는 일이다.

다툼이 생길 리가 없다. 그런데 세법의 잣대를 들이대면 간단치 않다. 대가가 입증되지 않았으니 증여라는 것이다. 펄펄 뛰어도 대응이 마땅치 않다. 이 경우 명의신탁의 법리를 주장하면 그 증거를 대라고 한다.

부부 사이의 명의자 특유 재산 추정에 관한 민법 조항까지 들이대면 난감해진다. 패소하면 증여세를 물게 되고 나중에 상속세도 물게 된다. 부부는 재산 행위를 하더라도 이해관계가 상충하는 대립적인 관계가 아니다.

제3자 사이에 이루어지는 재산 행위는 이해가 엇갈려 서로 확실한 거래 증빙을 갖추기 마련이다. 이러한 제3자 사이의 거래와 마찬가지로 부부의 재산 행위에 대하여 그에 대한 엄격한 증명을 요구하는 것은 현실과 동떨어진 일이다.

인생을 정리하여야 할 단계의 어느 부부가 까닭 없이 배우자에게 증여하여 증여세를 물고 다시 상속세 부과 대상으로 남겨두겠는가? 과세 관청은 부부 사이의 재산 행위를 함부로 재단하여 세법의 잣대를 들이대서는 안 된다.

자손에 대한 증여에 대하여 엄격한 잣대를 들이대는 것은 당연하지만, 부부 사이 혹은 존속에 대한 증여 문제는 상식에 맞는 집행을 하는 지혜가 필요하다.

(2016. 2. 4.)

# 11 | 성년후견 보수는 부가세 면세가 옳다

'성년후견'은 아직도 낯선 용어다. 모 재벌 기업의 승계 다툼을 둘러싸고 고령의 총괄회장에 대하여 그 여동생이 한 성년후견 신청을 계기로 이 제도가 세상에 알려지게 되었다. 2013년 7월 1일부터 시행된 성년후견은 종전의 금치산·한정치산 제도를 본인 복지의 관점으로 개선한 새로운 제도이다. 장애, 질병, 노령 등으로 사무 처리 능력이 부족한 성인에 대해 법원이 선임한 후견인이 재산을 관리해주고, 나아가 신상 보호 업무까지 맡아서 한다. 이미 진입한 고령 사회의 중요한 복지의 축이 되고 있다.

성년후견인은 친족 혹은 전문직 후견인을 포함한 제3자 중에서 선임된다. 전통적인 가족 개념의 해체로 인하여 친족 후견인을 찾는 것이 마땅하지 않은 경우가 늘고 있기 때문이다. 이미 변호사, 법무사, 사회복지사, 전문가 법인 등이 후견 업무에 나서고 있다. 전문가에 의한 성년후견의 수요는 더욱 늘어날 전망이다. 전문가들은 새로운 업무 영역 개발이라는 기대에 부풀어 있다. 성년후견인 교육을 받으려는 수요도 많다.

이러한 전문 후견인에 의한 후견 업무에 대한 보수는 가정법원이 결정한다. 아직 법정 기준은 없다. 재원은 물론 피성년후견인 본인의 재산이다. 성년후견 업무는 본인에 대한 신상 보호까지 포함되어 있어 많은 시간과 노력이 필요하다.

그러면 전문 후견인의 보수의 세법상 성격은 무엇인가? 가정법원도 이 세무 이슈에 관하여서는 부담스러워한다. 전문 후견인이 후견 업무 수행에 대한 보수로 받는 금액에 대한 소득세, 법인세는 일반의 경우와 다름이 없다. 그러나 부가가치세 문제는 간단치 않다. 법원이 보수를 정하기는 하지만 적어도 부가가치세법상의 과세 대상이 되는 '용역의 공급'에 해당하는 것임에는 별 이론이 없을 듯하다. 법원도 이제 겨우 부가가치세 문제를 인식하고 보수 결정에 부가가치세 포함이라는 문구를 넣고 있다.

친족 후견인이 보수를 받는 경우 그 성격이 실비 변상인지 사업성을 띠는 것인지도 애매하다. 후견 업무가 과세 대상이면 본인의 재산으로 후견인의 보수에 10%의 부가가치세를 추가로 부담하여야 한다.

성년후견 제도는 이제 개개인의 민사법적 문제를 넘어 사회복지의 한 축으로 전환되었다. 성년후견인의 부조를 받는 데 대하여 본인이 부가가치세까지 부담한다면 후견 제도 및 조세 정책, 과세 형평에 맞는 일일까?

부가가치세법 시행령 제42조 제2호는 국선 변호인과 법률구조 사업의 경우 면세로 규정한다. 원래 법률 용역은 전부가 면세 대상이었으나 과세로 개정되면서 예외를 둔 것이다. 국선 변호사나 법률구조를 요하는 국민과 성견후견이 필요한 국민 모두 법 제도에 의하여 공적인 조력을 받는 것임은 다르지 않다.

그럼에도 불구하고 본인이 후견 보수 이외에 그에 대한 세금까지 내야 한다면 납득할 수 있는 일일까? 더구나 후견 보수는 가정법원이 결정하여 실비 변상에도 못 미치는 경우가 많다. 후견 보수 면세로 인한 세수 공백은 전국을 통틀어도 미미할 것인데 본인에게는 적지 않은 부담이다. 성년후견 업무 용역에 대하여서 부가가치세를 면세하는 입법이 시급하다.

(2018. 5. 10.)

| 후기 |

성년후견 보수의 부가가치세 면세 입법은 한국후견협회의 주도로 의원 입법안 (대표 발의 윤후덕)이 발의되었다. 국회에서의 논의 결과 시행령에 이를 반영하기로 하여 부가가치세법 시행령 제42조 제2호 바목에 '민법에 따른 후견인과 후견감독인이 제공하는 후견사무 용역'을 추가하였다. 이에 따라 후견 보수를 부담하여야 할 피성년후견인은 그 재산의 다과를 가리지 않고 면세 혜택을 볼 수 있다.

# 12 │ 기이한 해외 금융계좌
##    미신고 처벌법

세계의 글로벌화에 따라 해외로 나가는 기업, 취업자, 유학생이 대폭 늘었다. 당연히 내국인이 해외에 갖고 있는 금융계좌의 수도 증가하였다.

과세 당국도 그 추세에 따라 내국인의 국외 소득이나 재산에 대하여 눈을 돌렸고 각국은 조세권 확보를 위하여 과세 정보를 공유하는 체제를 만들었다. 역외 과세의 핵심이자 기반이 되는 것은 해외 금융계좌이다.

국제간의 해외 과세 정보 교류는 제한적일 수밖에 없어 도입한 것이 해외 금융계좌 신고 제도이다. 처음 도입한 2011년 개정법은 해외 금융계좌에 잔액이 10억 원을 초과한 경우에 신고 의무를 부과하고 그 불이행에 대해서는 과태료를 부과하였다.

과태료는 행정벌로써 의무 불이행에 대해 부과하는 금전적 제재이지만 그 부과 및 징수 절차, 불복 절차는 조세 쟁송과 전혀 달리 질서위반행위규제법의 절차에 따른다. 효율성이 떨어져 당연히 확정 절차가 지연된다.

더구나 역외 탈세에 대한 관심이 높아지자 제재 수단으로 과태료 이외에 징역형 및 벌금을 물릴 수 있도록 개정하게 된다. 그것이 계좌 금액 50억 원 이상에 대하여 적용하는 2013년 개정이다.

그 외에도 수차례 과태료 금액을 높이고 대상을 늘리는 개정을 하였다. 해외 금융계좌 신고 불이행이라는 동질의 세법상의 의무 불이행에 대하여 계좌 금액에 따라 과태료 혹은 형사처벌로 나눈 것이다.

법체계상 전혀 다른 제재 수단을 쓰겠다는 것이다. 보도 듣도 못한 입법례이다. 법은 체계에 맞아야 하고 법의식에도 부합하여야 한다. 법은 국회를 통과하였다고 바른 법이 되는 것은 아니다.

법률가가 아닌 사람들의 입법 만능 사고가 이러한 기이한 법을 만든 것이 아닌가? 이와 같은 상황에서 정부는 이를 개정하는 내년 세법안을 내놓았다. 목적은 과태료와 벌금액 사이의 조정을 시도하려는 것이다.

벌금형으로 처벌받는 경우는 과태료를 부과하지 않되, 벌금액에 하한을 두어 과태료 부과 기준보다 낮은 금액이 선고되지 않도록 미신고금액의 13% 이상 20% 이하의 벌금에 처하자는 것이다.

그렇게 하면 문제가 해결되는가? 과태료와 벌금형은 재판 과정에서 부과 기준이나 법정형이 그대로 적용되지 않는다. 양정 재량도 있고 작량 감경도 있다. 그러면 법으로 이러한 재량도 제한하여야 하지 않겠는가?

매년 부과되는 과태료나 벌금은 뒤늦게 발각되는 경우 원금 이상을 납부하여야 하는 경우가 생길 수 있다. 헌법상의 과잉금지 위반으로 위헌이다. 처음에 잘못된 입법이 점차 괴물이 되어가는 느낌이다. 미봉 입법을 그만두고 원칙에 맞는 새 입법을 만들어야 한다.

(2018. 9. 27.)

| 후기 |

해외 금융계좌 미신고에 대하여 2년 이하의 징역이나 위반 금액의 13% 이상 20% 이하의 벌금형에 처하는 조세범처벌법 개정안(제16조)은 그대로 국회를 통과하여 시행되고 있다. 과태료 부과에 대해서는 국제조세조정에 관한 법률 제35조에 규정한다.

# 13 | 명의신탁 규제의 틀
바꿀 때가 됐다

주식 등 명의신탁으로 인한 증여의제 증여세 과세 제도는 우리나라에서 가장 오래된 위헌 논쟁 대상의 하나이다. 다섯 번 이상 위헌 심판대에 올랐으나 모두 합헌 결정을 받아 끈질긴 생명력을 유지하고 있다.

본질이 증여가 아닌 것을 증여로 보아 증여세를 부과하는 것으로 세금이라기보다 세금의 이름으로 하는 제재금이다.

최근 증여세 합산 중과 규정이 증여의제에 의한 증여세의 경우에도 적용되느냐가 소송 대상이 됐다. 대법원은 이 경우도 다른 증여의 경우와 같이 합산 과세돼야 한다는 결론을 내렸다.

현재는 세법의 개정으로 합산 배제가 명문화됐다. 그렇지만 명문이 없다 하여 본질이 다른 것을 같다고 해석해야 하는지는 의문이다.

또한 미신고 가산세 부과에 대해서도 스스로 신고하여 증여세를 납부하는 것을 기대 불가능한 것이라고 할 수 없다는 이유로 정당하다고 판단했다.

숨기기 위해 명의신탁을 하면서 어느 누가 거액의 증여세를 신고할까? 권리 구제 기관인 대법원이 불가능한 것이 아니라 하나 그동안한 건이라도 자진 신고한 사례가 있는지 반문하고 싶다.

거의 동시에 대법원에서 이제는 증여의제 명의신탁 증여세 부과대상에서 제외되어 부동산실명법의 제재를 받는 부동산 명의신탁에 관련한 전원합의체 판결이 나왔다.

명의신탁 증여세 과세의 원조는 대상이 부동산이었지만 주식 등만을 여전히 세법상 증여의제 대상으로 남겨둔 채 별개 입법이 이뤄졌다. 균형도 맞지 않고 체계적이지도 않은 입법이 이뤄진 것이다.

부동산은 위 실명법에 의하여 명의신탁이 원칙적으로 무효이지만 주식 등은 여전히 사법적으로 유효한 것으로 남아 있다.

이 판결의 쟁점은 부동산 명의신탁은 원칙적으로 무효라는 부동산실명법의 입장과 관련해 명의신탁한 사람이 수탁받은 사람으로부터 당해 부동산을 반환받을 수 있느냐 하는 점이었다.

종전에도 문제되어 반환 청구할 수 있다고 입장을 정리했지만 이번에 판례 변경 여부를 검토한 것이다. 그 결과는 다수 의견 9인으로 종전의 판례를 유지해 반환 청구는 가능하다는 것으로 마무리됐다.

소수 의견 4인은 반환 청구를 인정하면 안 된다는 주장이었다. 소수 의견의 논거는 부동산 명의신탁은 위법이어서 그로 인한 부동산 소유권 이전은 불법원인급여에 해당하는 것이므로 반환 청구를 인정해서는 안 된다는 것이다. 민법은 불법원인에 터 잡은 급여는 반환을 청구하지 못한다고 규정한다.

소수 의견은 부동산실명법의 시행에도 불구하고 명의신탁이 횡행하고 있고 판례가 불법원인급여로 보는 성매매 선금, 뇌물과 같이 반사회성이 강하므로 이를 막기 위해서는 판례를 변경해야 할 시점에 이르렀다는 것이다.

명의신탁은 개인 간의 계약으로 형사 제재, 증여세 등의 제재가 뒤따른다고 해도 서로의 신뢰가 뒷받침되지 않으면 이뤄지기 어렵다. 내부자 발설이나 자금 출처 조사 이전에는 밝혀지기 어렵다.

소수 의견에 따르면 반환을 거부해도 횡령이라고 할 수 없다. 결국 소유권자로서 권리를 행사할 수 있으니 배신적 수탁자가 득을 보게 된다. 이 또한 정의라고 보기 어렵다.

명의신탁으로 인한 사회적 부작용은 크다. 그렇지만 오랜 관행과 유산은 일거에 없애기 어려운 것도 사실이다.

오히려 세법에 남아 있는 주식 등의 명의신탁 증여의제 과세를 없애고 부동산과 같이 새로운 제재법에 편입시키는 것이 옳다. 그래야 세법의 중립성이 확보되고 명의신탁 법체계도 정합성을 지키게 된다.

말도 많고 탈도 많은 명의신탁 증여세는 그 틀을 바꿀 때가 됐다.

(2019. 7. 11.)

# 14 | 외눈 면세점 개정 입법이 불러온 재앙

2014년 면세점 특허 기간을 종전 10년에서 5년으로 단축하고, 기간 만료 시 연장권을 주지 않고 원점에서 경쟁하도록 하는 의원 입법이 이루어졌다. 시민·경제 단체 출신으로 비례대표인 모 의원이 거세게 몰아붙였다.

몇몇 재벌 기업이 독점하고 있던 면세점 제도를 뜯어고쳐 중소기업에 문호를 개방하여 상생 체재를 만들어야 한다는 논리를 내세웠다. 재벌에 대한 특혜를 시정하겠다는 데 초점을 맞춘 표적 입법의 성격이다.

업계는 면세점업의 특징, 국제 경쟁력 약화 등을 이유로 반대하였으나 결국 관련 부처도 버티지 못하고 입법이 이루어졌다. 입법안이 추구하려는 기회 균등, 공정 경쟁의 큰 틀은 맞다. 그러나 한쪽 눈은 감고 현실을 외면했다. 5년 단축 면허 후 종료시키는 방안도 특허 제도의 일반 운용의 예와 맞지 않는다.

그 결과는 어떠한가? 새 정부가 출범하면서 국정 농단의 한 고리로 관세청장 인사 개입설이 불거지고 새로이 선정된 면세점 선정에 비리가 있다 하여 관련 공무원들이 감사원 감사를 받고 줄줄이 중징계에 직면해 있다.

면세점 개정 입법과 집행 과정이 이제 도마에 오르고 있다. 신규 면세업자 선정에서 많은 문제를 안고 있었던 것은 세상이 다 안다. 개정 입법 이후 국내 최대 면세점을 운영하던 업체가 신규 면세점 경쟁에서 탈락하여 수천 명의 직원이 졸지에 일자리를 잃게 되었다. 다른 탈락 업체도 직원 실직과 시설 철거, 재고 정리에 나섰다.

불필요한 사회적 비용이 커지게 되었고 문제점이 지적되었다. 이내 신규 면허를 늘리는 정책으로 선회하여 일부 업체는 되살아났다. 그 과정에서 신규 진입자와 구 사업자 간에 치열한 면허 경쟁이 벌어졌다.

이제 국정 농단 사건과 연결되어 당국의 조사에 의하여 여러 비리가 드러나게 될 것이다. 신규 면허를 받은 업체도 선정 비리 의혹으로 전전긍긍이다. 현재 면세점 업계는 중국의 한한령의 영향을 받아 고사 직전이다. 면세점은 텅텅 비고 신규 면세점은 개관도 미루고 있다.

과연 면세점 특허 개정 입법이 무엇을 가져왔는가? 한 번 잘못된 입법이 사회 분위기, 정권 교체 등과 맞물려 얼마나 많은 사회적 낭비와 관련 종사자의 눈물, 대외 경쟁력 약화 등 부작용을 초래하였는가? 한마디로 인재 그 자체라고 할 수밖에 없다.

이번 재앙은 현실과 현장을 외면하고 재벌 특혜 혁파라는 구호만 외친 외눈 입법에서 시작되었다. 재앙을 부르는 입법은 막아야 하는데도 현재 국회의 입법 시스템은 이를 걸러내지 못하고 있다.

우리는 일련의 면세점 표적 개정 입법에서 출발하여 이후의 신규 면허 심사, 면허 업체 확대 선정 등 단계적으로 그릇되고 꼬이게 된 부작용의 확대 재생산의 결과를 교훈으로 삼아야 한다. 우리는 오늘의 분위기, 오늘의 상식이 내일에 어찌 될지 모르는 혼란스러운 시대에 살고 있다.

(2017. 7. 27.)

| 후기 |

특허 기간 5년, 종료 시 신규 특허 절차의 입법은 2015년 1월 1일 중소·중견기업에 대해서는 특허의 갱신을 허용하는 것으로 개정되었다. 2019년 5월 1일 모든 사업자에 대하여 특허의 갱신을 1회 허용하고 중소·중견 사업자에 대해서는 2회까지 허용하는 것으로 다시 개정되었다. 국제 경쟁력이 있다는 우리 면세점 사업은 외눈 의원 입법으로 무너졌고 특허 반납 사례까지 나오게 되었다. 입법 재난의 대표적 사례가 될 것이다.

# 15 | 세무 전문직의 자금세탁 보고 입법

현행 특정금융거래정보의 보고 및 이용 등에 관한 법률은 금융 전문직에 대하여 자금세탁이 의심되는 거래를 금융정보분석원에 의무적으로 보고하도록 하고 있다. 제대로 보고하지 않으면 과태료 1000만 원 이하, 거짓 보고한 때에는 1년 이하의 징역 또는 1000만 원 이하의 벌금에 처해진다.

정부는 이러한 보고 의무를 금융 전문직이 아닌 법률·세무 전문직 및 귀금속상, 부동산 중개업자 등 비금융 종사자에게도 확대하려는 입법을 추진하고 있다. 현행 변호사법, 공인회계사법, 세무사법은 공통적으로 법률에 특별한 규정이 있는 경우를 제외하고는 직무상 알게 된 비밀을 누설하여서는 안 된다고 규정한다. 이를 위반하면 형법상의 업무상 비밀누설죄 혹은 해당 법률 위반으로 징역형 또는 벌금형에 처해진다.

자금세탁의 당사자는 외환관리법 위반뿐 아니라 사안에 따라 조세 포탈, 국내 재산 도피죄로 엄중한 형사처벌의 대상이 된다. 그런데 법률·세무 전문직이 업무 처리 과정에서 알게 된 자금세탁 의심 사실을 당국에 보고하지 않았다고 하여 형사처벌하는 것이 타당한가?

　고객이 세무 전문직 등에게 사무를 위임하였다가 비리로 고발당하여 처벌된다면 서로에게 생명과 같은 신뢰가 깨진다. 그렇게 되면 그 직역이 주어진 직무를 제대로 할 수 없게 될 것이다.

　자금세탁은 국제간에 광범위하게 이루어지고 있고 수법도 진화하고 있어 금융·과세 당국으로서는 묵과할 수 없는 비리이다. 각국은 이에 공동 대응하기 위하여 국제자금세탁방지기구<sup>FATF, Financial Action Task Force</sup>를 설립하였고 우리나라도 가입국이다.

　비금융 전문직에 대한 보고 의무는 가입국의 국제 기준 이행을 위한 5대 과제의 하나로 되어 있다. 국제 법제 동향을 보면 영국, 독일, 프랑스 등 유럽 국가 및 미국, 아시아권의 국가들이 이들 전문직에게 의무를 부과하는 추세이기는 하다. 고객의 비밀 보호보다 자금세탁방지의 법익이 우선한다고 보는 것이다.

　세계의 입법 추세가 그렇다 하더라도 우리의 문화와 법의식에 비추어 도입은 면밀한 검증 과정을 거쳐야 한다. 더구나 우리나라와 각국 과세 당국 사이의 과세 정보 교환 협정이 확대되고, 해외 계좌 신고 의무 신설과 그 위반에 대한 과징금, 형사처벌 등의 강력한 방지 입법도 실효를 거두고 있다.

　특히 이들 대상 전문직 중 변호사 직역까지 확대하는 것은 더 큰 문제가 있다. 헌법상의 자기부죄금지 원칙 및 형사재판에서 변호인의 조력을 받을 권리를 침해할 가능성이 있다. 형사소송법이 변호사가 업무상 위탁을 받아 소지 또는 보관하고 있는 물건이나 의뢰인 등 타인의 비밀에 관한 것은 수사 기관의 압수까지 거부할 수 있다고 규정하는 점에 비추어보아도 그렇다.

변호사의 보고 의무에 대한 입법례는 각국의 변호사 지위에 대한 역사나 문화적 차이에 따라 다르다. 영국, 독일, 프랑스 등 유럽 국가 및 아시아권의 일본에서는 이를 인정하지만, 미국, 캐나다 및 중국 등은 변호사를 보고 의무 대상에서 제외하고 있다.

이러한 점에서 세무 전문직을 포함한 비금융 직종에게 자금세탁 의심 거래 신고 의무를 신중한 고려 없이 확대하는 것은 문제가 있다. 자금세탁방지에 대한 행정적·제도적 노력이 앞서야지 고객에 대한 비밀 유지가 있는 전문 직종에게 신고 의무를 부과하여 문제를 해결하려는 발상은 안이하다.

(2017. 1. 20.)

| 후기 |
특정금융거래정보의 보고 및 이용 등에 관한 법률은 2020년 3월 현재 개정되지 않고 있다.

제2장

조세 행정 및 조세 집행

# 01 | 세금은 걷는 것보다
## 제대로 써야 하는 것

23조 7000억 원. 올해 8월까지 지난해 같은 기간보다 초과 징수한 세액이다. 정부의 국세 수입 목표 268조 1000억 원의 79.5%를 이미 달성하였다. 법인세, 소득세, 부가가치세가 모두 늘었다. 올해 세수가 사상 최초로 300억 원을 돌파할 것이라는 전망이다.

국세청의 빅데이터를 이용한 행정 지도와 정교한 자료를 앞세운 세무조사의 공이다. 정부로서는 세수가 풍년이라면 좋은 일이다. 우선은 더 많은 재정 지출로 국민에 대한 혜택을 늘릴 수 있기 때문이다. 그렇지만 세수가 좋다고 하여 마구 재정을 지출할 수 없는 노릇이다. 세수 풍년이 있다면 세수 흉년도 있기 마련이다.

세수를 지속적으로 유지하려면 징수 행정에만 매달릴 수 없다. 먼저 공평한 과세의 틀로 국민의 납세 문화를 선진화시켜야 한다. 그 역할을 하는 것은 좋은 세법이지만 세법의 개정에 있어 편향성

만 깊어지고 있다. 47%의 근로소득세 면세자, 대기업만 법인세율 인상, 특정 계층을 겨냥한 종부세 증세 방안이 그것이다.

　세제 개선도 필요하지만 더 중요한 것은 세금의 쓰임새이다. 기록적인 세수 호황에도 불구하고 정부의 관리재정수지는 8월 현재 12조 원의 누적 적자로 나타났다. 국가 부채는 전년 대비 57조 4000억 원이 늘어 684조 7000억 원이 되었다. 다 아는 일이지만 정부는 일자리 창출을 최우선 과제로 두고 재정 지출에 기반한 공무원 증원 등의 수단을 써왔다. 민간 영역에 맡겨도 될 분야도 툭하면 국가가 책임진다 하여 재정 지출을 늘려왔다.

각종 복지 재원의 누수도 심각하다. 최근 지자체가 국고의 지원을 받는 유치원을 감사한 결과가 국감 과정에서 알려졌다. 그 결과를 보면 상당 부분이 유치원 경영자의 개인적인 쌈짓돈으로 쓰였다. 유치원에 지원하는 금액이 무려 2조 원이라는 것도 놀라운 일이다.

세금의 임자는 빼먹는 사람인 꼴이 되었다. 직접 피해자는 우리 미래의 싹인 유치원생이다. 다수의 지자체가 인력 부족으로 감사를 할 수 없다는 것이 더욱 한심할 뿐이다. 소식을 접한 유치원 학부모가 들고일어났다. 줄줄이 새는 국고는 비단 유치원뿐만이 아닐 것이다.

이러한 상황이 지속된다면 어떻게 국고를 지탱하겠는가? 더구나 국민연금, 건강보험료 등의 인상으로 가처분소득이 줄어 납세자들은 위기감을 느끼고 있다. 세금이 공돈이 아니라 무서운 돈임을 보여줄 수 있도록 제도와 감시 시스템을 개선해야 한다.

납세자 스스로 세금 낭비의 감시자가 되는 것이 가장 실효적일 것이다. 유치원 사건이 납세자의 힘을 보여주는 좋은 계기로 반전되기 바란다. 납세자가 깨어 있다면 엉망이 되는 나라는 면할 수 있을 것이다.

(2018. 10. 18.)

# 02 | 부실 과세,
국세청의 책임 따져보자

국세청은 부실 과세 방지를 위하여 조사 공무원을 대상으로 여러 가지 교육 프로그램을 진행한다. 올해도 '불복 인용 사례 연구'라는 이름으로 전국 조사 공무원 중 대상자를 선정하여 11회에 걸친 연수 교육을 진행 중이다.

자체 교육이 아니라 효율성을 기하기 위하여 외부에 용역을 주어 실시한다. 국세청으로서는 우선 재정 수요를 정한 예산 규모에 족한 세수 확보가 첫째 책무이다. 세수는 태반이 납세자의 신고납부에 의존한다.

그러나 납세자가 스스로 세금을 정하는 신고를 그대로 믿기 어려운 경우가 많으니 소명을 요구하거나 수정신고를 안내하기도 한다. 납세자가 그대로 따르면 문제가 없지만 그렇지 않은 경우에는 세무조사를 거쳐 부과처분에 들어간다.

요즈음에는 일단 신고 후 경정청구를 하는 경우도 많다. 납세자가 부과처분이나 경정거부처분에 불복하면 부실 과세의 책임을 두고 논란이 된다. 부실 과세는 조사 공무원이 과세 요건이 되는 사실 판단이나 세법 적용에 오류를 범해 처분이 취소되는 경우를 말한다.

부실 과세는 조세 법령의 무효나 해석의 오류로 인하여 처분이 유지될 수 없는 경우인 위법 과세와 구별할 수 있지만 보통은 이를 포함한 것으로 쓰인다. 부실 과세로 인한 불복에 의하여 경정거부처분이나 부과처분이 취소되는 세액은 대체로 총 세수의 1% 내외로 추산된다. 그리 높은 비율은 아니지만 언론에 보도되고 국정감사에 이르면 질타가 뒤따른다.

당연히 국세청이 이에 신경을 쓰지 않을 수 없다. 불복 대응 능력을 높이기 위하여 변호사 등 전문가를 확충하고 조직도 정비하였다. 부실 과세 방지를 위한 사전 내부 검증 절차도 거친다.

그렇지만 별로 개선된 것이 없다는 말이 나온다. 그렇다면 과연 획기적인 부실 과세 방지 수단은 없는 것인가? 대답은 "아니다"이다. 이유는 납세자로부터 대가 없는 세금을 징수하는 조세 행정의 속성 때문이다.

이해가 걸린 일에 분쟁이 없을 수 없고 조사 공무원은 당사자가 아니라서 사실 판단이 어려운 데다가 세법 해석이 어렵다. 세무조사권이라는 무기는 여전하지만 납세자 권리는 확대 일로에 있다.

내년 국세기본법 개정안은 납세자권리보호위원회의 권한 강화, 세무조사 통지 기간 연장, 세무조사 후 설명 의무 부과 등이 새로이

들어갔다. 따라서 종전과 같이 납세자의 방어권 행사가 제약을 받아 부실 과세로 이어지는 경우는 줄어들 것이다.

한편 고액 사건의 패소율이 여전히 높다는 통계도 틀린 것은 아니다. 그러나 패소 이유는 태반이 법원의 조세법 해석·적용과 차이가 나기 때문이다. 조세법령 자체의 부실이 국가 패소의 큰 몫을 하는 것은 판례를 분석하여보면 안다.

이런 점을 감안하면 실제 조사 공무원의 잘못으로 부실 과세가 되는 경우는 줄어든다. 국가 패소율이 높으면 조사 공무원의 부실 조사에 기인하는 것이고, 이는 곧 국세청의 책임이라는 도식은 옳지 않다.

현재 조세 불복 통계의 현실인 국가 패소액 세수의 1% 정도는 정상적이지 않을까? 불복 절차에서 100% 승소라는 것은 논쟁의 여지가 있는 과세는 모두 하지 않겠다는 것으로 조세 구제 제도의 부인과 다르지 않다.

부실 과세를 더 줄이기 위해서는 우선 판례를 존중하여 바로 실무에 반영하도록 하는 시스템을 체계화하고 반복 패소를 막아야 한다. 그러나 세법 체계에 맞고 과세 요건을 명확하게 하는 조세 법령의 업그레이드가 가장 중요하다. 국세청이 집행 기관이긴 하지만 제대로 조세 입법이 되도록 관심을 기울여야 하는 이유다.

(2017. 9. 21.)

# 03 | 해외 소득자에 대한 애국 세정 "이제 그만"

최근 일본에서 활동해온 프로 축구 선수에 대하여 국내에 항구적 주거가 있는 것으로 보고 소득세를 부과하는 것이 부당하다는 대법원 판결이 나왔다.

1심에서는 원고가 이겼으나 항소심에서 뒤집힌 것을 다시 대법원에서 원고의 손을 들어준 것이다. 그 선수는 국가대표로 선발되어 귀국하는 사정이 있었음에도 국내 체류 일수는 평균 28일 정도였다. 물론 일본에서 일본 세법에 따른 소득세 등은 전부 납부하였다.

국세청은 국내에 아파트를 소유한 반면 일본에서는 소속팀 제공 아파트에 체류하였으니 한일조세조약상 과세권을 갖는 최종 거주지가 국내에 있다고 보아 국내에 소득세 납부 의무가 있다는 논리였다. 같은 소득에 대한 세금을 양국에 내게 된 것이다.

세계 어느 세법이든 납세의무는 국적이 아닌 거주자라는 개념으로 정한다. 해외에 진출한 사업자, 프로 선수, 해외 근무자 등이 겪는 문제이다. 거주자의 개념이 나라마다 달라 이중 거주자가 되어 세금을 거듭 부과당할 위험이 있다. 물론 조세 조약에 따라 해결되는 경우가 많지만 여느 국제 관계도 그러하듯 입장이 달라 분쟁의 소지가 많다.

각국이 자국에 유리한 쪽으로 세금을 걷으려는 것은 어쩌면 당연한 일이다. 그렇지만 당사자는 외국 납부 세액공제 제도가 있기는 하나 이중과세 문제로 인한 고통이 항상 따라다닌다. 거주자의 개념이 분명하다면 당사자는 그에 따라 자신의 세금 문제에 미리 대비할 수 있다.

우리 세법의 거주자 개념은 기계적이지 않다. 중대한 이해관계 등 추상적인 개념을 집어넣어 세무 공무원의 판단 재량을 남겨두고 있다. 미국에서는 1년 365일을 나누어 절반 이상 여부로 정해서 우리와 같은 다툼은 없다. 그러나 우리는 분쟁이 그치지 않는다. 종전 세간을 떠들썩하게 했던 구리왕, 선박왕, 완구왕 사건 모두 거주자에 대한 다툼이었다.

우리 세법은 왜 명확한 기준을 제시하지 않는 것일까? 해외에 나가 돈 좀 벌었으니 애국심을 발휘하여 한국에 세금을 내라는 정서가 깔려 있는 것은 아닐까?

그렇지만 이 사건의 프로 선수 입장에서는 일본에서 세금을 다내고서도 국내에 아파트를 갖고 있다는 이유로 국내에 항구적 거주지가 있다고 한다면 납득할 수 없는 일이다. 다행히 승소했지만 패소하였다면 부득이 국내 거주자로 몰리지 않기 위해 아파트를 파는 등 대책을 찾을 수밖에 없었을 것이다.

해외 소득자의 나라 사랑은 세금으로 강요할 것은 아니다. 해외 사업에서 많은 자산을 축적한 인사들은 구리왕 사건 등의 파장으로 세금이 무서워 국내에 들어오지 않고, 투자도 하지 않으려 한다. 성공한 해외 사업가를 내쫓는 일이다.

오히려 국내에 재산을 들여와 조국을 위해 쓸 수 있는 길을 열어 주는 것이 애국의 길이 아닌가?

조그만 세수 증대를 위하여 애매한 잣대로 마구 국내 거주자로 보는 세정은 애국이 아니다. 소탐대실의 표본이 아닐까? 세법의 거주자 규정은 이제 누구에게나 명확하게 바꾸어야 한다.

(2019. 4. 25.)

# 04 | 부자 증세하느라
##     놓친 것

문재인 정부가 신설한 재정개혁특위에서 세제개편 권고안을 내놓았다. 그 골자는 종부세의 인상, 금융소득, 임대소득에 대한 과세 확대이다. 이른바 부자 증세 3종 세트이다. 그러나 권고안 중 금융소득 종합소득 과세 기준을 종전 2000만 원에서 1000만 원으로 내리는 부분은 주무 부처인 기재부의 반론 제기로 이내 동력을 잃고 말았다.

재정개혁특위 출범 전후의 사정을 보면 부자 증세를 통하여 부의 과중한 편중을 시정하겠다는 목표를 설정한 것은 이미 알려진 사실이다. 그런데 안타까운 것은 특위의 역할과 책무이다.

조세의 틀을 어떻게 가져갈 것인지에 대해서는 국가의 형태, 정부의 구성, 정권의 보수·진보 성향에 따라 다르기는 하다. 그러나 현 정부가 표방한 정책 수행을 위하여 대통령 직속으로 특위까지 만들었다면 시간을 갖고 장기적이고 완성도 높은 개선안을 내놓아야

마땅하다.

정부의 성격에 따른 조세관의 차이에 따라 접근 방법을 달리할
수 있을지언정 조세의 보편적인 원칙은 변할 수 없다. 그중 가장 중
요한 것이 조세의 형평이다. 무엇이 조세 형평인가. 이 또한 각양각
색이지만 '낮은 세율, 넓은 세원'은 어느 세정 당국이든 추구하는 정
책 구호이다.

이번에 특위가 제시한 증세 방안은 자산 혹은 자산소득에 대한
증세 방안이다. 이른바 지대 추구에 대한 집권 세력의 거부감을 반
영한 것으로 생각된다. 조세 형평을 해하고 있는 것으로 거듭 지적
받는 면세자가 47%에 이르는 근로소득세의 불균형은 논의한 흔적
조차 없다.

국민 누구나 생활의 기본이 되는 소득원은 다양하기 짝이 없다.

근로소득은 고귀하고 자산소득은 불로소득으로 지탄받아야 한다는 생각은 잘해봐야 반쪽 논리이다. 거저 따먹은 근로소득도 있고, 땀 흘려야 하는 자산소득도 있다. 이미 고령 사회에 접어든 우리나라에서 늘어나는 은퇴자는 근로소득을 얻기 어렵다. 연금이나 자산소득에 의존한다.

기재부 방안은 1가구 1주택자에 대한 종부세를 증세하려는 방침도 담고 있다. 그러나 쾌적한 주거 생활은 헌법 제35조에서 보장하는 기본권이다. 직업이 없는 1가구 1주택 소유자는 매년 부과되는 무거운 종부세를 내기 어렵다.

결국 집을 팔거나 세금을 내기 위해 대출을 받아야 한다. 증세가 1가구 1주택 은퇴자에게는 기본권을 침해할 위헌적 소지가 있는 것이다. 이를 막기 위한 적정 세율 조정이나 조세 이연 조치가 필요하다. 임대소득에 대한 과세 확대도 조세 전가에 의하여 본래 목적을 달성할 수 있을지 의문이다.

새로운 조세의 틀은 편 가르기가 아닌 조세 형평을 중심 가치에 두고 우리 사회의 변화에 맞는 조세 철학을 갖고 더 정교해져야 한다. 그러기 위해서는 특위가 아닌 상설 전문가 그룹에게 역할을 주어야 한다.

(2018. 7. 26.)

# 05 │ 있으나 마나 한 가업 승계 세제 제구실하려면

가업 승계 관련 세제는 거의 매년 개정안이 도마 위에 오른다. 가업 승계에 대한 혜택 범위를 확대하는 쪽으로 개정하여왔지만, 올해는 오히려 이를 축소하고 엄격하게 하는 방향으로 개정이 되었다. 말도 많고 탈도 많은 세제 중의 하나다.

그러나 실제 이용 건수는 얼마나 될까? 한국경제연구원의 조사에 따르면 최근 5년(2011~2015년) 동안 연평균 62건에 불과하고 공제 금액은 연평균 859억 원이다. 초라한 실적이다.

승계 세제가 잘되어 있다는 독일의 경우는 같은 기간 이용 건수가 무려 1만 7000여 건에 공제 금액이 434억 유로(55조 6240억 원)이다. 우리 사회는 대다수가 가업 승계 세제가 세금 없는 부의 대물림을 보장하는 특혜라고 인식한다.

부의 편중이 심화됨에 따라 부자에 대한 시각이 점점 곱지 않아지고 기업과 부에 대한 긍정적인 역할에는 눈을 돌리지 않는다. 물론 기업과 부자의 그동안의 이기적인 행태가 부메랑이 되어 돌아온 점도 원인의 하나이기는 하다. 지금까지의 실적을 보면 우리 가업 승계 세제가 제대로 기능하고 있지 않다는 것을 알 수 있다.

이유는 무엇일까? 우리 법제는 적용 대상에 많은 조건이 따라붙고, 엄격한 사후 관리 요건으로 공제를 신청하는 경우 추징의 세무적 리스크가 크기 때문이다. 공제 혜택 후 고용을 유지하고 업종을 지속하라고 하지만 4차 산업혁명의 초입에 돌입한 경제 환경이 이를 허락할까?

급변하는 산업 구조 속에서 10년간 현재의 고용과 업종을 그대로 유지하라는 것은 가업의 적응성을 빼앗아가는 일이다. 주요 선진국은 경쟁적으로 기업 경영권 상속 규제를 완화하여 가업 경영의 맥을 잇기 위해 노력하는 추세이다. 독일은 가업 상속 공제 한도를 전면 폐지하였다. 일본에서는 중소기업에 대한 혜택을 확대하고, 고용 유지 조건도 폐지하는 것을 검토 중이다. 미국 트럼프 행정부는 상속세 폐지를 다시 추진한다고 한다.

그런데 우리는 반대로 가고 있다. 또 하나의 걸림돌은 가업을 이을 승계자를 찾기 어렵다는 것이다. 가업을 일군 선대들의 창업 정신과 성공에 이르기까지의 자기 헌신을 후대에게 기대하기 어렵게 되었다.

후계자는 이미 부자의 자식이 되어 굳이 기업 경영에서 오는 위험을 감내하고 부담을 질 이유가 없다고 생각하기 때문이다. 부모의 강권으로 가업을 물려받았다가 이내 팔아 치우는 사례도 적지 않다. 가업 승계의 단절 현상은 이미 독일이나 일본에서 나타나고 있다. 일본은 고령화와 인구 감소로 후계자 찾기가 힘들어졌다.

가업 승계 세제는 승계자라는 특정 계층에게 특혜를 주자는 것이 아니다. 가업이 갖는 책임과 기업가 정신의 전수, 기업의 존속과 일자리 유지라는 사회 정책적 목적에서 마련한 것이다. 가업 승계 공제가 지금까지 지지부진함에도 그 요건마저 강화한 것은 허울뿐인 제도로 전락하는 것을 재촉할 뿐이다.

대기업의 독주와 횡포를 막고 중소·중견기업을 육성하자는 정책은 새 정부도 마찬가지이다. 그렇지만 세계에서 유일한 일감 몰아주기 과세 제도는 아직도 중소·중견기업을 옥죄고 있다. 우리 사회가 가업 승계 공제를 부의 대물림의 한 축으로만 인식하는 한, 이 제도는 껍데기만 남거나 함정투성이 감면 제도로 남을 것이다.

문제는 가업 승계를 사회적·경제적 필요와 장점보다는 금수저의 대물림으로 보려는 사회 분위기가 쉽사리 바뀌지 않을 것 같은 데 있다.

(2017. 12. 7.)

| 후기 |

2019년 개정 세법에서 가업 상속 공제 후 자산·업종 유지 의무 및 가업 승계 증여세 특례 업종 유지 의무가 일부 완화되었을 뿐 아직도 미봉책에 머물러 있다.

# 06 | 입막음 돈, 연말 재정산 소동

작년부터 벌어진 원천징수 소득세액 연말정산 파동. 결국 지난 5월 12일 유례없는 소급 입법으로 소득세법을 개정하여 입막음 돈을 지급할 수 있게 됨으로써 일단은 가라앉은 듯하다. 엄청난 국가력을 낭비한 바보 같은 행태는 누가 책임질 것인가?

전국 세무서는 5월, 각종 신고 업무에다가 대상자가 638만 명에 달하는 원천징수 재정산 업무까지 겹쳐 대란이 일 것이라고 한다.

재작년 세법 개정에서 소득공제를 세액공제로 바꾸는 등으로 이미 세액 증가는 예정되어 있었다. 종전 방식에 따라 원천징수액을 나누어 내게 했으면 사정이 달라졌을 것이다.

근로소득자에게 원천징수를 적게 하여 우선 봉급액을 늘려주고 소비 촉진으로 경제 활성화에 기여한다는 명분이었다. 조삼모사朝三暮四식으로 원천징수액을 조정하여 납세자의 환심을 사고 경제 운용에 도움을 주겠다는 것이지만 결국 죽을 꾀를 낸 것이다.

이미 시행부터 역효과는 예상되었다. 다수의 납세자는 세금에 대하여 잘 모른다. 덜 내면 좋고 더 내면 찡그린다.

원천징수 방식이 어떠하든 납세자가 내야 할 세금액은 변하지 않는다. 원천징수는 한꺼번에 연 단위로 걷을 세금을 추산하여 월로 나누어 간편하게 징수하는 수단에 불과하다. 연말정산 결과 이미 납부한 세액이 적다면 더 내야 하고, 많다면 돌려받는다.

대다수의 납세자에게 예년과 다른 연말정산 마이너스는 모르는 것이거나 부당한 것이다. 어쨌든 이것이 우리의 납세 의식과 수준이다.

납세자가 나중에 이를 알았다 하더라도 몰랐던 것을 탓하여야 하지 이미 시행된 세법을 고쳐달라고 할 수 있는 것이 아니다.

세금을 좋아서 내는 사람은 별로 없다. 세금은 항상 납세자의 예측보다 많은 것이 현실이다. 납세자의 불만이 심하다 하여 시행된 세법을 고쳐 적용하는 것은 조세 제도의 근간을 흔드는 것이다.

납세자의 불만 제기에는 관계 당국이 홍보를 제대로 하지 아니한 잘못이 크다.

이번 연말정산 파동은 우리 세제와 세제 운용의 후진성을 여실히 보여주었다. 세제 분야에 그치는 것이 아니라 국가의 미숙성을 보여준 것이다. 세상 물정을 모르는 입안자, 이기적인 일부 납세자, 정치 쟁점화하여 문제를 키우고 정략적 목적을 가진 정치권, 문제를 키운 일부 언론의 합작품이다.

이번의 연말정산 파동으로 인한 소급 입법의 결과는 무엇인가? 많은 근로소득자가 얼마간의 세금을 돌려받게 되었다. 불만과 소동을 잠재우기 위한 입막음 돈이다. 그 결손분은 다른 납세자의 세금으로 메워야 한다.

그 결과 소급 입법 이전만 해도 한 푼의 세금을 내지 않던 근로소득자가 740만 명(전체 근로자의 46%)에서 더 늘어나게 되었다. 본인의 노력으로 얻은 소득에 대하여 한 푼도 안 내는 무임승차 국민이 절반이라는 것이다. 조세 정의에 맞는 일인가?

납세액이 없거나 적다고 하여 국민의 권리가 제한되는 일도 없다. 국가 재정은 국민 모두가 능력에 따라 조금이라도 부담하여야 한다. 그것은 국가 공동체에서도 최소한의 요청이다. 이번 원천징수 소동이 하나의 해프닝으로 그쳐서는 안 된다.

여기에서 우리는 무엇이 문제이고 어떤 개선책이 있는지 배우고 느끼는 것이 있어야 한다. 그렇지 않으면 안 내도 될 비싼 수업료를 치른 대가가 아무것도 남지 않을 것이다.

(2015. 5. 28.)

# 07 | 세정에까지 갑질?

갑질은 최근 들어 가장 많이 쓰이는 용어의 하나가 되었다. 용례도 어디에 붙여도 말이 되는 것으로 진화하고 있다. 인터넷 검색창에는 갑질에 맞서 을질도 등장하고 있다.

을질은 "갑질처럼 을 뒤에 비하하는 의미의 '질'을 붙여 권리 관계에서 약자지만 갑에게 횡포를 부리는 것을 뜻하는 신조어"라고 풀이하고 있다.

갑질은 배려와 양보가 요구되는 가진 자나 힘 있는 자가 횡포나 위세를 부리는 것을 지칭하는 것에서 시작되었다. 서양의 노블레스 오블리주의 정신과는 거리가 멀어져만 가는 우리 사회의 부산물이다.

이제는 갑질 고객, 갑질 상사, 갑질 경영, 갑질 기업 등을 넘어 갑질 세정, 갑질 세무조사까지 등장하고 있다. 그런 식이라면 갑질은 상거래, 근로 계약, 조직체는 물론 가정을 비롯한 우리 생활의 전 영역에서 문제될 수 있다.

그런데 그 용례가 요즈음 왜 그렇게 뜰까? 시대 상황과 무관치 않게 보인다. 갑질 논쟁은 이제 개별 관계에 그치지 않고 집단을 이루어 매우 나쁜, 나아가 당연히 처벌받아야 할 행위자로 낙인을 찍어 내모는 분위기로 이어지고 있는 것 같다.

원래 계약 당사자를 편하게 부르는 갑을 사이의 불균형은 정의, 공평의 이념 아래 약자층을 보호하기 위한 공정거래법, 근로기준법 등 각종 법적 규제가 강화되어 이를 바로잡아온 것이 역사적 흐름이다. 여기서는 을이지만 어느 누구에게는 갑이 되는 상대적 관계가 갑을 문제이다.

갑질이라는 폭로가 나오면 연유를 묻지 않고 을의 책무와 허물을 따지지 않는 태도도 잘못이다. 그래서 을질이라는 용어가 등장하고 갑의 과거의 사소한 잘못을 대단한 것인 양 폭로하거나 이를 빌미로 갑질보다 더한 을질하는 경우도 생긴 것이 아닌가?

갑질은 세속의 용어이다. 부당, 횡포의 대명사로 도덕적 비난의 대상이지만 처벌의 대상이 될 수는 없다. 처벌 대상이라면 그것은 범죄이다. 범죄라면 절차와 기준에 따르면 된다. 기준이 맞지 않으면 법을 개정하게 된다. 그것이 법치 국가이다.

갑질, 을질로 보는 시각은 개개 사건의 본질을 흐리게 하고 법치 개념을 무력화할 우려가 크다. 세정의 영역에서도 갑질로 불리는 과도한 세무조사는 중복 조사 금지라는 입법 조치에 의하여 개선되었고, 무리하고 과다한 자료 요구는 지위와 권한이 강화된 납세자 보호위원회에 구제를 신청하는 것이 맞다.

범칙 조사에서 남용되는 압수수색은 사법 통제가 미흡한 탓이므로 이를 고쳐나가야 하지 갑질 비난만으로는 해결될 일이 아니다. 반면 세정 당국도 사회 분위기를 다잡거나 세무와 다른 문제가 제기된 사안에 대하여 조자룡 헌 칼 쓰듯 세무조사를 들이대서는 안 된다.

　요즈음 법과 절차에 따른 분쟁 해결은 뒷전이고 여론몰이나 무리를 지어 목적을 관철하려는 풍조는 우려스럽다. 갑질이라는 용어가 도깨비방망이처럼 휘둘러져서는 안 된다.

(2018. 6. 14.)

# 08 | 38기동대의 앞으로의 과제

38기동대, 국민에게 잘 알려진 이름이다. 체납 지방세를 징수하는 서울시 산하 38세금징수과의 약칭이다.

38기동대는 몇 년 전 어느 케이블 채널의 〈38사기동대〉라는 이름의 드라마를 통해 잘 알려져 있다. 악성 체납자의 재산을 드라마틱하게 찾아내 징수하는 설정으로 많은 인기를 얻었다.

38이 붙은 이유는 헌법 제38조가 "모든 국민은 법률이 정하는 바에 의하여 납세의 의무를 진다"고 규정한 데서 유래한 것이라고 한다.

체납 세액은 국세가 훨씬 크지만 지방세는 자동차세 등 소액 체납액에 체납자가 많기 때문에 징수의 절실함이 더하다. 날로 진화하는 조세 회피나 탈세를 찾아내 조세를 부과하여도 이를 징수하지 못하면 시간과 비용만 낭비될 뿐이다.

대다수의 납세자는 성실하게 납세의무를 이행하지만 그렇지 않은 낯 두꺼운 납세자도 있기 마련이다. 38기동대는 조세 체납자에게 경종을 울리고 납세의무의 의미를 되새기게 하는 성과를 거두었다.

이를 본 따 여러 지방자치단체는 유사한 전담 조직을 운영하고 있다. '조세정의체납관리단'이란 긴 이름도 있다. 국세청도 체납 세액 징수에 골머리를 앓고 있는 것은 마찬가지이다.

조세를 체납하면 고액 체납자는 명단 공개, 인허가 사업 제한, 출국 정지 등의 각종 제재가 따르지만 징수 확보에는 한계가 있다. 납세자가 재산을 숨기고 안 내는 경우도 있지만 사업 실패, 보증 입보, 가정 사정으로 없어서 못 내는 경우도 흔하다.

생애에 많은 세금을 낸 이에게 납세자 연금을 주는 나라도 있지만 우리는 이를 전혀 고려하지 않는다.

체납 사유의 옥석을 구분하기는 정말 어렵다. 이 문제를 좀 더 해결하겠다고 국회에는 악성 체납자에 대하여 일정 기간 구금하는 입법안까지 올라와 있다.

여기에서 의문이 생긴다. 납세의무 이행도 중요하지만 체납 징수 과정에서 우려되는 납세자에 대한 권리 침해이다.

국세징수법 제26조, 지방세징수법 제35조는 "세무 공무원은 재산을 압류하기 위하여 필요한 때에는 체납자의 가옥·선박·창고 또는 그 밖의 장소를 수색하거나 폐쇄된 문·금고 또는 가구를 열게 하거나 직접 열 수 있다"고 규정한다.

세무 공무원의 이러한 행위는 행정법상 행정 강제, 그중에도 즉시 강제에 해당한다.

형사사법에서의 영장주의는 헌법상의 원칙이다. 행정 작용에도 당연히 이러한 기조는 유지해야 한다. 경찰 강제에 있어서도 경찰관의 자의적 판단은 허용되지 않고 긴급성과 대안이 없어 불가피한 경우에만 예외적으로 가능하다. 특히 주거에 대한 수색은 엄격하게 이루어져야 한다.

이러한 점에서 이들 조항이 세무 공무원에게 강제 조치에 대한 필요성 판단을 일임하는 것은 위헌적 소지마저 있다. 체납 징수를 위한 강제력의 행사라 하더라도 헌법상·행정상의 기본 원칙을 지켜야 한다.

체납 징수의 필요성만 강조해서는 헌법상 보장된 개인의 기본권을 침해할 우려가 있다. 관련 조항을 합헌적으로 정비하고 그 구체적 집행 기준도 마련하여 공개해야 한다.

이는 체납 구금의 경우도 마찬가지이다. 그동안 찬사를 이끌어냈던 38기동대의 앞으로 과제이다.

(2019. 11. 28.)

# 09 | 이건희 차명 계좌
## 징벌적 과세를 왜 은행에?

과세 당국은 최근 이건희 삼성그룹 회장의 차명 계좌에 대한 이자 소득이 금융실명법상의 징벌적 과세 대상이라 하여 90%의 세율을 적용하여 과세하였다. 납부 고지를 받은 것은 이 회장 본인이 아니라 계좌를 보유하였던 금융 기관이다. 각 금융 기관은 예금 등 이자 소득에 대한 원천징수 의무자로 되어 있기 때문이다. 그러나 원천징수 의무자는 세법상 납세의무자는 아니다.

이 제도는 1803년 영국에서 나폴레옹전쟁 중에 재정 확보를 위하여 최초로 도입되었다. 원천징수 제도 자체에 대한 위헌 시비도 있었으나 이를 위헌이라고 보는 국가는 없다. 오늘날 국가 재정 확보의 유용한 수단으로 기능하고 있다. 원천징수 제도는 징수 대상이 되는 소득액이 분명하고 과세표준과 세액이 단순하고 용이하다는 데 존립의 근거를 두고 있다.

어차피 납세의무자가 국가에 납부하여야 할 세금이니 소득을 지급하는 자가 조금만 수고하여 바로 국가에 납부하여 재정 확보에 도움을 달라는 것이다. 원천징수에 아무런 대가도 주어지지 않고 의무만 부담하는 것이므로 대상 소득이 명확하여야 하고, 원천 납세의무자에 위험을 전가해서는 안 된다. 그래야만 제도가 정당성을 갖게 된다.

사실 큰 기업의 경우 원천징수 의무를 이행하는 인건비가 만만치 않다. 그러나 기업의 납세 순응도가 높아 이것이 크게 쟁점이 된 바 없다. 문제는 우리 세법이 원천 납부하는 조세를 못 박아놓고 무차별적으로 원천징수 의무를 부담하게 하고 있다는 점이다.

그 대표적인 것이 소득처분에 따른 인정상여 등이다. 이 경우 소득과 그 귀속자는 과세 당국의 소득처분에 의하여 비로소 결정된다. 그 이전에 법인으로서는 그것이 소득인지 누구에게 귀속되는 것인지 알 수가 없는 노릇이다.

그런데도 세법은 이를 구분 없이 원천징수 세목이면 모두 자동 확정되는 소득이라고 보고 있다. 자동과 처분은 전혀 같이 갈 수 없는 개념이다. 또 하나는 비거주자의 국내 원천소득에 대한 원천징수이다.

다국적 기업과 관련하여 이미 많은 다툼과 쟁송이 이어져왔다. 원천징수 의무자는 그것이 과연 국내 원천소득으로 원천징수 대상인지 알지 못하는 경우가 허다하다. 징수하지 않고 지급하면 가산세를 포함한 징수 고지를 당하거나 소송에 휘말린다. 왜 대상 소득이 분명하지 않고 귀속자도 알 수 없는데 그 위험을 단지 원천징수

의무자로 되어 있다고 하여 고스란히 부담하여야 하는가?

이번 차명 계좌에 대한 과세 당국의 징수 처분은 과연 금융실명법상의 중과세 대상이 되느냐 하는 해묵은 논란은 제쳐두고 위헌적 요소가 다분하다. 금융 기관이 그 계좌가 차명 계좌인지 알 수 없는 일이고 파악할 수단이 주어진 것도 아니다. 그럼에도 징수를 안 했다 하여 수년이 지난 지금 자기 자금으로 납부하고 소득자에게 구상하여야 하나? 당사자가 구상에 응하지 않으면 소송으로 가야 한다.

소송에 이긴다 해도 못 받으면 금융 기관의 손실로 귀결된다. 원천징수 제도는 납세자가 아닌 제3자에게 협조 의무를 지우는 것에 불과하다. 그 협조 의무는 당연히 용이하게 가능한 일이어야 하고 그에 비용이 소요된다면 보상하여주어야 한다. 앞에서 본 원천징수 의무는 그 정당성의 한계를 벗어난 것이다. 원천징수 세목으로 규정되어 있다 하여 징수 처분이 모두 허용되는 것으로 볼 것은 아니다. 개선 입법에 나서야 한다.

(2018. 4. 12.)

# 10 │ 세무 신고 안내가 압박성이면 왜 안 되나?

국세청은 2012년부터 3년간 세수 목표를 달성하지 못하여 궁지에 몰렸다. 그러나 2014년부터 세무 신고 사전 안내를 강화한 후 2015년 2조 2000억 원을 초과 달성하고 지난해에는 무려 예산 대비 23조 2000억 원을 더 걷었다. 경기는 침체에서 벗어나지 못하고 있는데도 말이다.

조세 행정으로서는 획기적인 일이고 칭찬받을 만하다. 이유는 무엇일까? 국세청이 납세자에게 세금 신고 전에 보내는 사전 성실 신고 안내가 큰 몫을 했다는 점은 모두가 인정한다.

사전 안내는 국세청이 납세자의 재무제표, 내부 과세 자료 등을 통하여 구축한 국세 행정 시스템NTIS의 분석 기능을 통하여 여러 유형과 항목으로 나누어 납세자별로 미리 개별 통보하는 형식이었다.

안내서에는 사전 안내 항목과 추출 방법, 신고 시 유의 사항, 전년도 사전 안내 이력 등이 포함되었다. 아울러 "신고 직후 사전 안내와 연계한 사후 검증을 강화할 예정이니 성실 신고를 통해 세무상 불이익을 받지 않도록 유의하여주시기 바랍니다"라는 문구를 기재하였다.

이 문구가 국회에서 문제가 되었다. 납세자 입장에서는 압박을 느낄 것이므로 안내 문구를 바꾸어야 한다는 것이다. 결국 국세청이 이를 받아들여 납세자에 대한 개별 안내문 대신 국세청 홈택스의 '신고 도움 서비스'에서 확인할 수 있도록 하고, 사후 검증 경고 문구는 가산세 부담이 있다는 취지로 바꿨다.

경위를 보면 일면 수긍이 가는 부분도 있다. 세금은 모두가 피할 수 없는 것이기는 하지만 될 수 있으면 줄여보겠다는 것이 납세자의 정서이기도 하다. 우리의 납세 의식은 아직도 낮은 수준이다. 개선의 조짐이 있다가 다시 주저앉고 있다는 것이 조세재정연구원의 2015년 납세 의식 조사 결과이다.

자영업자나 법인의 성실 신고율은 높아지고 있지만 아직 정착되었다고 할 수 없다. 사업자의 소득 신고율은 근로소득자의 투명할 수밖에 없는 소득세 납부에 비하여 너무 낮다. 조세재정연구원에 의하면 지하경제의 규모는 2015년 기준으로 125조 원에 달하고, 2011년의 누락 조세를 의미하는 조세 갭은 무려 25조 원 정도로 추산된다고 한다.

상황이 그렇다면 성실 신고를 유도하기 위한 개별 납세자의 세무 자료 분석을 통한 사전 안내는 필요하고도 적절한 조치로 보인다. 납세자는 안내를 따름으로써 세무조사의 위험성을 줄이는 보장적 기능이 있다. 세무조사로 인한 조세 저항이나 불이익도 적어진다.

세무조사에 대한 적법 절차와 투명성이 강화되고 있지만 세무조사는 일단 개시되면 종래의 관행상 납세자에게는 가혹하기 쉽다. 납세자에게 '조세 선의'를 기대할 수 없는 정황이 있다면 납세자에게 압박이 되더라도 사전 안내를 강화하는 것이 조세 행정의 옳은 방향이다.

문구 기재가 압박성 요소가 있다고 하여 개별 통지를 하지 않고 국세청 사이트에 게시하여 확인하여보라는 것이 과연 납세자에게 도움이 될까? 혹은 납세자들이 문구까지 배려하여주어 고맙다고 느낄까? 국세청과 납세자에게 더 중요한 것은 사소한 문구가 아니라 분명한 메시지와 납득할 만한 자료 제시이다. 그래서 이번 사전 안내 문구 수정에 박수를 보낼 생각은 없다.

(2017. 3. 2.)

# 11 | 프리랜서 대형 환급 비리 사건이 남긴 것

보험설계사, 자동차 딜러 등 프리랜서 사업자 수천 명이 유 모 세무사를 통하여 종합소득세를 부당하게 환급받아 최근 국세청으로부터 거액을 추징받게 될 처지에 놓였다. 이 사건의 성격을 놓고 탈세 스캔들, 세무 사기 사건 등 접근 방향도 각기 다르다.

유 모 세무사는 프리랜서 사업자를 상대로 기납부 원천세액 3.3%를 환급받게 해주겠다는 광고를 대대적으로 내고 고객을 모집한 다음 여러 해에 걸쳐 허위 신고를 하여 부당 환급을 받았다.

수법을 보면 개인 세무사가 할 수 없는 기업적 조직과 방식으로 사건을 대량 수임하여 이른바 '물기장'의 방법으로 환급받도록 하였다. 사후 검증 비율이 낮다는 점도 이러한 장기간의 비리가 가능하게 하였다. 당사자인 프리랜서들은 그로 인하여 최근 5년간의 소득액에 대한 실제 비용을 입증하여야 하고 부당 신고로 인한 가산세

40%를 추징받을 위기에 직면하게 되었다.

당사자 4000명가량이 프리랜서세무사기대책위원회를 결성하고 대책을 요구하고 있어 사회 문제로 비화되고 있다. 이들의 변은 세금을 잘 몰라 한 푼이라도 절약하기 위하여 국가에서 인증한 세무사에게 신고를 맡겼을 뿐 의도적인 탈세는 아니라는 것이다.

국세청이 세무사의 부적절한 경비 처리를 제대로 관리하지 않은 책임은 전혀 인정하지 않고 피해자인 프리랜서에게 원칙론만 내세워 추징하는 것을 잘못이라고 한다. 프리랜서 중에는 실제 증빙 서류까지 맡겼는데 유 모 세무사가 이를 고의로 무시한 것을 이제 와 어떻게 개별 입증하라는 것이냐고 딱한 사정을 호소하는 이도 있다.

이번 사태는 어떻게 보아야 할 것인가? 아직도 후진적인 납세 문화와 조세 전문직의 일탈 행위, 조세 행정의 허점이 남아 있다는 상징적인 사건이다. 우선 유 모 세무사의 광고를 보면, "종소세 걱정 NO! 귀찮은 증빙 NO! 대박 환급 YES! 신용카드 영수증도 필요 없다! 10만 원 내면 최소 170만 원 이상 확정 보장!"이라고 되어 있다.

명색이 사업자로서 세금을 내는 이라면 이러한 광고의 진정성에 의심을 갖지 않는 것이 오히려 이상하다. 이 사건은 유 모 세무사의 사기 행각으로 판단될 가능성이 크다.

프리랜서 모두가 이와 같이 조그만 원천납부 세액마저 환급받고 한 푼의 세금도 안 낸다면 국가 재정은 누가 메워야 하나? 여하튼 나는 전문직에게 맡겼으니 모르겠다는 것인가? 그럼 세금 신고를 제대로 한 프리랜서는 바보인가?

이 사건이 유 모 세무사의 사기 행각에도 불구하고 납세자인 해

당 프리랜서들이 책임에서 자유로울 수 없는 이유이다. 그러면 어떻게 하여야 하나? 세법이 정한 대로 갈 수밖에 없다. 국세청 내부에서는 부당 신고 가산세 40% 대신 20%로 낮추겠다는 소식이 들려온다. 사건의 성격상 부당 무신고 가산세의 적용은 가혹하다.

그럼에도 불구하고 유 모 세무사에게 신고를 맡긴 프리랜서들은 증빙 미비로 인한 종합소득세 추징과 가산세의 부담으로 큰 위기를 맞게 되었다. 일탈한 세무사의 유혹에 넘어간 대가가 너무 크다. 수업료치고는 매우 비싼 수업료를 치를 전망이다.

그렇다고 국세청 또한 책임에서 자유로울 수만은 없다. 고객 유치 광고를 대대적으로 하였고 오랜 기간에 걸친 행각이니 이상 징후라도 포착하였어야 한다. 아직 국세 행정 시스템NTIS은 이 정도에까지 이르지 못하는 모양이다.

프리랜서 직업을 가진 납세자는 현행 세법의 적용에서는 비용 처리가 쉽지 않다. 업무 특성상 증빙을 제대로 갖추기 어려운 경우가 많기 때문이다. 실제 소득만을 신고할 수 있도록 비용 인정 기준을 합리적으로 만들어가는 것이 과세 당국의 앞으로의 책무이다.

업종이나 사업 환경에 따라 소득에 따른 비용 인정이 동일할 수가 없다. 다른 특성이 있음에도 동일 기준을 적용하는 것은 조세 평등이 아니다. 피해를 입게 된 프리랜서들의 처지는 안타깝다. 한 사람의 세무사 비리가 세무 전문직 전반의 신뢰를 무너뜨리는 계기가 될 수 있다는 점도 염려스럽다.

그러나 이 사건은 우리 모두에게 문제 상황을 다시금 짚어볼 수 있는 계기가 되었다. 이 사건의 교훈을 되새겨 납세 의식을 높이고 조세 행정이 더욱 정교하게 되었으면 하는 바람이다.

(2017. 4. 6.)

# 12 | 차명 주식 근절은
## 법제 개선과 함께해야

국세청은 최근 국세 행정 시스템NTIS에 차명 주식 통합 분석 시스템을 추가하였다고 발표하였다. 이 시스템으로 납세자의 주식 보유 현황과 취득, 양도 등 변동 내역, 각종 과세 자료와 금융정보분석원을 비롯한 외부 기관 자료까지 연계하여 명의신탁 주식에 대한 정밀 검증이 가능하게 되었다는 것이다.

종래 내부 제보 혹은 세무조사 과정에서 비로소 밝혀졌던 주식 명의신탁 사실이 좀 더 용이하게 드러날 것이다. 정보화된 사회의 빅데이터가 국세 행정에서 위력을 보여주는 시험대가 될 전망이다.

더구나 앞으로 법인 사업자 등록 때 제출하는 주주 명세서에 본인 확인란을 추가하고, 신설 법인의 주주를 대상으로 명의신탁의 불이익과 실명 전환 방법을 일일이 안내한다고 한다. 이렇게 되면 명의신탁 주식 여부를 가리는 과정에서 흔히 당사자가 내세우는 명의도용이라는 항변은 설자리를 잃게 될 것이다.

이제 회사 설립 시부터 주식의 실명화가 정착하는 데 유용한 조치가 될 것이다. 이는 명의신탁과 주식에 대하여 실질 주주를 가리는 현행 판례 기준에도 영향을 줄 것이다. 투명 사회를 이루는 데 일조하기를 기대한다. 그러나 이는 이미 명의신탁이 행해진 수많은 사례에 대한 해결책은 되지 못한다. 역으로 이 시스템의 허점을 찾아 검증에서 벗어나는 사례도 나타날 수 있다.

최근 5년 동안 주식 명의신탁으로 인한 증여의제 조항으로 국가는 1702명에게 세액 1조 1231원을 걷었다. 명목은 증여세이나 실제 증여와 아무런 연관이 없는 제재적 조세의 세수이다.

국세청은 이 발표에서 중소기업(주식가액 30억 원 미만)에 대하여서는 상법상의 법인 설립 발기인 7인 이상의 요건이 1인 이상으로 완화된 2001년 7월 이전의 설립 시의 명의신탁 주식에 대하여 실명 전환 업무도 더욱 간편화하겠다고 밝혔다.

이 실명화 조치는 2014년 6월부터 시행하였으나 성과가 기대 이하라는 평가를 받고 있었다. 대상자가 한정되어 있고 거의 증여세 부과 제척기간이 지난 후라는 점이 부진 원인으로 꼽힌다.

명의신탁 주식은 일단 증여세가 과세되고, 환원된 주식이 증여나 상속되는 경우 다시 증여세나 상속세가 부과된다. 거기에 가산세까지 합하면 원본액이 넘는 세금이 된다. 약탈적 조세라는 비판에서 자유롭지 못한 이유이다. 더구나 명의를 빌려준 명의수탁자는 명의신탁자가 세금을 내지 않으면 평생 체납자의 신세가 되고 만다.

이름을 빌려준 잘못치고는 대가가 너무 크다. 명의신탁 과세 문제는 근본으로 돌아가야 길이 있다고 생각한다. 주식 명의신탁은 조세 회피에 이용되고 주가 조작, 강제 집행 면탈 등으로 지하경제를 확대하는 암적인 존재이므로 제재하여야 한다. 그러나 명의신탁을 막기 위하여 조세 부과로서 대처하려는 것은 조세의 기본과 조세 체계의 신뢰를 뒤흔들게 된다. 명의신탁 증여세 과세의 실마리를 제공한 바 있었던 부동산 명의신탁은 이미 부동산 실권리자 등기 명의에 관한 법률 제정으로 세법에서 떨어져나가지 않았는가?

아직도 살아 숨 쉬는 주식 명의신탁에 대한 증여의제 과세는 말도 많고 탈도 많다. 당국은 이제 세수에 연연하는 것을 그만두고 세법의 영역에서 이를 떼내야 할 때가 되었음을 알아야 한다.

명의신탁 증여세 과세 제도는 논란 속에서도 오랫동안 유지되고 있다. 법원과 헌법재판소는 그동안 스스로 쳐놓은 강고한 그물에 운신의 폭이 좁아져 판례 변경 등 다른 선택이 어렵다. 직원 명의로 계좌를 개설하여 주식투자를 하던 납세자가 무려 400억 원의 증여세를 부과받아 법원을 거쳐 헌법재판소까지 갔으나 결국 구제받지 못한 사례도 있다.

과연 이것이 조세라고 할 수 있는가? 국세청의 이번 조치가 향후 명의신탁을 효율적으로 제어할 수 있다면, 의제 증여세를 유지할 것이 아니라 조세 회피액을 추징하고 가산세를 부과하는 것으로 바꾸는 것이 세법 본연의 임무로 돌아가는 일이다. 이번에 국세청이 내놓은 차명 주식 근절책을 계기로 명의신탁 증여세 과세를 세법에서 걷어내는 입법 개선의 돌파구가 마련되기를 기대한다.

(2016. 11. 3.)

# 13 | 흡연자, 1등 세수 공로자가 되다

담배는 남미 안데스가 원산지다. 마야 유적에는 가장 오래된 흡연 기록이 남아 있다. 콜럼버스의 아메리카 상륙을 계기로 서양을 넘어 우리나라에는 담배가 17세기 초 일본을 거쳐 들어온 것으로 되어 있다.

담배는 이렇게 인류의 오랜 기호품이었으나 오늘날에는 세계 각국에서 된서리를 맞고 있다. 담배가 인체에 해롭다는 것은 널리 인식되어왔지만 치명적인 폐암 유발의 원인이라는 주장에다 간접흡연의 폐해에 따른 우려가 겹쳐 흡연자는 설 땅이 없다.

지그문트 프로이트는 "담배는 인생이라는 싸움터에서 창과 방패이다"라고 하였다지만 이제는 방패가 무력화된 형국이다. 흡연 가능 공간은 점점 줄어들어 애연가들이 흡연을 위하여 구석진 자리를 찾는 모습은 보기에 딱할 정도이다.

불과 일이십 년 전만 해도 남성 사회에서 담배 권하는 것이 예의였고, 버스 안에서 흡연하는 것을 막아선다는 것은 뺨을 맞을 짓이었다. 세상사 하도 달라지는 것이 많지만 흡연 문화도 그 하나이다. 금년 정부는 금연 정책의 효율화를 명분으로 담배 관련 세금을 손보았다.

종전 담배에 대해 붙는 공과금은 담배소비세, 지방교육세, 부가가치세 외에 건강증진부담금이 있었다. 이번에는 종전 특별소비세인 개별소비세를 새로 국세로 만들어 출고가의 77%를 부과하고 지방세인 담배소비세를 57.1% 인상하였다. 그 결과 종전 공과금 1550원에서 3318원으로 배 이상 늘어나, 2500원 하던 담배 한 갑이 4500원으로 인상되었다.

담배 출고가의 세 배가 세금이니 흡연자는 가장 높은 비율의 세금을 내는 납세자가 되었다. 입법 과정도 흥미롭다. 불쑥 의원 입법으로 담배 개별소비세 중 20%를 소방안전교부세로 돌리자는 안이 나와 통과됨으로써 지자체가 좀 더 세수를 챙겼다. 이 과정에서도 국가와 지자체의 제 몫 챙기기와 거래가 엿보인다.

그러나 담배 세금의 인상에도 불구하고 금연 비율은 당초 예상하였던 34%보다 훨씬 낮다. 3분기 기준으로 보면 17.1%에 불과하다.

그 결과 담배 세수는 금년에만 3조 원 이상 늘 것이라는 예상이다. 담배 세수가 10조 원을 돌파하는 것이고 내년에는 12조 원을 넘을 것이라는 추산도 나와 있다. 담배 세수 10조 원이면 연봉 1억 원 이하 근로자의 소득세의 98%에 달한다고 한다.

하루 한 갑 피우는 흡연자라면 그 대가로 1년에 100만 원의 세금을 내는 셈이다. 조세 저항이 덜한 것은 세금이 담뱃값에 포함되어 있는 구조이기 때문이다. 직접세라면 난리가 날 것이다. 담배는 서민들의 기호품이라서 결국 서민인 흡연자의 세금 부담으로 어려운 재정을 확충하여나가는 결과가 되었다.

흡연자가 부족한 세수 증대에 막대한 기여를 한 가장 모범적인 납세자가 된 셈이다. 과연 이것이 조세의 목적에 맞는 것일까? 흡연자로부터 걷는 세금은 흡연자의 건강 유지와 치료에 우선 사용하여야 하는 것이 아닌가?

건강증진부담금은 보건복지부의 쌈짓돈이라는 말을 오래전부터 들어왔다. 흡연자는 별로 줄지 않고 세수만 늘었다는 보도를 접하면서 씁쓸한 기분을 지울 수 없다. 흡연은 습관성이 있다. 특히 우리의 미래와 대를 이을 청소년층과 여성층이 부디 담배의 인질이 되지 않기를 바라는 마음이 간절하다.

이번의 담배 세금 인상은 세수 부족을 메우기 위한 목적이 컸다는 점을 부인하기 어렵다. 이미 확보한 세수는 지키려는 것이 정부이다.

담배 세금도 올릴 수 있으나 얼마나 공평하게 걷어서 어떻게 잘 쓰느냐가 조세 정의의 핵심이다.

그렇게 많은 세금으로 부담한 흡연자를 위하여 무엇을 할 수 있는지에 대하여 당국은 고민하고 대책을 내놓아야 한다.

(2015. 11. 19.)

제3장

# 납세자 보호

# 01 | 쉬운 세법 쓰기의 남은 과제

지난달 25일 기획재정부 세제실과 조세재정연구원 공동 주관으로 '알기 쉽게 새로 쓴 소득세법 및 법인세법' 공청회가 열렸다. 2011년부터 5년 계획으로 시작된 조세 법령 새로 쓰기 프로젝트의 일환이다.

첫 작업은 부가가치세법으로 '새로 쓴 부가가치세법'은 2013년부터 시행되고 있다. 그사이에 국세기본법 및 상속세 및 증여세법 쉽게 쓰기 작업도 1차 완료되었으나 후속 작업이 진행 중이다.

이번 소득세법 및 법인세법 개정 초안은 2월 중 입법 예고를 거쳐 3월 국회에 제출될 예정이다. 국회에서 개정안이 통과되면 내년부터 시행된다고 한다. 세법 쉽게 쓰기 작업은 그동안 세제실에서 여러 차례 시도되었으나 이번에는 조세법령개혁팀을 조직하고 예산도 많이 투입하여 외부 전문 기관과 공동 작업을 진행함으로써 나름의 성과를 거두고 있다.

세법은 국민으로부터 공공 경비의 충당을 위하여 국민의 경제 활동을 대상으로 하여 강제적으로 금전을 징수하는 근거가 되는 가장 오래된 법규범의 하나이다.

우리의 경제 활동이 복잡 다양하고 계속 변화하는 만큼 세법도 빠져나가는 조세를 막기 위한 그물망을 촘촘히 치게 된다. 그러니 세법은 납세자에게 항상 어렵고 혼란스럽고 애매하다. 그렇다고 하더라도 좀 더 찾기 쉽고 이해가 잘되는 세법을 만드는 것은 과세권자의 최소한의 책무이다.

이번 소득세법 및 법인세법은 현재 4단계 체계를 5단계 체계로 개편하여 정합성을 높였고, 종래 풀어쓴 서술형 표현을 간단한 계산식과 표로 바꿨다. 이것만으로도 그동안 납세자들이 겪어온 부질없는 낭비를 덜어줄 수 있을 것이다.

그렇지만 소득세법과 법인세법은 조문이 방대하고 연결 조항이 산재하여 전문가조차 찾기가 만만치 않다. 기획재정부 세제실은 당초 부가가치세법 쉽게 쓰기 작업 시 법률과 시행령, 시행 규칙을 연계하는 조문 체계의 도입을 강력히 추진하였다.

예컨대 모법은 1조, 시행령은 1-1조, 시행 규칙은 1-1-1조의 형식을 취하여 기본 번호와 가지 번호를 통하여 관련 법령을 연계시키는 방법이다.

공청회에서 긍정적인 반응을 보인 새로운 방안은 법제처의 반대로 무산되었다. 새로운 일을 벌이지 않으려는 관료적 속성이 찾기 쉬운 세법을 막았다. 이번에도 조문 체계 개선은 논의조차 되지 않았다. 유감스러운 일이다.

세법 쉽게 쓰기 작업은 이 정도에서 일단 마무리되겠으나 더 큰 과제가 남아 있다. 세법 쉽게 쓰기 작업은 내용에 일절 손대지 않는다는 전제 아래 조문의 체계와 배열, 용어만 바꾼다는 테두리를 설정하였다.

그 결과 그릇은 그런대로 얼개를 잘 갖추게 되었다 하더라도 더 중요한 것은 그에 담을 내용물이다. 조세 공평과 조세법률주의에 부합하는 조세법의 여러 원칙에 들어맞는 내용을 집어넣어야 한다.

그렇지만 주무부서인 기획재정부의 인적·물적 인프라만으로는 한계가 있다. 전문가 집단의 지혜를 빌릴 제도와 의지의 결집이 필요하다.

재정은 정치와 불가분이다. 앞으로 새로 탄생할 정부가 어떠한 재정 정책을 펴든 조세 원칙을 제대로 지키는 내용으로 세법을 한 단계 높여나가겠다는 확고한 인식을 갖도록 하는 것이 남은 과제이다.

(2017. 2. 2.)

# 02 │ 납세자 소송 법안
      언제까지 묵혀둘 것인가?

납세자 소송 관련 법안은 국회에 이미 3건이 발의되어 있는 상태다. '위법한 재정 행위에 대한 국민 소송 법안' '납세자 소송에 관한 특별 법안' '재정 민주화를 위한 국민 소송 법안'이 그것이다. 법안 이름은 조금씩 다르지만 모두 다 납세자 소송 관련 법안이다. 이들 법안은 16대 국회에서부터 발의되기 시작했으니 20대 국회에서는 벽을 넘을 수 있을까?

납세자 소송이란 납세자가 원고가 되어 국가 공무원의 위법한 재정 행위에 대하여 국가 기관이나 해당 공무원을 상대로 손해 예방이나 손해 회복을 위하여 법원에 소송 제기를 허용하는 제도이다. 납세자의 세금을 지키기 위한 공익 목적의 사법적 구제 수단이다. 그런데 정부 각 부처에 설치된 예산 낭비 신고 센터는 유명무실하다.

납세자 소송은 미국이 모범적으로 시행하고 있다. 각 주에서 시작된 납세자 소송이 정착되었고 연방 차원에서도 길이 열렸다. 이웃 일본에서도 1948년부터 납세자 소송을 도입하였으며 두 차례에 걸친 제도 개선을 통해서야 활성화되어 있다.

우리나라에서는 2000년 경기 하남시민이 국제환경박람회로 인해 186억 원의 예산 낭비가 있었다며 환수 행정소송을 제기하였으나 제도 부재로 문턱을 넘지 못했다. 이것이 계기가 되어 결국 2006년 지방자치법에 주민소송 제도가 도입되었다.

주민소송 제도도 납세자 소송의 한 유형이다. 다만 주민 감사 청구가 선행되어야 하고 위법 재정 행위자에 대한 직접적인 배상 청구도 인정되지 않는다.

2017년 상반기까지 총 33건이 제기되었으나 주민이 거의 패소하고 승소 확정된 사건은 나오지 않고 있다. 현 주민소송 제도는 개선할 점이 적지 않지만 소송 제도 자체의 존재만으로도 위법 재정 행위를 제어하는 효과는 있을 것이다.

납세자는 국세는 물론 지방세까지 모두 납부한다. 국세의 비중이 훨씬 높고 방대한 예산 집행이 이루어지는데도 지방세에만 주민소송의 이름으로 납세자 소송이 허용되는 것은 역설적이다. 유권자의 환심을 사기 위한 포퓰리즘이 그럴듯한 포장을 하여 고귀한 세금을 여기저기 마구 집행하는 사례는 국가나 지자체나 차이가 없다.

납세자 소송 법안은 이미 서울지방변호사회가 공동 주최한 심포지엄 등이 열려 전문가의 의견도 수렴하였다. 그럼에도 불구하고 16대 국회 이후 4번이나 무산됐다.

납세자 소송과 관련한 법은 이제 더 이상 입법을 늦춰서는 안 된다. 지금 우리에게 꼭 필요한 법이다. 입법 추진에 힘을 보태기로 한 서울지방변호사회에 응원을 보낸다.

(2018. 4. 19.)

| 후기 |

2020년 5월, 20대 국회의원 임기가 만료됨에 따라 이 법안은 폐기되었다. 21대 국회에서 입법 실현을 기대한다.

# 03 | 국세와 지방세, 납세자에게 서비스 경쟁 벌여야

현금 사용이 사라지고 있는 시대이다. 신용카드도 이제 스마트폰을 이용한 전자 결제에 그 자리를 내주어야 할 형편이다.

국세를 신용카드로 납부할 수 있도록 하는 제도는 2008년 10월 도입되어 점차 납세자의 이용률이 높아지고 있다. 지난해는 약 42조 4002억 원이 신용카드로 납부되었다. 납세자는 편의를 얻게 되었지만 신용카드로 납부하려면 수수료를 카드 회사에 지불하여야 한다.

지난해 납세자가 수수료로 부담한 금액은 262억 원이다. 적지 않은 돈이다. 국세의 납부는 일시에 많은 금액을 납부하여야 하므로 납세자로서는 재정적 부담이 크다. 신용카드 납부는 숨통을 터주는 계기가 되었지만 추가로 부담하여야 할 수수료는 만만치 않다.

반면 지방세를 신용카드로 납부하는 경우에는 사정이 달라진다.

납세자가 내는 수수료가 없다. 이유는 지자체가 신용카드 회사와 결제 금액을 1개월까지 운용할 수 있도록 하는 대가로 수수료를 받지 않도록 약정을 맺었기 때문이다. 국세라고 하여 이와 같은 방식을 채택하지 않을 이유가 있을까?

결국은 과세 관청의 납세자에 대한 배려 정신의 문제이다. 납세자의 권리 신장은 국내는 물론 세계적인 추세이다. 대만도 이미 납세자의 권리 보호에 관한 단행법을 만들어 시행 중이다. 좀 더 전향적인 자세가 요구된다.

납세자의 입장에서는 국세든 지방세든 같은 세금일 뿐이다. 물론 과세권자와 목적이 다르므로 양 세법 체계가 동일할 수는 없다. 하지만 기본 개념이나 징수, 불복에서는 달리할 이유가 없다. 효율성과 납세자의 편의를 위해서이다.

지방세는 1949년 처음 시행하여오다가 2011년부터 독립된 세법 체계를 구축한다 하여 지방세기본법, 지방세법, 지방세특례제한법 등 3법으로 분법하였다. 종래 지방세법에 규정이 없는 것은 국세기본법을 준용하는 규정이 있었으나 그 범위가 명확하지 않아 혼선이 있었다.

이러한 분법은 그 필요성이 인정되고 입법적 정비가 이루어지기는 하였지만 기본 개념, 징수 절차, 불복 절차에 있어 아직도 국세와 달리 규정한 것이 많다. 수정신고, 경정청구 등에서는 국세와 거의 동일하게 규정하여 납세자의 권리가 신장된 점은 잘된 일이다. 그러나 지방세에는 행정심판전치주의가 적용되지 않고, 조세심판원의 절차에서 합동회의 심리 신청권도 차이가 난다.

특히 지방소득세는 국세와 과세표준이 겹쳐 지자체의 독자적인 세무조사권 문제로 논쟁이 일어나게 된 것은 예상된 결과이다. 납세자의 권리 신장을 위하여 국세, 관세, 지방세에 대한 납세자의 기본 권리, 징수, 불복 절차를 통합하여야 한다.

지방세 분법 시 이를 아우르는 조세기본법으로 거듭나지 못한 것이 아쉽다. 지방 분권화가 납세자에게 고통을 더 가중하는 방향으로 가서는 안 된다. 상호 간에 독립을 외치면서 따로 가자는 것은 납세자를 괴롭히는 것과 다름없다.

국세와 지방세는 독립적이면서도 상호 협력하고 납세자를 위한 서비스 경쟁을 하는 것이 옳다.

(2017. 10. 19.)

| 후기 |
지방세에서의 행정심판 임의적 전치주의는 지방세기본법이 개정(2019. 12. 31.) 되어 국세와 마찬가지로 필요적 전치주의로 전환되었다.

# 04 | 납세자보호위원회
     잘하고 있다

납세자보호위원회 약칭은 납보위이다. 납세자들에게는 아직 익숙하지 않은 기관이다. 국세기본법에 제7장의 2로 납세자의 권리가 신설되어 그 내용이나 실행의 면에서 점차 내실을 다지는 중이다. 그중 납세자보호위원회 규정도 완성도를 높이고 있다.

납세자보호위원회는 2008년 만들어져 2014년 법제화되었고 2018년 4월 국세청 본청에도 신설되었다. 납세자의 권리 보호를 위한 조직은 납세자보호관 및 납세자담당관에서 출발하여 납세자보호위원회로 진화하고 있다.

이제 전자 방식의 거래가 일반화됨에 따라 거래를 숨기거나 세무 자료를 은닉하기 어려워져 세원은 투명하게 드러나게 되었다. 그 결과 납세자는 종전보다 다양한 세목과 늘어난 세액 부담으로 힘들게 되었다.

종전에는 추계 과세, 협의 과세 방식이 많아 어느 정도 틈이 있었지만 이러한 방식의 과세는 아예 뒷전으로 물러나게 되었다.

세무조사가 나오면 촘촘해진 과세 그물망과 숨길 수 없는 거래 내역으로 납세자는 숨이 막히기 일쑤이다. 이러한 조세 환경의 변화는 적법 세정과 균형 세정에 대한 욕구를 끌어올리고 있다.

납보위는 위원장부터 외부 인사이고 위원도 납세자보호관을 제외하고는 외부 인사로 구성된다.

종래 내부 조직인 납세자보호관이나 담당관에게 힘이 실리지 않았고 권한도 미약하였다. 세수 달성이 1차 목표인 국세청 분위기에서 납세자 입장에서 다른 목소리를 내기는 어려운 법이다. 그런데 납보위가 변화를 이끌어내고 있다.

본청 납보위는 일선 세무서 및 지방청에 제기된 납세자 권리 보호 요청 사건의 재심의를 담당한다. 작년 발족 이후 올해 6월까지 139건을 결정하였는데 그중 시정 건수가 52건이다.

내역은 세무조사 연장 승인 취소 또는 단축이 27건, 세무조사 범위 확대 승인 취소가 3건, 중복 세무조사 중지 19건, 세무조사 선정 철회가 3건이다. 세무조사 권한 남용에 대한 지적 증가 및 납보위의 준독립기관화가 그러한 결과를 이끈 것으로 보인다.

본청 납보위의 결정례는 일선 세무서와 지방청 납보위의 심의 기준이 되어 파급 효과도 클 것으로 예상된다. 납세자 권리 보호 요청은 위법한 세무조사에 대한 사전적 구제 조치인 과세 전 적부 심사에 앞선 선행 권리 구제로서 긍정적 역할이 기대된다.

외부 위원이 납세자의 눈높이에서 심의하게 되면 조사팀의 실적이나 편의만 앞세운 무리한 세무조사를 억지하는 데 도움이 될 것이다.

납보위가 위법, 부당을 인정하면 납세자는 조사 공무원의 교체를 요구할 수도 있다. 납보위는 정당한 사유 없이 결정에 따르지 않는 세무 공무원에 대한 징계건의권까지 부여받고 있다.

앞으로 세무조사에서 적법 절차의 준수는 형식적인 적법을 뛰어넘어 실체적인 적법으로 나아가야 한다. 그럼으로써 국세 행정의 신뢰를 확보하고 납세자의 납세 의식도 높아질 것이다.

그러나 아직도 납보위의 존재나 역할에 대하여 모르는 납세자가 많다. 세무조사 시 납세자권리헌장의 교부 이외에도 납세자 권리 보호 요청 제도를 상세하고 쉽게 설명하는 것도 과제이다.

이번 국감에서 본청 납보위의 정치 편향적 위원 구성이라는 지적이 있었다. 외부 위원의 수와 자격, 추천 기관이 법정되어 있으나 이를 공정하고 독립적으로 운영하는 것이 납보위 제도 성공의 전제이다.

(2019. 10. 31.)

# 05 | 주민 경제 활동 억죄는
## 빗나간 지자체 조례

1995년 광역시, 시도 및 기초자치단체의 의원 및 단체장 선거가 실시되어 본격적인 지방자치가 시작되었다. 이제 그 역사도 20년이 넘었다.

주민들 직선에 의한 단체장은 종래 임명직과 비교할 수 없을 정도로 권한을 행사하고 권위도 예전과 다르다. 지방의회 의원은 당초 명예직으로 운용의 틀을 짰지만 이내 직업화되어 그 본뜻에서 벗어난 지 오래이다. 선거만 끝나면 단체장은 물론이고 의원들이 공직선거법 위반으로 줄줄이 옷을 벗게 되는 일도 일상화되었다.

재임 중의 각종 비리로 교도소로 가는 분들도 속출하고 있다. 지방자치의 실시가 민주주의의 풀뿌리가 된다고 말하기 부끄럽게 되었다. 구의원부터 시작하여 차츰 정치적 역량을 키워 국회의원이 되어야 바람직할 것인데 의회 단위별 칸막이가 높게 쳐져 선순환의 구조가 되지 않고 있다. 모두 기대하였던 지방자치의 이상과 따로 가는 현실이 되어버렸다.

지방자치가 정치화되다 보니 차기 당선을 위한 포퓰리즘이 판을 치고 실적 과시를 위한 무리한 사업을 벌여 지방 재정은 항상 부족하다. 지방 재정의 방만함으로 인하여 중앙 정부와 과세권 영역 싸움이 날로 심해지고 있다. 동시에 지방 재정 수입을 늘리기 위한 무리한 조례 제정의 행태도 늘고 있다. 1995년 지방자치 실시 이전과 비교하면 조례는 약 2배, 규칙은 약 1.4배 늘었다고 한다.

조례는 지방의회가 제정하는 것이고 규칙은 자치단체장이 조례의 범위 내에서 정한다. 자치 입법은 주민을 위한 긍정적인 경우가 많지만, 그 남용이 문제되고 있다. 자치 입법은 국회에서 정한 법률의 범위를 벗어나면 안 되게 되어 있다. 법률이 상위법인 까닭이다.

정부의 조사 결과에 따르면 전국 243개 광역 및 기초자치단체의 조례, 규칙은 8만 7613개에 달하고, 그중 7.4%인 6440개가 상위 법령과 충돌하거나 상위법상 근거가 없는 불합리한 규제를 포함한 것으로 드러났다.

실제 A기업은 공장 확장을 위하여 B시로부터 산업 용지를 분양받았으나 경기 악화로 사업을 포기하고 용지를 반납하려 하였다. 그러나 B시는 조례에서 분양받은 산업 용지는 타인에게 임의로 양도 또는 대여할 수 없다고 규정하고 있음을 이유로 이를 거부하였다. 그러나 상위법인 산업 집적 활성화 및 공장 설립에 관한 법률에는 이러한 규제 조항이 없다. 서울시 도시 계획 조례에서 절대 개발 불가지라고 규정한 비오톱 1등급에 관한 조례도 하위 법령에서 토지 이용 규제를 강화한 것으로 근거가 불투명하다.

문제는 이러한 빗나간 조례의 제정에 대한 통제 장치가 작동되지 않고 있다는 점이다. 법치의 사각지대라고 할 수 있다. 잘못된 조례에 의하여 주민이 입게 되는 피해는 미리 막을 수 있는 인재이다. 조례 입안 및 제정 과정에서 법률적 검토가 미흡하다는 반증이다.

조례 편의주의적 발상이 지배하고 있는 것은 아닌지? 법률에 대하여서는 대한변협이 2년 전부터 입법평가위원회를 구성하여 문제 있는 입법에 대하여 평가를 하고 있다. 매년 입법 평가 보고서를 내고도 있다. 이에 발맞추어 서울지방변호사회에서도 2015년 12월 최초로 서울특별시 조례를 평가하여 서울특별시 자치 법규 평가 TF 보고서를 낸 바 있다.

앞으로 다른 지방변호사회에서도 이와 같은 법령 평가를 시행하여 주민의 권리가 부당한 조례에 의하여 침해되는 사례를 줄이는 데 기여하여야 한다. 법률가 단체의 새로운 사회적 책무이다. 조례를 제정하는 지방자치단체는 입안에 있어 법률 전문가로부터 사전에 충분한 검토를 받아 위와 같은 부실 조례에 의한 주민의 피해를 막아야 한다.

(2016. 3. 17.)

# 06 | 세무조사 녹음 논쟁

세무조사 과정에서의 적법 절차 확대는 거스를 수 없는 시대적 추세이다. 불과 10여 년 전만 해도 세무조사의 규준인 조사사무처리 규정은 비공개로 납세자가 접근할 수 없었다.

그동안 국세기본법에 제7장의 2 납세자의 권리가 신설되고 지속적으로 강화되어왔다. 중복 세무조사 금지 조항은 법원에 의하여 강행성이 부여되어 그 위법 사유만으로 부과세액의 당부를 따지지 않고 취소를 면하지 못하게 되었다.

올해 세법 개정안에서 세무조사 시 당사자의 녹음권이 새로 들어가 큰 이슈로 등장하고 있다. 정기국회에서 막바지 논쟁이 뜨겁다. 세무조사에서 조사 공무원의 위법이나 부당한 행위를 좀 더 막아보겠다는 취지이다.

당사자인 납세자와 조사 공무원, 누가 반길까? 조사를 받는 납세자는 불이익을 받을 일은 없을 것이라고 여길 것이고, 조사 공무원은 불안을 느낄 것이다. 그래서 국세청의 반대가 거센 것 같다.

우리나라에서 대화자 간의 녹음은 불법은 아니지만, 누구나 모든 사항이 녹음된다는 생각이 없이 대화하는 것이 일상이다. 누군가 대화 상대방이 이를 녹음하여 나중에 내놓는다면 당혹스러운 일이 아닐 수 없다. 대화에서도 '어' 다르고 '아' 다르다던데 오로지 녹음으로 대화를 재생하여 다툼이 해결될까 하는 의문도 든다.

세무조사도 법적 성질은 행정조사의 일종이다. 행정조사기본법은 당사자에게 녹음, 녹화할 권리를 부여하고 있다. 세무조사라고 하여 이를 배제하여야 할 사유는 찾기 어렵다.

그러나 세무조사의 민감성은 일반 행정조사와 다르다. 기업이나 개인의 경제 활동 전반에 조사가 미칠 수 있고 납세자로서는 조세의 추징, 나아가 조세 포탈로 중형을 받고 기업 자체의 존립까지 어렵게 되기 때문이다.

세무조사의 절차는 조사 대상 기간, 조사 시행 기간 등의 제약이 뒤따른다. 아무리 열심히 파헤친다 해도 과세 대상 거래를 다 다룰 수 없다. 이러한 제약으로 세무조사 시 당사자 사이에 어떠한 형태이든 다소간의 타협이나 조정이 이루어지는 경우가 많다. 이는 오랜 관행이 되어왔다.

세무조사의 한계와 수단적 제약으로 인해 이러한 행위에 법적 잣대를 들이대기 어려운 것으로 인식되었다. 녹음이 제한 없이 허용된다면 어떠한 일이 일어날까?

조사 공무원은 꼬투리를 잡히지 않기 위하여 엄격하고 융통성

없는 방어 수단을 쓰게 될 것이다. 그 방향은 일단 과세 쪽으로 갈 공산이 클 것이다. 그 경우 수많은 불복 사태와 부실 과세의 논란이 벌어질 수 있다.

역으로 과세할 수 있는 경우도 과세를 하지 않는 경우도 상정할 수 있다. 세무조사에서 녹음은 절차적 당위성에도 불구하고 과연 실질적인 납세자의 보호 수단이 될지는 확신이 서지 않는다.

영악한 납세자가 순진한 조사 공무원의 뒤통수를 치는 일을 막아야 하고, 조사 공무원이 납세자의 발언 실수를 빌미로 녹음을 압박 수단으로 쓰는 것도 예상되는 부작용이다. 세무조사의 민감성에 비추어 녹음이 명문화가 되어도 부작용을 방지할 수 있는 구체적인 허용 조건을 제시해야 하지 않을까?

(2018. 11. 22.)

| 후기 |

도입 논쟁은 아직도 진행 중이다. 찬성하는 기획재정부와 세무조사의 위축을 이유로 반대하는 국세청의 입장이 대립하고 있다. 국회는 2019년 개정안을 보류하고 제도의 장단점을 더 검토하기로 하였다.

# 07 | 미납부 가산세율,
## 환급 가산금의 4배는 '놀부 셈법'

납세자가 제때 조세를 신고납부하지 않은 경우 미납 시부터 일정률의 가산세 명목의 불이익이 가해진다. 납부한 납세자와의 형평과 금전의 시간적 가치를 인정한 결과이다. 가산세 부과 자체에 대하여 이의를 다는 납세자는 없을 것이다.

현재 우리 세법상 미납부 가산세 비율은 10.95%이다. 반면 국가의 조세 부과가 위법하여 취소되거나 무효인 경우에는 이미 납부한 세금이 있다면 되돌려줄 때도 미납의 경우와 마찬가지로 이자 상당을 붙여 반환하여야 하는 것이 균형이 맞는다.

그런데 환급 가산금의 비율은 종전 2.9%에서 현재 연 2.5%로 하향 조정되어 있다. 근래의 경기 상황과 금리를 반영한 결과이다. 환급 가산금 비율은 기획재정부 장관이 정하여 고시하는 이율에 따르게 되어 있다.

환급 가산금 비율은 금리의 변동에 따라 수시로 조정되고 있다. 그런데 미납부 가산세율은 요지부동이다. 납세자로서는 납부가 늦은 경우에는 잘못된 세금을 돌려받을 때의 4배가 넘는 돈을 물어야 한다. 전형적인 '놀부식 셈법'이다.

물론 국가의 조세 채권은 재정 목적이라는 공익적 차원에서 일반 채권채무 관계와 동일시할 수 없는 특성이 있고 납세자들이 동서고금을 막론하고 이를 받아들여왔다.

그러나 조세법률관계가 종래 전형적인 권력관계에서 채권채무관계라고 인식이 변하고 있는 만큼 강제적·권력적 요소는 필요한 한도에 그쳐야 맞다.

국세 환급 가산금율에 대한 외국의 예를 보자. 일본은 2015년부터 연 1.8%(가산세율 2.8%), 독일은 연 6%, 미국은 연방 단기 이자율에 개인은 3%, 법인은 2%를 가산한다.

미국은 1998년까지는 미납부 세액에 대한 이자율이 1% 정도 높았으나 그 이후 법 개정으로 동일하게 적용하고 있다. 대체로 환급 가산금 적용 이율을 미납부 가산세율보다 높게 적용하는 경우가 많기는 하나 그 차이가 크지 않다.

현재 한국은행 금리가 2.5% 정도인 것에 비교하면 미납부 가산세율은 너무 높다. 같은 돈인데 차별이 너무 심하다. 현재 이율의 차이 4배는 헌법상의 과잉금지 원칙에도 위배된다는 지적을 면할 수 없다.

국세 환급 가산금율이 시중의 금리에 따라 연동하여 변하는 것처럼 미납부 가산세율도 연동하도록 규정하는 것이 당연하다. 어려운 작업도 아니다. 미납부 가산세율을 더 높게 책정하였다고 문제가 될 여지는 적다.

그러나 납세자의 입장에서 4배라는 이율의 차이를 납득하겠는가? 납세자가 심히 부당하다고 인식하는 이율의 차이로 인하여 증가되는 세수보다 납세자가 갖는 싸늘한 눈초리가 조세 행정을 더 어렵게 할 것이다. 그 부당성을 지적하는 목소리가 높아지고 있다. 이번에는 고쳐야 한다.

(2015. 7. 9.)

| 후기 |

미납부 가산세율의 불합리는 결국 시정되지 않고 2019년 세법 개정으로 국세에서는 납부 불성실 가산세와 가산금을 납부 지연 가산세로 전환하여 이자적 성격을 제거하였다. 아직 지방세에서는 남아 있고, 외국의 입법례와도 비교하여보면 꼼수 입법이라는 느낌을 지울 수 없다.

# 08 | '약탈적 조세'<br>명의신탁 증여의제 폐기해야

헌법재판소에서 조세 관련하여 여태까지 가장 많이 지속적으로 위헌 문제가 제기된 것이 명의신탁을 증여로 의제하여 세금을 부과하는 상속세법 및 증여세법 조항이다. 다섯 번 이상 위헌 여부가 판단 대상에 올랐지만 모두 합헌 결정이 내려졌다. 그러나 아직도 위헌이라고 주장하는 사건이 거듭 계류되고 있다.

부동산 명의신탁 과세는 친족 간의 증여세 회피에 악용되는 것을 막기 위해 도입되었다. 그것이 엉뚱한 변용을 거치면서 당초 입법 취지와 무관하게 제재적 조세로서 존속되고 있다.

부동산 명의신탁은 이미 1995년 부동산 실권리자 명의 등기에 관한 법률의 제정으로 세법의 영역을 떠났다. 과징금과 형사적 제재가 뒤따르게 되어 있다.

아직까지 문제되고 있는 주식의 명의신탁은 친족이나 친지 혹은 직원 등 거절하기 어려운 관계에서 서로 간에 별다른 문제의식 없이 이루어져왔다. 명의신탁은 사법적으로는 유효한 것이어서 불법 행위도 아니고 신탁한 주식의 실질 소유권이 넘어가는 것도 아니다. 그러나 세법상으로는 그 결과가 딴판이다.

명의 수탁자는 조세 회피 목적이 없다는 것을 증명하지 못하면 증여세의 수증자 납세의무 원칙에 의하여 증여세를 부과받는다. 이름을 빌려준 것 이외에는 어느 것도 받은 바 없는데 증여세를 내게 되는 것이다.

많은 경우는 연대납세의무를 지고 있는 신탁자가 그 과세를 다투고 책임을 져준다. 그렇지만 항상 그런 것은 아니다.

실제 사례를 보자. 지방에서 서비스업을 하는 재산가 A는 주식투자로 돈을 많이 날리자 다수 직원 명의로 증권 계좌를 개설하여 돈까지 빌려 주식투자를 하였다. 그러나 나중에 차명임이 밝혀지고 무려 400억 원이 증여세로 부과되었다.

주식투자 목적이지 조세 회피 목적이 없었다고 주장하였으나 대법원에서 패소하였다. 위헌을 주장한 헌법소원도 끝내 받아들여지지 않았다. 본인 재산의 태반을 날리게 되었다.

B는 사장의 요청으로 주식을 수탁받았던 직원의 부인이다. 그 회사는 경영난에 빠져 부도가 났고 수습 과정에서 명의신탁 사실이 드러났다. 남편이 증여세 과세 이전에 사망하여 남편이 명의 수탁자로서 물어야 할 20억 원의 세금이 고스란히 상속인인 본인에게 과세되었다.

그녀가 받은 고유의 상속 재산 10억 원가량 전부를 납부할 수밖에 없게 되었다. 부인으로서는 남편이 죽기 전 회사 주식을 명의수탁받은 것인지 알 수가 없는 일이었다.

위 두 사례를 보면, A는 신탁자로서 주식투자 손실을 만회하기 위하여 직원 명의로 계좌를 개설하여 투자하였다가 막대한 재산을 국가에 내놓게 되었다. B는 모든 상속 재산을 날리게 되었다. 영문도 모르면서.

A나 B 모두 증여세를 내게 되었지만 재산을 무상으로 주거나 받은 일은 전혀 없다. 과연 이들이 세금 부과를 납득할 수 있을까?

사법적으로 유효한 행위에 대해 국가가 세법 규정에 따라 세금이라는 이름으로 강제로 가져간다. 명의신탁을 규제하는 것이 세법상 필요하다 하더라도 그 행위에 비하여 부과되는 세액은 턱없이 많다.

명의신탁 과세의 원조라고 할 수 있는 부동산 명의신탁의 경우와도 형평에 맞지 않게 된 지 오래이다. 명의수탁의 책임이 없는 상속인 B의 경우 제재나 불이익을 받을 아무런 이유가 없다. 명의신탁 증여의제에 의한 증여세는 전형적인 약탈적 조세이다. 세금이라는 이름을 가진 무상 몰수에 다름이 없다. 조세로서 정당성이 없다는 이야기이다.

그럼에도 법원은 조세 회피 목적이 없다는 점을 거의 인정하지 않고, 헌법재판소에서는 합헌 결정만 되풀이하고 있으니 알 수 없는 노릇이다. 적어도 헌법불합치로서 개선 입법의 계기라도 만들어주어야 했다.

벌써 없어져야 했던 기형적 제도가 끈질기게 존속하게 된 가장 큰 원인이다. 사법치사라는 말이 나왔지만 사법몰수라 불러야 할 것 같다.

명의신탁 증여 제도의 개선은 이미 여러 학자가 주장해왔고, 역외 탈세가 주목받으면서 국외에서의 명의신탁의 불가피성을 둘러싸고 더욱 필요성이 강조되고 있다.

이미 이를 주식실명법이나 과태료 부과로 개선하자는 한국조세연구원의 입법 용역 결과도 나와 있다. 관계 당국과 입법자가 적지 않은 세수에만 연연하여 제도 개선을 미룬다면 세법의 정당성과 순응성을 지속적으로 저하시킬뿐더러 우리 세법 체계의 국제적 신인도를 떨어뜨리는 소탐대실이 될 것이다.

납세자의 재산권 보장, 과잉금지 원칙이라는 헌법 이념을 외면하여온 사법 기관도 새롭게 눈을 떠야 한다. 반문명적인 제도인 명의신탁 증여의제 과세 제도는 시급히 폐기되어야 한다.

(2015. 6. 11.)

**제4장**

조세 구제 절차

# 01 | 조세 행정심판 일원화 더 이상 미룰 수 없다

국세, 지방세, 관세는 조세의 3대 축이다. 조세 부과에 대하여 불복하려는 납세자는 행정심판을 거쳐 소송 절차를 통하여 구제받게 된다.

소송 이전의 절차인 행정심은 소송 절차와 목적이 같지 않다. 권리 구제는 물론 행정 위법에 대한 자체 시정이라는 고유 기능이 있다.

조세에 대한 현재의 행정 불복은 절차나 단계가 복잡하다. 이의 신청도 있지만, 최종은 행정심판이다. 행정심판은 조세심판원의 심판청구, 국세청의 심사청구, 감사원의 심사청구 등 세 갈래로 운영되고 있다.

이번 정기국회에서 이러한 불복 절차의 일원화가 제안되었다. 이미 오래전부터 학계와 실무계가 주장하여오던 것이기도 하다. 일원화의 계기는 1998년 행정법원의 신설이었다. 조세 소송이 종전 2심급에서 3심급으로 불복 절차가 한 단계 늘어나게 된 데 따른 것이다.

종전에는 국세청에 대한 심사청구를 거쳐 국세심판원장에게 심판청구를 하던 것이 이듬해 엉뚱하게 양자를 모두 존치시키면서 그중 어느 하나만을 거치는 것으로 하는 기형적 제도가 만들어졌다. 그 외 감사원에 대한 심사청구는 그대로 유지되었다.

어느 나라도 우리와 같이 최종 행정심판을 세 기관이 맡는 경우는 없다. 비효율, 전문성 저하, 판단 저촉 등 이해하기 어려운 시스템이 등장하게 되었다.

지난 20년 동안 납세자가 선택한 심사청구와 심판청구 비율은 부침을 거쳐 이제 1 : 9에 이르렀다. 그사이 국세청의 사전 구제 수단인 과세전적부심이 제자리를 잡게 되었다.

지방세도 조세심판원이 심판청구를 담당하게 되는 진전이 있었지만, 국세와는 달리 임의적 절차로 남아 있다가 이제서야 필요적 절차로의 전환을 앞두고 있다.

지방세는 도세냐 시·군세냐에 따라 전심 절차가 복잡하게 얽혀 있고 납세자는 단일한데 불복은 과세 기관마다 따로따로 해야 한다. 감사원의 심사청구는 존재감이 없다. 납세자는 무슨 이유로 이렇게 복잡하고 어려운 비효율적인 제도를 감내하여야 하는가?

납세자가 이로 인하여 부담하여야 하는 직간접 납세 비용도 만만치 않다. 세 갈래 행정심판은 전문화와 효율화도 저해한다.

가장 많은 불복 사건을 담당하는 조세심판원의 업무 처리 지연은 심각하다. 2018년 기준 법정 기한인 90일 내 처리한 사건은 30.3%에 불과하다. 조세심판원은 그 심리 절차에서 납세자의 진술권을 확대하고 있으나 전국 각지의 납세자는 조세심판원이 있는 세종시까지 가야 한다.

납세자의 편의, 전문화, 효율화를 위해 전면적으로 손을 보아야 하는 것을 더 이상 미룰 수 없다. 문제는 누가 어떻게 실현할 수 있는가 하는 것이다.

먼저 기관 이기주의를 극복하여야 한다. 1999년의 개선의 기회도 기관 이기주의로 인하여 기형적인 타협으로 끝난 바 있다. 감사원법도 고쳐야 한다. 지방세에 관해서는 행정안전부나 지방자치단체의 입장도 들어야 한다.

새 정부 출범과 함께 신설된 재정개혁특별위원회가 나름대로 심판 기관의 전문성, 독립성 강화와 법원에 준하는 기관화, 상임 심판관 확대 등의 방안을 냈지만 진척되는 기미도 없다.

다수의 정부 기관이 관여된 제도 개선은 정말 어렵다. 상임위 중심의 국회에도 위원회 이기주의가 있다. 통합적 대응이 필요한 문제를 풀기 위한 마땅한 국가 시스템이 부족하고 그것마저 제대로 작동하지 않는다는 것은 한심한 일이다. 언제까지 기다려야 하나?

(2019. 11. 14.)

# 02 | 지자체마다 별도 지방세 소송, 왜 안 바꾸나?

본격적인 지방자치를 실시한 지 20년이 넘어서고, 그에 따라 지방 재정 규모도 확대 일로에 있다. 단행법에 머물던 지방세법은 2010년 4법으로 분법되었다. 더불어 종전 소득할주민세는 지방소득세로 바뀌어 국세의 부수세 지위에서 벗어나는 발판을 마련하였다.

우선 지방세 분법이 옳은 방향인지 의문이 크다. 납세자 입장에서는 국세든 지방세든 내야만 할 세금임에 차이가 없다. 세법의 기본 원리가 크게 다른 바 없는 노릇이고 납세자에게는 신고, 부과 및 불복 절차가 국세와 다르다면 불편만 안기는 것이다.

그나마 분법 이후 개념 설정부터 달랐던 조항들이 점차 국세와 보조를 맞춰가고 있는 것은 다행이다.

지방소득세에 대하여 독자적인 세무조사권을 행사하려는 움직임이 계속되고 있는 것은 반갑지 않다. 같은 과세 물건을 놓고 국세 공

무원, 지방세 공무원이 번갈아 세무조사를 하게 된다면 행정 낭비와 과세 저촉을 유발하게 된다.

　납세자의 고충을 생각한다면 도대체 무엇을 얻겠다는 것인지 알 수 없다. 관련 정치인, 지방자치단체가 앞장서서 지방 재정과 지방세법의 강화에 나서는 것은 또 하나의 집단적 이기주의 발현이 아닐까? 이러한 움직임에도 불구하고 정작 납세자의 편의를 위한 입법은 여전히 뒷전이다.

　납세자가 겪는 대표적인 불편은 관할 지방세 관서가 다수가 되어

번거롭다는 것이다. 개인과 법인은 과세권자에 따라 일일이 대응하여야 한다. 더 불편한 것은 불복 절차이다.

얼마 전에 자동차 등록세의 등록지 분쟁으로 몇몇 법인은 전국적으로 산재한 사건을 처리하느라 애를 먹었다. 관할 관서가 다르기 때문에 각기 법리나 입장, 대응 방법이 다르고 법원 관할도 다수가 된다. 불편과 비능률이 극심하다.

재산세의 경우도 마찬가지이다. 자산가나 법인이 특히 문제된다. 재산세의 과세표준에 있어 합산·분리과세의 판정, 그 외 법리를 다투는 경우 납세자의 전 재산세 과세 대상이 연동되어 영향을 미치게 된다.

납세자는 단일하나 불복 대상 관서는 관할 구역마다 하나이다. 일일이 불복을 제기하여야 하는데 그 번거로움은 그렇다 하더라도 심판 단계를 거쳐 소송 단계에 이르면 전국 각지 법원에 제소하여야 한다.

하나의 소장에 대상 관서를 다 넣어 그들의 응소로 소송이 진행되는 경우가 있기는 하다. 그러나 이러한 사건에 대하여 담당 재판부는 남의 일까지 처리하여야 한다는 생각에 시선이 곱지 않다.

법원이 다수 사건을 처리하는 경우에도 어느 대표 관서가 나서서 소송을 수행하면 되건만 현실은 각자 대응하고 각기 출장을 달아 법정에 나오기도 한다. 반드시 해결하여야 할 소송 불경제다. 그런데도 지방세법 입안자는 아무런 노력을 하지 않고 있다.

요즘 같은 정보화 시대에는 단일 납세자로부터 통합 징수하여 나누고 불복이 있는 경우 대표를 정하여 대응하는 것이 납세자에 대한 최소한의 의무라고 생각한다. 권한이나 세수만 늘리려 하지 말고 이것부터 시행하여야 한다.

납세자는 그 부담에 비하여 배려받지 못하고 있다.

(2019. 6. 27.)

| 후기 |

2020년 세법 개정으로 지방소득세의 과세표준을 국세(법인세, 소득세)의 과세표준에 따르게 함으로써 이중 세무조사의 논란은 해소되었으나, 불복의 불편은 여전히 남아 있다.

# 03 | 전심 절차에서 심판관 익명주의는 옳은가?

사법 작용에 대한 국민의 신뢰는 사회를 지탱하는 최소한의 기둥이다. 새 정부 들어서 이른바 사법 농단 사건의 여파로 재판 거래라는 의혹이 불거지면서 재판에 대한 신뢰는 바닥이다. 근대 사법 제도 100년사에 이와 같은 신뢰의 위기가 왔던 적은 없다. 신뢰 회복에 많은 시간과 노력이 필요하게 되었다.

이에 더하여 전관예우 논란이 다시 도마에 오르고 있다. 재벌 총수 구하기에 전관 변호사들이 거액의 수임료를 받고 대거 활동했다는 비판도 이어지고 있다.

민주 사회에서는 수사든 재판이든 사법 작용의 일환이면 직무를 담당하는 검사나 법관을 공개하기 마련이다. 투명성과 예측 가능성, 국민의 사법 감시도 그 이유이다.

그런데 조세 쟁송의 전심 절차인 과세전적부심, 이의신청, 심사

청구, 심판청구를 담당하는 민간 국세 심사위원, 비상임 심판관에 대한 익명성을 유지하려는 움직임이 강화되고 있다. 이유는 개인 정보 유출, 외부 압력 노출 방지, 로비 가능성을 차단하기 위한 것이다.

그렇지만 전심 절차도 절차적 보장이 요구되는 준사법 절차이다. 이러한 절차에 대해 당국이 내세우는 이해관계자의 개별적인 청탁이나 로비 가능성은 동서고금을 통하여 언제 어디서나 있었던 일이다. 이를 헤쳐나가 투명성과 공정성을 확보하는 것이 심사·심판 기관의 사명이다.

사명감이 없는 인사를 심사위원이나 비상임 심판관으로 임명하지 않도록 하는 것도 중요한 과제이다. 조세심판원은 심판 회의에 참여하는 비상임 심판관을 고정하지 않음으로써 미리 알 수 없도록 하고, 국세청은 민간 심사위원들이 어떠한 형태로든 자신이 위원임을 외부에 밝히는 경우에는 해촉할 수 있도록까지 하고 있다. 심사, 심판을 둘러싼 여러 잡음과 루머에 대한 고육지책이다.

그러나 이러한 조치나 규정은 종전에 시행된 바 없었다는 점에서 가볍게 넘길 일이 아니다. 민간 심사 참여자를 신뢰할 수 없다면 차라리 민간위원 제도를 폐지하는 것이 낫다.

일본 국세불복심판소 심판관은 모두 상임이다. 공정성과 적정성을 위하여 민간위원 제도를 도입해놓고 로비에 휘둘릴 것을 우려하여 익명주의로 나아간다면 이는 제도의 본질과 맞지 않다.

이러한 불신의 눈초리 속에서 이들 민간위원은 자긍심을 가질 수 있을까?

심사·심판 기관의 어려움은 이해할 수 있지만, 익명성을 강화해 잡음이나 로비를 차단할 수 있다는 것은 단견이다. 오히려 다 드러내놓고 개개인의 양심과 사회적 감시 시스템 강화로 대처하는 것이 바른 길이다.

(2019. 5. 9.)

# 04 | 국세청 송무국 설치 후 달라지는 세금 전쟁

서울지방국세청에 송무국을 신설한 지 반년이 되었다. 종전 송무 1·2과가 국으로 승격되어 90명을 거느린 큰 조직이 되었다. 신설한 송무국은 외부에서 영입한 대법원 조세재판연구관 출신의 국장을 비롯하여 구성원 중 변호사만도 10인이 넘는다고 한다.

그동안 무엇이 달라졌을까? 임환수 국세청장은 송무국 신설 발대식에서 조세 소송은 "제2의 세무조사"라고 강조한 바 있다. 국세 세수의 목표액 미달이 거듭되고 있는 현실에서 세수 확보 못지않게 확보된 세수 지키기가 중요하다는 인식이다.

국회 국정감사에서는 매년 국세청의 조세 소송 패소율이 도마 위에 오른다. 물론 패소율이 높다거나 패소 금액의 비율이 높다고 국세청을 질타한다. 조세 소송은 납세자가 억울한 세금 부과에 대하여 사법적 판단을 구하여 구제받을 수 있는 헌법상의 권리이다.

가령 국세청의 패소율이 0에 가깝다면 칭찬할 만한 조세 행정인가? 그렇지 않다. 세무 공무원이 과세할 만한 사안도 회피하여 확실한 것만 과세하였다거나 아니면 법원이 권리 구제를 소홀히 하여 소송 제도 자체를 무력화한 것이라고 말할 수 있다. 조세 소송의 승·패소율만 가지고 조세 행정의 질을 평가하기 어려운 이유이다.

이번 서울지방국세청의 송무국 신설은 매번 국회에서 단골로 두드려 맞는 조세 소송의 승소율 문제를 다른 차원에서 해결하려는 노력이라고도 할 수 있다.

그런데도 이번 정기국회에서 패소의 원인 분석은 제쳐두고 통계 수치만을 가지고 으름장을 놓는 구태가 반복되었다. 거대 송무국 신설 이후 달라진 것이 무엇이냐는 질책도 나왔다. 소송 절차에서 성공률 높이기가 단기간에 이루어질 것은 아닌데도 말이다.

종전에는 조세 소송을 관할 세무서장이 소속 직원을 소송 수행자로 지정하여 전문가의 조력을 받는 원고의 공격에 거의 대응하지 못하였다. 소송 수행자는 모두가 기피하던 업무였다. 소송 문외한인 세무 공무원이 첫 법정에서 재판장의 "서증 인부하세요"라는 뜻을 알아들을 수 없는 것은 당연하였다. 그 후 소송 수행을 전담하는 지방국세청 법무과가 발족되어 체계적 대응이 가능하게 되었으나 이번 송무국의 신설은 20여 년 만의 또 하나의 큰 변화이다.

그렇다면 원고가 되는 납세자 측은 어떠한가? 송무국 발족 이후 벌써 국세청의 대응이 달라지고 있다. 서면이 체계적이고 탄탄해졌다. 방어도 공격 못지않게 치열하다. 마지막까지 쌍방의 참고 서면 제출 등 공방이 계속된다.

이제 원고 측이나 재판부의 부담은 종전보다 훨씬 늘어날 것으로 보인다. 앞으로 납세자는 어설피 소송에 나섰다가는 국세청의 달라진 방어막을 뚫지 못하게 될 것이다.

납세자는 상대방에 못지않은 전문가를 대리인으로 선임하여야 대등한 무기로 싸울 수 있게 될 것이다. 결국 조세 소송은 양 당사자 모두 조세 전문가의 몫이 될 것이다. 이는 좀 더 조세법 해석이 정교하여지고 조세법 입법의 개선에도 영향을 미칠 것으로 보인다.

긍정적인 면이 많다는 이야기이다. 다만 전문가를 활용할 수 없는 처지에 있는 납세자의 소송권을 보호하여주는 장치를 마련하여주는 것도 앞으로의 과제이다.

물론 현재 국세 이의신청, 심사청구에서 무료 국선 대리인 제도가 법제화되었고 조세심판에도 내규로 도입되었다. 그렇지만 세무조사 과정에서 억울함을 미리 살펴주는 것이 더 필요한 일임은 두말할 이유가 없다. 앞으로 송무국의 활동과 그에 대한 납세자의 대응이 어떻게 전개되어갈지 흥미롭다.

(2015. 9. 24.)

| 후기 |
현재 전심 절차에서의 국선 대리인 제도는 조세심판의 경우도 법제화됨은 물론 2020년부터는 과세전적부심까지 확대되었다. 송무국은 2020년 3월 현재 변호사 자격자가 16인이며, 과세의 적법성 검증 및 대응력 강화를 위하여 사전 단계인 조사심의팀에도 변호사 자격자를 충원하고 있다.

# 05 │ 지방소득세 징세 제도 보완이 필요하다

지방소득세라는 세목은 아직 우리에게 생소하다. 전혀 새로운 세금인지 무엇이 변형되어 이름만 바꾼 것인지 알기 어렵다. 1977년 1월 1일부터 시·군세로서 주민세가 부과된 것이 그 연원이다.

주민세 중 소득할인 소득세할, 법인세할이 전신이라고 할 수 있다. 당초부터 국세인 소득세와 법인세의 세액이 과세표준이 되어 일정 비율로 지방세로서 납부하라는 부가세sur-tax였다. 따라서 국세에 과세표준을 의존한 결과 소득세, 법인세의 경정에 따라 그에 종속되어 지방세 소득할도 변동되었다.

그런데 지자체의 목소리가 커지고 지방 재정 강화의 필요성이 제기되면서 2010년 지방세법이 분법되어 독자적인 세법 체계를 구축하게 되었다. 이와 함께 종래 주민세 소득할 등이 지방소득세로 변경되었다. 2014년부터는 지방소득세가 종래 부가세에서 독립세로 전환되어 개인 지방소득세, 법인 지방소득세로 전환되었다.

이는 지방소득세의 과세표준은 소득세, 법인세의 과세표준을 그대로 갖다 쓰지만, 지방세법이 정한 세율을 적용한 후 다시 지방세특례법상의 세액공제, 감면 및 가산세 규정을 적용하여 세액을 정한다는 것이다.

쉽게 이야기하여 독립세로 전환됨에 따라 종래 국세의 일정 부분을 지방세로 납부하면 되었으나 이제는 지자체가 길목에 서서 독자적인 세액을 정하겠다는 것이다.

납세자로서는 없었던 납세 협력 비용과 이중의 세무조사 위험에 빠지게 된 것이다. 지방소득세의 독립세 전환의 목적이 지방 재정 확보와 과세권의 독립에 있겠지만 납세자로서는 반길 수 없는 처지이다.

납세자에게 국세나 지방세냐는 관심의 대상이 아니다. 세액의 다과와 납세 편의가 우선이다. 독립세 전환으로 우선 종래에는 소득세와 법인세가 경정되면 불복 없이도 직권 경정이 되었으나 이제는 일일이 국세와 함께 불복하여야 할 처지가 되었다.

상대방도 세무서장과 지자체장이 되어야 하고, 따로 불복 절차를 밟아야 한다. 동일한 결론이 난다는 보장도 없다. 지자체장이 소득세나 법인세의 과세표준의 적정성 여부에 대하여서도 조사가 가능할 것이다. 같은 소득을 놓고 국세와 지방세가 경합하게 된 것이다.

여기에서 우리 조세 입법의 적정성과 납세자의 권리 보장에 대하여 다시금 생각하게 된다. 국가와 지자체는 어느 나라이든 과세권을 두고 다투는 것이지만 납세자를 힘들게 하여서는 안 된다. 국가와 지자체가 재정을 나누는 것인 이상 납세자의 편의를 도모하고 징세의 효율을 기한 여러 방안이 있다.

통합 징수만 되어도 납세자는 불편을 덜 것이다. 통합 불복이라도 만들면 안 된다는 것인가? 우리 세법은 아직도 조세 행정 편의와 정치적 이해에 따라 흔들리고 있다. 지방소득세의 보완책이 필수적이다.

(2015. 3. 19.)

| 후기 |

2019년 세법 개정으로 지방소득세의 과세표준을 국세와 동일하게 규정하여 이중 세무조사의 논란은 해결되었다. 그러나 종전 국세의 신고납부 시 일괄 신고납부로 갈음하였으나 법 개정으로 별도의 신고 의무를 부과하여 납세자의 조세 협력 비용을 증가시키는 뒷걸음치는 결과를 초래하였다.

# 제5장

# 조세 헌법

# 01 | 헌재, 조세 입법 위헌 통제 기능 강화해야

얼마 전 헌재에서 현금영수증 미발급 사업자에 대하여 거래 금액의 50%의 과태료를 부과하도록 한 조세범처벌법 제15조 제1항에 대한 재차 합헌 결정이 내려졌다(2017.5.25. 2017헌바57).

이 조항에 대하여서는 이미 2015년 7월 30일 1차 합헌 결정이 있었다. 이번 사건은 2017년에 뒤늦게 제기된 헌법소원 사건이고 1차 결정은 2013년에서 2015년 사이에 제기된 여러 사건의 병합 건이다.

같은 법률 조항에 대한 헌법소원인 만큼 재판의 속성상 2년이 지났다 하여 달리 판단하기는 어렵다. 위 조항이 위헌이라고 본 소수 의견 재판관이 3인인 점도 1차 합헌 결정과 동일하다. 다만 그사이에 소수 의견을 냈던 재판관 1인이 퇴임하였고 후임 재판관이 같은 의견을 냈을 뿐이다.

다수 의견은 위 조항은 고액 현금 거래가 많아 소득 탈루의 가능성이 큰 변호사업, 회계사업 등 사업 서비스업, 병·의원 등 보건업, 숙박 및 음식점업 등으로 한정되고, 현금영수증 의무 발급 대상은 거래 금액이 30만 원 이상인 고액 현금 거래이므로, 거래 금액 50% 과태료가 고소득 전문직 사업자 등의 탈세 유인을 차단하고 실효성을 확보할 수 있다는 것이다.

따라서 대상 조항이 추구하는 공익은 매우 중대하고 긴요한 반면 제한받는 사익은 현금 거래 시 별도의 수수료 부담 없이 현금영수증을 발급하는 의무에 불과하므로 과잉금지나 직업 수행의 자유 침해가 아니라는 것이다.

다시 말하면 고소득 전문직 사업자의 위반에 대한 제재이므로 그 소득세 추징과는 별개로 50% 정액의 과태료를 부과하여도 이는 입법 재량에 속하는 것이라는 입장이다.

시행 초기에는 법의 부지로 인하여 현금영수증이 아닌 세금계산서를 발행한 행위에 대하여서도 법 위반이라 하여 과태료를 부과한 사례도 허다했다. 고소득 전문직의 탈세와는 상관이 없는 사안인데도 말이다.

과태료는 행정벌이다. 벌의 무게를 정할 때는 각기 다른 여러 사정을 감안해야 하는 것이 근본이다.

질서행위규제법도 과태료를 산정함에 있어 다양한 요소를 고려하도록 하고 있다. 그런데 이 조항은 50%라는 고액도 이례적이지만 불복으로 인한 재판에서조차 아무런 재량을 허용하지 않는 것이 문제다. 더 큰 문제는 이번의 재차 합헌 결정으로도 위헌의 논란을 잠재울 수 없다는 점이다.

현금영수증은 세원을 투명하게 관리하기 위한 것으로 고소득 전문직 사업자에게 한정되어야 하는 것도 아니고, 재량을 전혀 허용하지 않는 과태료는 입법적으로도 비정상적인 것이기 때문이다. 조세범처벌법상의 다른 과태료 역시 상한을 정하고 구체적 의무 위반 사유에 따라 액수를 세분화하고 있다.

당국은 당초 현금영수증 미발급 과태료 대상을 확대해나갈 계획이었고 우선 고소득 직종을 타깃으로 삼았을 뿐이다. 조세범처벌법 조항은 그대로이지만 관련 세법 조항이 개정됨으로써 2014년 7월 1일부터는 건당 거래 금액이 30만 원에서 10만 원으로 내려왔다. 대상 업종도 계속 확대되어 2016년에는 가구 소매업, 전기용품 및 조명장치 소매업, 심지어 안경 소매업까지 추가되었다.

오는 7월 1일부터는 중고차 소매업, 운동경기용품 소매업 등 5개

업종이 추가된다. 이들 등록된 업체 대상만 6만 9000명에 이른다. 이러한 상황에서 종전 고소득 전문직 사업자를 대상으로 한 조항이어서 합헌이라는 논리가 과연 유지될 수 있을까?

10만 원이 고액 현금 거래라고 할 수 있는가? 일반 소매업자들에게도 소득세 추징 이외에 거래 금액의 50%를 과태료로 일률적으로 부과한다면 가혹한 일이다.

당초 1차 결정 과정에서 숲은 보지 못하고 우선 보이는 나무만을 봄으로써 어려운 길을 걷게 되었다고 생각한다. 이 조항에 대하여 헌법불합치 결정을 하여 50% 범위에서 각개의 사정에 따라 달리 부과할 수 있도록 하였다 하여 입법 목적이나 입법 재량을 침해하는 것일까?

헌재는 근래 조세 관련 입법에 대한 위헌 통제 기능이 약화되어가고 있다는 지적에 귀를 기울여야 한다.

(2017. 6. 29.)

---

**| 후기 |**

현금영수증을 둘러싼 위헌 논란에 대해 헌법재판소가 아무런 책무를 못한 채 제도의 확대와 과태료의 불복 절차에서 특성(이의신청으로 과태료 결정은 효력을 잃고 비송 사건 절차에 따라 재판으로 결정)으로 인하여 더 이상 제도를 유지할 수 없게 되었다. 결국 2019 개정 소득세법 및 법인세법에서 20%의 가산세를 부과하는 것으로 제도가 바뀌었다.

# 02 | 개헌과 세제의 과제

지난 대선 과정에서 당연시 여겨졌던 개헌이지만 대통령이 먼저 제안한 개헌안이 국회에서 논의조차 없이 무산되었다. 정치권에서는 개헌을 지방선거 이후로 연기하는 문제로 공방을 벌였지만 앞으로 국회에 의하여 개헌안이 발의될지는 매우 불투명해졌다.

지난 역사를 돌이켜 1948년 헌법이 제정된 이래 주로 집권자에 의하여 정치적 이유, 혹은 혁명이라는 변혁적 수단으로 여러 번 개헌안이 발의되고 통과가 되었지만 1988년 개헌이 마지막이었다. 그 이후 30년의 급격하고 다양한 세상의 변화를 담아내기 위한 개헌의 필요성은 일찍이 공감하는 분위기가 형성되어왔다.

그러나 합의 가능한 개헌안을 마련한다는 것은, 어느 누구나 목소리를 낼 수 있게 된 오늘에는 참 어려운 과제라는 생각이 든다. 최근 한국조세정책학회 주최로 '개헌 논의와 조세 재정 분야의 쟁점과 과제'라는 세미나가 열렸다.

개헌이 목전에 온 듯하다 일단 무산되는 분위기이지만, 이 시점에서 부실하기 짝이 없는 현 헌법의 조세 재정 분야 조항에 학문적으로 접근하는 것은 필요한 일이다. 현 헌법은 조세 관련 단 두 개 조문을 두고 있다. 국민의 납세의무(헌법 제38조)와 조세의 종목과 세율은 법률로 정한다(헌법 제59조)는 내용이다.

오늘의 국가는 조세에 의하여 존립하는 조세 국가이다. 복지, 경제 운용에 필요한 엄청난 재정 수요를 대부분 조세로 충당할 수밖에 없다. 납세의무는 납세자의 권리와 균형을 이루어야 한다.

위 학회 세미나에서 논의되었듯이 납세자의 권리는 이제 국세기본법상의 규정이 아닌 헌법상의 원리로 고양되어야 한다. 세금 도둑을 잡아내는 납세자 소송권도 납세자의 권리에 포함되어야 한다. 세금을 성실하게 많이 낸 납세자에 대한 노후 연금도 논의에 들어가야 한다.

이러한 것을 국가의 재정 철학의 지표로 담아내야 마땅하다. 세금은 뜯기는 것, 남을 위한 것, 공돈이라는 우리의 인식을 세금은 국민 회비, 나를 위한 것, 내 돈이라는 인식으로 전환하여야 올바른 납세 문화를 만들어갈 수 있다. 앞으로 새로운 헌법에 담을 조세 관련 내용에 대한 더 많은 깊은 논의가 이어지기를 기대한다.

(2018. 6. 28.)

# 03 | 재건축 초과이익 부담금
## 헌법소원 감상법

재건축에 따른 초과이익을 환수하도록 하는 부담금 부과는 위헌인
가? 최근 서울 및 광역시 재건축조합 8곳이 헌법재판소에 재건축
초과이익 환수에 관한 법률의 위헌 여부를 가려달라는 헌법소원을
제기하면서 세간의 관심이 쏠렸다.

지난 2006년 9월 법률이 제정되어 시행되다가 2012년부터 적용
되던 5년간의 유예 기간이 작년 말에 끝났다. 그때까지 관리 처분
인가 신청을 하지 못한 조합은 적용 대상이 된다. 물론 법률을 다시
시행하기로 한 것은 작년 하반기부터 불어닥친 아파트 가격 급등
때문이다.

오랫동안 재건축을 준비하여오던 조합들이 갑자기 뒤통수를 맞
은 격이 되었다. 조합 측의 입장을 헤아리는 구청이 정부와 맞서는
일까지 벌어졌다. 관련 소식이 연일 뉴스를 타고 있지만 실상은 서

울 강남, 광역시의 일부 지역, 소수자에 국한된 것이다. 전국이 반나절 생활권이 된 우리나라의 도시국가적 구조가 누구나 참여할 수 있는 투기의 온상이 되었다. 정권에 따라 오락가락한 주택 정책도 한몫을 하였다.

재건축 부담금은 세금은 아니다. 하지만 그 실질에서는 세금과 잘 구분되지 않는다. 근래에는 정책적 조세가 일반화되어 있기 때문이다. 부담금 부과가 위헌인지는 언젠가 헌재의 판단이 나올 것이다. 그렇지만 현실적으로 부담금이 부과되는 것은 재건축 준공 인가일 이후이다. 앞으로 시공에만 2~3년은 족히 걸린다.

지금은 초과이익 발생 여부, 부담금액 모두 안갯속에 있다. 그렇다고 이제 부과 대상이 된 마당에 조합이 초과이익 환수의 위험을 무시하고 재건축을 강행하기도 어렵다. 더구나 집 한 채인 주민은 손에 잡히지 않은 이익에 대한 부담금으로 그 집을 떠나야 할 처지로 바뀔 수 있다. 조합을 구성하는 조합원의 의사 결집이 어려운 것은 그 대상이 삶의 터전인 아파트이기 때문이다. 재건축, 재개발이 안고 있는 숙명적 애로사항이다.

재건축 부담금 말고도 우리에게 익숙한 것은 토지 개발의 이익을 환수하는 개발 부담금이다. 사업 시행자가 토지를 택지로 개발하여 얻는 이익에서 부담한다는 점에서 다수의 주택 소유자가 새로 집을 짓는 과정에서 생기는 재건축 부담금과는 현실감이 다르다. 주택 재건축은 당연히 신축 비용의 부담이 큼에도 용적률을 늘려 이익을 얻는 구조이다. 재건축마다 한정 없이 증축이 가능한 것이 아니어서 과도기적인 특성이다.

헌법소원 제기를 둘러싸고 위헌·합헌 시비가 한창이다. 미실현 이익에 대해 부과하는 점에선 예전의 토지초과이득세, 택지 소유 상한 부담금과 관련하여 위헌이 아니라는 결정이 있었고 세계적 추세도 위헌이라고 보지는 않는다. 그렇지만 부과의 대상이나 방법, 부담의 정도, 조합원 사이의 형평, 다른 부담금과의 균형 등의 문제에 있어 종전의 합헌이라는 전례는 재건축 부담금에 그대로 타당하다고는 할 수 없다. 여하튼 나중에 돈이 들어온다 하여 미리 수중의 돈을 내라고 하는 것은 가장 수준이 떨어지는 세제이다.

더 기본적인 문제는 헌법소원에서의 직접성이라는 요건이다. 이미 2008년 헌법재판소는 재건축 부담금이 현실적으로 부과되지 아니한 이상 법률의 위헌을 다툴 수 없다는 입장을 내놓았다. 그에 따르면 이번 헌법소원도 각하 대상이다.

헌법소원 대리인이 이를 모를 리 없다. 결정례를 변경하여 미리 다투게 해달라는 요청이다. 이론적으로야 위헌이라면 미리 다투지 못하게 할 이유는 없다. 위헌 논쟁이 세간의 관심거리가 되었지만, 헌법소원에 의한 해결은 여러 장애물이 있고 많은 시간을 요한다. 당장 실질적 구제 수단이 되기 어려운 이유이다.

이번 헌법소원이 받아들여지지 않는다면 결국 재건축이 완성되고 부담금이 부과된 후에야 그 처분에 대하여 행정소송과 헌법소송을 통하여 다툴 수밖에 없다. 헌법소원을 제기한 조합들은 당연히 부담금 부과는 고려하지 않고 사업 계획을 짰을 것이다. 집단적 의사결정에서 불리함은 묻히고 장밋빛만이 판을 친다. 그렇게 갈 것으로 믿었던 조합원들이 갑작스러운 부과 위험에 억울해하는 것은 이해가 간다.

법이 있음에도 의사결정에서 무시되고 수시로 작동을 멈추는 까닭은 무엇인가? 우선 주거 정책이 난맥이고 보니 법제가 흔들린다. 행정과 법제가 신뢰를 잃다 보면 이러한 일은 거듭될 수밖에 없다. 정책적 목적을 달성하려는 세금이나 부담금은 정교하여야 하고 예측 가능성이 보다 확보되어야 한다.

(2018. 3. 29.)

| 후기 |
몇몇 재건축정비조합이 제기한 헌법소원에 대하여 헌법재판소는 2018년 4월 12일 재건축 부담금은 재건축 사업의 준공인가가 이루어져야 부과가 가능함에도 아직 관리처분계획 인가 신청도 되지 않은 점을 들어 모두 각하하였다(헌재 2018.4.12. 2018헌마312 결정).

# 04 | 현금영수증 과태료 합헌 결정,
      합당하지 않다

조세범처벌법 제15조 제1항은 현금영수증 의무 발행 업종 사업자가 건당 30만 원(2014년 7월 1일부터는 10만 원) 이상 현금 거래 시 현금영수증을 발행하지 않으면 거래 금액의 50%에 상당하는 금액을 과태료로 부과받게 되어 있다.

2010년 1월 1일 신설되어 2010년 4월 1일부터 시행된 조항이다. 헌재는 최근 위 조항에 대하여 6인 재판관의 다수 의견으로 합헌 결정을 하였다. 법원의 위헌 제청 혹은 헌법소원 형태로 여러 건이 계류 중이었다. 불과 3인만이 위헌 의견을 냈다.

합헌 의견은 요컨대 이렇다. 위 조항의 적용 대상은 고액 현금 거래가 많아 소득 탈루의 가능성이 큰 변호사업, 회계사업 등 사업 서비스업, 병·의원 등 보건업, 숙박 및 음식점업 등으로 한정되어 있다. 현금영수증 발급 대상은 거래 금액이 30만 원 이상인 고액 현금 거래이고, 상한 없이 거래 금액 50% 과태료가 고소득 전문직 사업자 등의 탈세 유인을 차단하고 실효성을 확보할 수 있다는 것이다.

현금영수증 발급 절차가 까다롭지 않고 과태료는 실질이 가산세와 유사하더라도 세금의 일종인 가산세와 다르다. 현금영수증은 주로 불특정 다수의 소비자를 상대로 하는 1회성 거래가 많아 가산세와 같이 구체적 사정에 따라 감면하여주어야 할 필요성이 거의 없다.

따라서 대상 조항이 추구하는 공익은 매우 중대하고 긴요한 반면 제한받는 사익은 현금 거래 시 별도의 수수료 부담 없이 현금영수증을 발급하는 의무에 불과하므로 과잉금지나 직업 수행의 자유 침해가 아니라는 것이다.

그러나 이 합헌 결정은 헌재의 입법 통제 기능을 소홀히 하고 세무 행정 및 거래에서 납세자의 현실에 대한 인식이 편향된 결과라고 생각한다. 과태료 부과 방식과 범위에 대한 현행 법체계의 정합성과 맞지 않고 종래 헌재 결정의 기조와도 어긋난다.

일찍이 헌재가 부동산실명법 위반자에 대한 과징금을 일률적으로 부동산 가액의 30%로 정한 조항에 대하여 헌법불합치 결정을 내린 것을 기억할 것이다. 그에 따라 조항은 탄력적으로 고쳐졌다. 또한 헌재는 공직선거법상 경미한 금품 등을 받은 자에 대하여 일률적으로 제공받은 가액의 50배에 상당하는 금액을 과태료로 부과하던 조항에 대하여도 헌법불합치 결정을 하였다.

변호사들조차 새로 생긴 제도를 몰라 개인 고객에게 일반 세금계산서를 발행하였는데 이것도 현금영수증 발급 의무 위반이라 하여 과태료 부과 대상이 되었다. 물론 세금계산서를 발행하였으니 소득

의 탈루는 없었는데도 말이다. 질서행위규제법은 과태료를 산정함
에 있어 다양한 요소를 고려하도록 하고 있다.

조세범처벌법상의 다른 과태료도 상한을 정하고 구체적 의무 위
반 사유에 따라 액수를 세분화하고 있다. 그런데도 다수 의견은 일
률적인 50% 과태료 규정이 정당하다면서 행정청의 재량에 따라 과
태료 비율 등이 달라질 수 있다면 다른 형평성의 문제가 제기될 수
있다는 점도 지적한다.

이는 과태료 조항은 행정 집행의 지표이기도 하지만 권리 구제의
측면에서 재판 규범이라는 것을 일시 망각한 것이 아닌가? 현금영수
증 미발행의 사유는 천차만별일 수밖에 없다. 반면 미발행의 결과는

조세 탈루가 있는 경우의 불이익을 제외하고 이익금도 아닌 거래 금액의 50%를 내놓아야 한다. 고소득 전문직의 탈세는 막아야 하고 그에 대하여 입법 재량을 인정하는 것을 나무랄 사람은 없다.

그러나 다양한 거래 형태와 납세자군 속에서 정말 억울한 사정이 있는 경우라면 출구를 마련하여주는 것이 법의 온당한 태도이고 사법적 기관의 본연의 책무이다. 소수 의견이 3인에 그쳤다는 점이 실망스럽다. 합헌 의견은 고소득 전문직 사업자의 탈세 우려에만 초점을 맞춰 숲을 보지 못한 것이 아닐까?

고액 현금 거래라고 하는 것도 이미 2014년 10만 원 이상으로 하향되었다. 대상 업종은 조항 신설 이후 고소득 전문 직종에서 확대되어오다가 이번 세법 개정안에 따르면 일부 소매 업종까지로 확대된다고 한다. 그런데도 다수 의견의 합헌 논리가 그대로 유지될 수 있을까?

헌재는 그동안 조세법 분야에서 최초의 위헌 결정을 하였을뿐더러 다수의 위헌 결정으로 국회의 자의적 조세 입법에 맞서 헌법상의 국민의 재산권 보장과 평등의 이념 구현에 기여하여왔다. 그런데 근래에는 명의신탁 증여의제 등 문제 조항이 남아 있고 조세 입법에서 헌법상의 문제가 있는 조항이 계속 이어짐에도 좀처럼 움직임이 없다. 아쉽다.

(2015. 8. 20.)

# 05 | 현금영수증 과태료 세 번째 합헌 결정, 무엇을 놓쳤나?

조세범처벌법 제15조 제1항은 현금영수증 의무 발행 업종 사업자가 건당 30만 원(2014년 7월 1일부터는 10만 원) 이상 현금 거래 시 현금영수증을 발행하지 않으면 거래 금액의 50%에 해당하는 금액을 과태료로 부과하게 되어 있었다. 2010년 1월 1일 신설된 조항이다.

2018년 12월 법 개정으로 조세범처벌법 조항은 삭제되고 법인세법 등 개별 세법에 20%의 가산세를 하는 것으로 바뀌었다.

지난 2015년 및 2017년 헌재는 위 과태료 조항에 대하여 6인 재판관의 다수 의견으로 합헌 결정을 하였다.

위헌 주장의 핵심은 위반 동기나 형태의 고려 없이 거래 합산 금액의 무려 50%를 과태료로 부과하는 것은 헌법상의 비례의 원칙, 과잉금지 원칙, 재산권 보장에 위배된다는 것이었다.

당시 합헌 의견은 요컨대, 위 조항은 고액 현금 거래가 많아 소득 탈루의 가능성이 큰 변호사업, 회계사업 등 사업 서비스업, 병·의원 등 보건업, 숙박 및 음식점업 등으로 한정되어 있고, 대상 금액이 30만 원 이상 고액 현금 거래이고, 거래 금액 50%의 정액 과태료가 고소득 전문직 사업자 등의 탈세 유인을 차단하고 실효성을 확보할 수 있다는 것, 또한 투명하고 공정한 거래 질서를 확립하고 과세표준을 양성화하려는 공익은 현금영수증 의무 발행 업종 사업자가 입게 되는 불이익보다 훨씬 커 법적 균형성도 충족된다는 것이었다.

2019년 8월 위 조항에 대한 헌법소원에 대하여 다시 헌재는 6인의 다수 의견으로 합헌 결정을 유지하였다. 그사이 헌법재판관의 구성이 대폭 바뀌어 변화의 기대도 있었지만 동일한 결론을 유지하였다.

이번 사건은 예식 업체 A 등이 낸 사건이었다. 합헌 의견은 종전 합헌 결정과 다르지 않다. 대상 거래 금액의 10만 원 하향이나 가산세 부과로 전환한 입법에 대하여도 개정 취지와 이유 등을 고려해도 선례를 변경할 만한 사정이 없다고 판단하였다.

선행 사건 이후 법 개정이 있었다 하여 선례를 변경하는 것은 사법 기관으로서 난감한 일인 줄은 안다. 잘못을 시인하는 것이 된다는 우려도 지울 수 없을 것이다. 그러나 그것이 옳은 일일까?

헌재는 1차 합헌 결정 시 고소득 전문직의 탈세 유인 차단, 투명하고 공정한 거래 질서 확립이라는 명분에 매달려 거래계의 현실, 과세 당국의 제도 확대 계획을 외면하고, 질서 위반 행위에 대한 재량 없는 행정벌의 위헌 원칙을 무시하였다. 겉만 보고 속은 보지 못한 가벼운 결정이었다. 2차 합헌 결정 시 1차 결정 이후 신설된 과태료 감면 규정이 합헌성을 강화하는 것으로 여긴 것 같다. 현금영수

180

증 과태료 제도는 대상이 일반 업종으로 대폭 확대되었고, 대상 금액도 10만 원으로 낮아졌다. 고소득 전문직 대상은 시작에 불과하였고 1차 합헌 결정 당시 대상 업종과 금액은 이미 달라져 있었다.

그런데 작년 다시 가산세 부과로 제도를 전환하였다. 도입 불과 9년 만에 현금영수증 과태료는 사라진 것이다. 왜 제도가 바뀌었을까? 당초부터 과잉 입법에다 법체계에서 벗어나 그대로 존속하는 것이 어려운 것으로 드러났기 때문이다.

헌재의 존재 이유는 무엇일까? 위헌성이 문제되어도 나서지 않고 부작용을 견디게 한 후 법 개정에 따라 위헌성이 해결되도록 기다리는 것이 옳은가 혹은 미리 헤아려 위헌 결정으로 제도를 바로잡는 것이 옳은가? 이 점은 어느 쪽이든 헌재가 취할 수 있는 입장이기는 하지만 국민이 바라는 헌재는 어느 쪽일까?

헌재는 발족 이후 조세법 분야에서 최초의 위헌 결정을 하였을뿐더러 다수의 위헌 결정으로 국회의 자의적 조세 입법에 맞서 헌법상의 국민의 재산권 보장과 평등의 이념 구현에 기여하여왔다. 그렇지만 요즈음은 위헌적인 조세 입법에 대하여 거의 침묵하고 있다. 입법 통제가 이루어지지 않으면 자의적인 입법이 자행된다.

현금영수증 위헌 사건은 첫 단추를 잘 채우지 못했다. 이유는 새로운 제도에 대한 심층 분석과 과세 당국의 대상 확대 의도를 놓친 까닭이다. 헌재의 조세법 전문 역량에 대해 의구심이 드는 대목이다.

나중에 길을 잘못 들어선 것을 알아챈들 말머리를 쉽게 돌릴 수 없다. 교훈으로 삼아야 할 사건의 하나이다.

(2019. 9. 11.)

# 제6장

# 공익·기부 세제

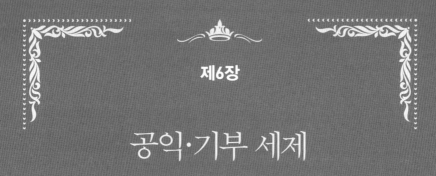

# 01 | 공익법인 투명성 강화, 세법 개정안의 과제

공익법인의 투명성 강화에 이의를 제기할 국민은 없을 것이다. 기부금 출연에 대한 면세 및 목적 사업에 대하여 세제 혜택이 주어지는 일종의 면세 시스템이기 때문이다.

그동안 대기업이 설립한 공익법인의 경영권 지배 오용, 오너의 사익 도모 등의 일탈 행위가 비난의 대상이 되어왔다. 그로 인하여 주식 출연 및 의결권 제한 등 각종 규제가 강화되었다.

이번 2019년 세법 개정안은 공익법인의 투명성 강화를 위한 주목할 만한 방안을 담고 있다.

지정 기부금 단체의 지정 요건 강화 및 취소 요건 확대, 대상 단체의 추천 및 사후 검증의 국세청 일원화, 모든 공익법인의 공시 의무화, 외부 회계감사 대상 확대 등이다. 법안이 통과된다면 공익법인 관리의 일원화와 기준의 통일을 기할 수 있어 투명성의 제고는

획기적으로 될 것이다.

그러나 1만 6581개(2017년 기준, 종교 단체 제외)에 달하는 공익법인은 천차만별이어서 일률적인 규제는 공익 기여라는 선한 가치를 훼손할 수 있다.

현재 국회에는 공익법인의 설립·운영에 관한 법률 개정안이 계류되어 있다. 정부도 그 개정안을 준비하고 있다. 공익법인 설립 기준 완화, 공익성 판정 기준의 구체화, 이를 담당할 공익위원회의 신설, 관리 시스템의 구축 등이 주요 쟁점이다.

공익법인의 투명성 강화와 더불어 공익법인 육성 및 국민의 협력은 공익법인 제도 근거의 중요한 축이다. 그렇다면 세법 개정안과 공익법인의 설립·운영에 관한 법률 개정은 어떻게 조화될 것인가?

영국, 호주에서는 민간이 참여하는 채리티 커미션<sub>Charity Commission</sub>,
일본에서는 공익성 인정위원회가 공익법인 제도 운영에서 중요한 역
할을 하고 있다. 납세자의 기부를 통한 다양한 사회 문제 해결을 위
해서는 민간의 협력이 필수적이기 때문이다.

우리도 이와 같은 공익위원회의 신설에 대해서는 어느 정도 공감
대가 이루어져 있다고 본다.

문제는 이번 세법 개정안이 공익법인의 투명성 강화에는 일조하
겠지만 아직 전문성이 부족한 국세청이 아무런 균형 장치 없이 투
명성 확보에만 몰두하지 않을까 하는 염려이다. 그렇게 된다면 공익
법인 제도의 올바른 발전은 기대하기 어렵다.

세법 개정안 심의 과정에서는 공익법인의 설립·운영에 관한 법률
개정안이 담게 될 내용과 체계적 조화를 반드시 고려하지 않으면
안 된다. 현재 국회의 입법 진행 상황을 보면 한 바퀴 자전거가 나오
지 않을까 하는 우려가 앞선다.

(2019. 10. 2.)

| 후기 |

2019 세법 개정안이 원안대로 통과되어 투명성 강화에는 기여할 것으로 예상
된다. 그러나 이는 지엽적인 문제에 그치는 것이어서 공익법인의 설립·운영에
관한 법률이 제대로 개정되어야 비로소 체계적인 공익 단체 법제를 갖추게 될
것이다.

# 02 │ 기부 세제 개선
## 아직도 미흡하다

기부는 누가 하는가? 당연히 있는 사람이나 기업이 한다. 동기는 천차만별이겠지만 설사 개인적인 동기가 작용하였다 하여도 비난할 일은 아니다. 기부란 자기가 가진 재산을 무상으로 내놓는 것이기에 인간의 무한한 소유 본능에 비추면 기특한 일이다.

가끔 정작 자신은 서민으로 어렵게 생활하면서 전 생애에 근검절약해서 모은 전 재산을 기부하는 감동적인 사례도 드물지 않다. 올해 세법 개정안은 법정 시한을 넘겨 겨우 통과가 되었다. 기부 관련 세법 개정안도 일부 개선이 되었지만 여전히 미흡하다.

정부는 올해 기부에 좀 더 세제 혜택을 주자는 취지에서 지금의 세액공제 시스템을 유지하되 기부액 2000만 원을 기준으로 그 이하는 15%와 초과는 30% 세액공제인 현행 기준을 1000만 원으로 낮춰 혜택을 늘리자는 안을 내놓았다. 정부 개정안에 대한 국회 논의 내용이 알려졌다.

일부 의원은 종전의 소득공제 수준으로 공제액을 높여 고액 기부를 늘리자는 주장을 하였던 반면, 일부 의원은 고소득자가 최저 소득 구간의 23배나 많은 감면을 받게 되어 편향적이므로 공제 확대에 반대하여 주장이 대립하였다고 한다.

기부 세제에 있어 편향 혹은 특혜 시비 논쟁은 기부에 대한 우리의 시각과는 전혀 달라 당혹스럽다. 최근의 소득 통계에 따르면 빈부의 소득 격차는 더 벌어진 것으로 나타났다. 이를 줄여서 사회 갈등을 완화하고 함께 사는 사회로 가야 한다는 데 이의를 다는 사람은 별로 없을 것이다.

다만 그 방법이 문제이다. 우리 사회의 정서가 부자의 재산을 빼앗아 빈자에게 나누어주어야 한다는 프레임에 갇혀 있지는 않은가? 그로 인해 정치가 부자와 빈자의 편 가르기 입법 추진으로 가고 있지는 않은지 모르겠다.

기부의 가치를 안다면 적어도 세제에서 축소했던 혜택을 종전대로 돌려놓아야 한다. 미국을 보자. 빌 게이츠, 마크 저커버그 등 거액 개인 기부가 사회의 윤활유가 되고 있다. 빈부의 차는 우리 사회보다 크지만 빈부 갈등은 우리보다 적다.

기부 세제를 다룸에 있어 고액 기부자에 대한 혜택을 마치 감세처럼 대하는 것이야말로 편향적인 것이다. 고액 소득자로 하여금 많은 기부를 하게 하여야 따뜻한 사회를 만들 수 있다.

개정안은 결국 정부 안대로 확정되었다. 세액공제 30% 기준을 2000만 원 초과에서 1000만 원 초과로 낮추면 기부가 활성화될까?

정부나 국회나 모두 미봉책에 급급하다는 인식을 지울 수 없다. 기부 세제를 개선하려면 종전 소득공제를 부활하여 납세자가 사정에 따라 소득공제와 세액공제를 선택할 수 있게 하여야 한다.

기부 세제의 개선을 위해서는 기부의 사회적·경제적 기능인 빈부 격차 해소의 방법론에 대한 비뚤어진 사고부터 바로잡아야 한다. 빈부의 차이를 시정한다고 부자나 고소득자의 재산을 빼앗아 나누어주어야 한다는 사고는 하책 중 하책이다.

이솝 우화가 생각난다. 행인의 코트를 벗기는 것은 바람이 아니라 햇볕이다. 있는 이들이 기부를 포함하여 많은 돈을 쓰게 하는 것이 빈부의 편향을 막는 길이다. 기부 세제에서 부자 혜택을 거론하는 것은 기부에 대한 철학의 빈곤이다.

(2018. 12. 20.)

# 03 | 공익법인법에서 규제 강화 조항은 빼야

공익법인의 설립·운영에 관한 법률 전문 개정안이 의원 입법의 형태로 발의되었다. 그동안 국회 사회공헌포럼이 상당 기간 입법 초안을 마련하기 위한 노력을 기울여왔다. 현행 공익법인 법제는 설립의 기준, 운영 및 감독에 있어 개선이 필요하다는 점은 여러 번 지적되어왔다.

이번 개정안에는 공익법인의 설립을 인가주의로 전환하고, 공익법인의 의무 지출 제도 도입 등 그동안 학계 등에서 지적하여왔던 사항이 포함된 것은 긍정적이다. 그렇지만 개정안 중 몇몇 조항의 문제점이 도마 위에 올랐다.

공익법인에 대하여 명칭 유지를 위하여서는 매 3년 공익 인증을 받아야 한다는 조항과 국민공익위원회 구성과 그 권한에 관한 신설 조항이다. 개정안을 더 연구·검토하여야 한다는 신중론도 만만치 않다.

공익법인은 공적 영역에서 다하지 못하거나 다루기 마땅치 않은 사각지대를 민간 영역에서 메우는 데 존재 가치가 있다. 그 활동을 통하여 국민의 공공 참여 의식을 높이고 사회 통합에 기여하여 국민의 행복 지수를 높일 수 있는 유용한 수단이 된다. 국가는 이를 육성하고 지원하되 운영은 가급적 자율에 맡겨야 그 목적을 원활하게 이룰 수 있다.

개정안 중 논란이 있는 3년 주기 공익 인증이나 상근 정무직 공무원 및 정부 위원이 4인이나 되는 관 주도의 거대한 공익 감독 기구 설치는 공익법인 법제가 추구하여야 할 이상에 역행하는 것이다.

최근 국정 농단 이슈와 관련된 K스포츠, 미르재단에 문제가 있다 하여 또 다른 규제 신설과 감독 강화라는 개정안을 밀어붙인다면 공익법인의 미래는 어둡다. 공익법인은 설립 취소 사유가 없는 한 존속을 보장하는 것이 맞고, 투명성의 확보도 시민의 감시를 활성화하고 이를 지원하는 방향으로 나가야 한다.

공익 인증 기관이 필요하다고 하여도 국무총리 산하의 국가 조직이어야 할 이유는 없다. 오히려 국민권익위원회 소관이어야 더 적합하고 민간이 다수 참여하는 봉사 기관이 되어야 한다.

이번 개정안에는 관료적 그림자가 너무 짙게 드리워져 있다. 공익법인을 활성화하려면 국가의 감독은 최소한에 그치고 후선에서 지원·유도하여야 하고 지방자치단체의 영역도 확보하여주어야 한다.

K스포츠, 미르재단에 출연한 우리나라에서 손꼽는 재벌들의 행위에 대하여 뇌물죄 공방이 벌어지고 있다. 옥석을 가려야 하지만

앞으로 문제를 만들지 않으려는 기업의 속성에 비추어 공익법인에 대한 출연은 위축될 수밖에 없을 것이다.

세제 혜택의 축소로 공익법인에 대한 개인 기부액마저 감소하고 있는 어려운 상황이다. 공익법인의 일탈 행위는 세법이나 공정거래법, 형사법 등 개별 법제 및 시민 단체의 감시에 의한 대응이 더 효과적일 것이다.

공익법인의 투명성 확보는 이제 아무것도 숨길 수 없게 된 정보화 사회, 가이드스타와 같은 투명성 검증 공익 단체가 주도하게 될 것이다. 이번 공익법인법 개정안이 자칫 시류를 탄 또 하나의 교각살우의 입법이 되지 않기를 바란다.

(2017. 3. 23.)

| 후기 |

공익법인의 설립·운영에 관한 법률 개정안은 20대 국회의 임기 만료로 폐기되었다. 21대 국회에서 좀 더 나은 개정 입법이 이루어지기를 바란다.

# 04 | 미완의 공익법인 세제 개정

지난해 말 예산안과 함께 통과된 세법 법률 개정에 따른 시행령이 발표되었다. 세법 법률 개정 과정에서 이미 국회에서 논의된 바 있던 내용이 시행령에 담겨 제 모습을 드러냈다.

새해 예산안과 세법 개정으로 조세 부담률이 역대 최고 수준인 2016년의 19.5%에서 더 높아질 전망이다. 하지만 현 시국은 증세 없는 복지 공약은 어디로 갔느냐고 따질 상황과는 거리가 먼 것 같다.

그 내용 중 주목할 것은 공익법인 세제 개정 내용이다. 이는 지난해 조세재정연구원이 개최한 공익법인 제도 개선에 관한 공청회, 한국세법학회의 공익법인 과세 제도 하계학술대회 등에서 논의된 핫이슈 중의 하나였다.

공익법인 제도에 대하여 설립에서부터 전반적인 개선이 필요하다는 점은 공감대가 형성되어 있지만 세법을 손보는 것은 그 개선책의 일부분이다. 이번 공익법인 세제 개정은 현재 국회 사회공헌포럼에서 논의하고 있는 공익법인의 설립·운영에 관한 법률 개정안과 연계되지 않은 점이 아쉽다. 앞뒤가 바뀐 느낌이다.

공익법인의 역할, 기능, 지원에 대한 기본 목표가 설정되어야 그에 맞는 세제 마련이 가능하기 때문이다. 우선 이번 개정에는 공익법인이 이익을 못 내더라도 매년 재산의 1%를 공익사업에 사용하여야 하는 의무 지출 제도가 도입되었다. 미국의 제도Mandatory Distribution를 도입한 것이다.

우리가 1%로 설정한 것은 미국의 5% 기준보다 낮기는 하지만 목적 사업도 수행하지 못하면서 존속만 하고 있는 수많은 공익법인에 경종을 울릴 것이다. 이에 따라 공익법인의 합병이나 해산에 관한 법제 공백이 보완되어야 한다.

또한 성실 공익법인의 주식 출연 한도를 10%에서 5%로 축소하고 재벌급이 출연하는 공익법인의 경우에는 아예 적용을 배제하였다. 그동안 성실 공익법인 제도를 상속·증여나 계열 회사에 대한 지배력 강화 수단으로 악용하여왔다는 비판을 반영한 것이다.

아울러 이들 법인이 보유한 주식의 의결권 제한은 채택되지 않았으나 대신 출연 범위를 축소하고 의결권 행사 내용을 공시하도록 하였다. 공익법인의 외부 회계감사 시 적용하는 회계 기준에 관한 규정도 마련하였다.

이러한 공익법인 관련 세제 개선안은 공익법인의 사회적 책임을 강조하고 투명성을 강화하는 데 긍정적인 역할을 할 수 있을 것이다. 그러나 더 높은 복지 국가를 지향하는 오늘에도 세금의 역할을 대신하여 공익법인 제도가 그 사각지대를 메워주어야 할 필요성은 여전하다. 오히려 국민 사이의 나눔을 실천하여 사회 갈등을 완화하는 긍정적인 역할을 강화하여야 할 시점이다.

공익법인 제도의 성패는 우선 기부 문화의 성숙을 토대로 한다. 2016년 영국 자선 지원 재단인 CAF의 보고서에서 한국의 기부 지수는 140개국 중 75위에 머물고 있다. 종전보다 낮아져 뒷걸음치고 있다.

공익법인의 사회적 책임이나 투명성을 강화한다면 주식을 비롯한 재산 출연에 대하여 제한을 가할 이유가 없다. 이러한 점에서 이번 개정이 주식 출연 범위를 확대하자는 주장을 받아들이지 않고 오히려 주식 출연에 대한 세제 혜택을 낮추는 것은 잘한 일이 아니다.

소수 악용 사례가 있다 하여 기부 자체를 위축시킨다면 소탐대실의 우를 범하는 것이 아닐까? 앞으로의 공익법인 제도의 개선이나 세제 운용의 성패는 우리 사회가 공익법인에 대한 철학을 어떻게 설정하고 국민에게 어떤 방법으로 공유할 것인가에 달려 있다.

(2017. 1. 5.)

# 05 | 공익법인 주식 의결권 제한으로 잃는 것

공익법인 제도의 개선 방향에 대해 여러 공청회가 이루어지고 있고 학계에서도 논의가 한창이다. 주식 기부로 설립된 장학재단에는 140억, 기부자에게는 연대납세의무자로서 225억 원의 증여세가 부과된 황필상 박사 사건, 금리 인하로 운용 수익이 대폭 감소하여 현재의 틀로서는 본래 목적을 달성할 수 없게 된 외부 환경의 변화, 일부 대기업 출연 공익재단의 경영권 승계를 위한 자산 운용 의혹 등이 배경이 되었다. 특히 주식의 출연과 관련하여 출연 및 보유 한도의 확대, 대기업 출연 공익법인에서 보유 주식에 대한 의결권 제한 등에 관심이 모이고 있다. 이와 관련해 19대에 이어 이번 국회에도 공정거래법을 개정하자는 의원 입법이 발의되었다.

모두 공익법인에 대한 주식 출연에 있어서 투명성과 공익성 확보 차원에서 논의되고 있기는 하다. 현행 상·증세법상의 출연 주식 비율(일반 5%, 성실 공익법인 10%)을 20% 정도로 확대하되 의무 지출 payroll 제도를 함께 도입하는 방안, 의결권 제한을 조건으로 상속증여세를 면제하고 위반 시에 세액을 추징하고 과징금을 더 부과하는 방안, 의결권 제한 공시 방안, 계열사 주식 거래를 방지하는 방안, 주식을 국가에서 관리하는 방안 등 여러 아이디어가 나오고 있다.

공익법인 설립의 전제가 되는 기부는 자발적으로 자기의 재산을 출연하는 것으로서 인간의 소유 본능에 비추어 흔한 일이 아니다. 설사 거기에 다른 의도된 동기가 있다 하여 나쁜 기부로, 그렇지 않으면 선한 기부로 나눌 이유는 없다. 미국은 가장 자본주의적 국가이고 빈부의 차이가 극심하지만 틀을 유지하는 것은 부호들의 기업 정신과 기부 문화이다. 미국에서는 철강왕 앤드류 카네기에 이어 마이크로소프트의 빌 게이츠와 페이스북의 마크 저커버그와 같이 재산의 태반을 사회에 환원하는 기부 문화의 전통이 자리 잡고 있다.

우리나라에서는 유한양행의 주식 등 전 재산을 출연하여 유한재단을 설립한 유일한 박사 이후에 본보기 사례가 드물다. 우리 사회가 겪는 양극화의 문제, 사회 통합의 문제에 있어 세금으로 해결하기 어려운 영역과 나눔의 정신은 기부 나아가 공익법인의 활성화와 신뢰에서 그 해결책을 찾아야 한다.

공익법인의 남용과 불투명은 바로잡아야 하지만 긍정적 역할을 살려가야 한다. 문제는 특히 대기업이 출연한 공익재단의 일탈 행위이다. 모범적이고 투명한 운영을 해왔다면 문제가 제기되지 않았을 일이다.

소수의 일탈 행위로 공익법인 제도 자체가 불신의 대상이 된다면 안타까운 일이다. 그러나 주식의 출연 제한 비율은 과도하고 의결권 행사의 제한은 입법례가 없다. 주식 출연에 세제 혜택을 주었다면 이를 박탈하면 되고, 과정에 위법 행위가 있었다면 법을 엄정하게 집행하면 된다.

아예 행위 자체를 제한한다면 또다시 황필상 박사 사건이 재발하지 않으리라는 보장이 없다. 주식을 출연하려는 기업이나 개인은 이러한 제한하에서 얼마나 기부 동기가 생길까? 결국 출연을 포기하게 된다면 공익법인의 역할과 활동은 위축될 것이다.

기업의 승계 및 지배력 강화와 유지는 모든 기업이 갖고 있는 목표이다. 그것 자체를 나쁘다고 할 수 없다. 다만 그 수단에 편법이나 위법이 있다면 관련 법령에 의하여 얼마든지 규제할 수 있다.

주식의 출연 제한과 의결권 제한이 공익법인을 육성하고 기부를 활성화해야 할 대전제보다 우월한 가치인가? 주식 의결권 제한의 논의가 규제는 과감히 풀고 부작용과 편법에 대해서는 엄정하게 법을 집행하는 것으로 해결하는 것이 바람직하다. 제2, 제3의 유일한 박사가 나오는 것을 막는 결과가 되어서는 기부 문화의 미래가 없다. 소탐대실의 근시안적 접근은 안 된다.

(2016. 7. 7.)

| 후기 |
성실 공익법인의 주식 출연 한도는 2017년 12월 19일 세법 개정으로 20%(의결권 불행사 조건) 내지 10%로 높아졌으나 미흡한 것은 마찬가지이다.

| # 기부하고 고액 체납자된 황필상 박사 이야기

"대한민국이 싫습니다. 호주나 영국에서 태어나지 못해 훈장은커녕 고액 체납자란 오명만 쓰고 있습니다."

이는 장학기금 거액 기부자 황필상 박사가 기부 세금 폭탄을 맞고 어느 일간지 인터뷰에서 한 말이다.

황 박사는 모교 대학에 장학금으로 215억 원을 기부했다가 작년 10월 증여세 연대납세의무자로서 225억 원의 납세 고지를 받았다.

황 박사는 청계천 빈민촌에서 태어나 갖은 고생 끝에 26세에 대학에 입학하였고 프랑스에서 공학 박사 학위를 취득하여 한국과학기술원KAIST 교수가 되었다. 1991년에 생활정보지인 《수원교차로》를 설립하여 돈을 모았다.

황 박사는 2003년 모교에 《수원교차로》 주식 90%와 현금 15억 원을 합쳐 215억 원의 재산을 기부하였고 대학은 장학재단을 설립하였다. 그러나 설립 과정에서 세법 문제를 챙기지 못한 어처구니없는 실수가 있었다.

상·증세법 제48조 제1항 단서는 공익법인에 출연한 재산은 증여세를 부과하지 않지만 출연 재산이 주식인 경우에는 발행 주식 총수의 5%를 초과한 부분은 과세하도록 규정하고 있다는 것을 관여자 누구도 몰랐다.

주위에 세무 전문가가 아무도 없었던 것이다. 결국 수원세무서장은 2008년 과세 여부를 고심한 끝에 재단에 140억 원의 증여세를 부과하였다.

이때부터 이 사건은 세간의 주목을 받았다. 세무서장으로서는 세법상 과세 요건을 그대로 적용하는 것이 책무이니 탓할 이유는 없었다. 장학재단은 이에 대하여 증여세 부과처분 취소소송을 제기하였다.

제1심인 수원지방법원은 2010년 7월 부과처분이 과세 요건을 형식적으로 충족하였다 하더라도 증여세 회피의 목적이 없어 합헌적 법률 해석의 요청에 따라 예외를 인정하여야 한다는 이유로 원고의 손을 들어주었다.

세법 조항의 문언을 뛰어넘은 해석이었다. 필자는 바로 위 판결에 대하여 "위헌적 과세 처분에 대한 사법 구제의 논리 구조"라 하여 모 전문지에 판례 평석을 기고하였다.

합헌적 해석 방법은 헌재의 위헌법률심판권, 국회의 입법권과 충돌 또는 긴장 관계에 있는 난점이 있다. 합헌적 해석보다는 처분 자체가 헌법이 보장한 재산권 보장, 과잉금지에 위배되므로 헌법 제

107조 제2항에 근거한 처분의 위헌 판단권을 행사하면 된다는 새로운 근거를 제시하였다.

그러나 위 판결은 고등법원에서 뒤집혔다. 합헌적 해석이나 처분 자체의 위헌 판단은 근거가 없다는 이유였다.

그렇지만 조세 법령에 있어서 법률적 규율의 정당성만으로는 그에 근거한 처분 결과의 정당성까지 담보해주는 것이 아니지 않을까?

위 사건은 대법원에 상고되어 무려 4년이 지났으나 아직도 결론을 내리지 않고 있다. 그사이 세무서장은 기부자인 황 박사에게 장학재단의 증여세 체납을 이유로 가산세를 포함하여 연대납세의무자로서 무려 225억 원의 납세 고지를 하였다.

세무서장으로서는 체납이 계속되고 있는 이상 어쩔 수 없는 조치이다. 다시금 이 사건은 언론의 조명을 받아 황당한 사연으로 소개되었다. 대법원의 고민은 이해가 간다. 1심의 견해를 취한다면 법원이 입법자 노릇을 한다고 비판을 받을 여지가 있고, 그 논리가 다른 사건에도 확산되어간다면 예측 가능성을 해쳐 부작용이 우려된다.

그렇다고 세무서장의 손을 들어준다면 국민에게 법원이 권리 구제의 보루라고 말할 수 없게 된다. 그러나 이 사건은 상식적으로 말이 안 된다. 국가가 국민의 기부금의 태반을 조세로 환수하는 데다가 선행을 행한 국민에게 225억 원의 조세 폭탄을 안겨주는 셈이기 때문이다.

문명국가에서 용인될 수 있는 조세권 행사라고 할 수 없다. 근래 기부금 세액 감면 논쟁이 벌어졌다. 세수 부족을 이유로 기부금에 대하여 소득공제에서 세액공제로 변경하여 혜택을 많이 축소하였다.

기부금이 갖는 사회적 기능과 역할을 무시한 탓이다. 미래를 보지 못한 소탐대실의 전형적인 입법이다. 빈부의 차이로 인한 갈등이 큰 미국에서 자본주의가 유지되고 있는 것은 가진 사람들의 기부 문화 전통에 기인한다. 이 사건은 어떻게 결말이 날까?

황 박사가 고충을 토로한 내용은 이렇다. "기부를 안 했더라면 나는 이런 욕도 보지 않고 여전히 부자로 남았을 텐데…."

우리가 황 박사의 입장이라면 어떨까? 법이 상식을 뛰어넘어서는 법치 국가라고 할 수 없지 않을까.

(2016. 1. 7.)

---

**| 후기 |**

황필상 박사 사건은 2017년 4월 20일 대법원에서 파기환송되어 그해 원고 승소로 확정되었다. 황 박사는 지병으로 2018년 말 작고하였다.

# 07 | 황필상 증여세 승소 '만시지탄', 법 재정비해야

세간의 관심을 끌었던 독지가 황필상 박사 증여세 사건의 대법원 상고심 재판의 결론이 상고 제기 5년 7개월 만에 나왔다.

이 사건은 황 박사가 자신의 《수원교차로》 주식 90%를 모교인 아주대학에 기부하여 설립한 구원장학재단에 대하여 주식 5% 초과 증여로 인하여 부과된 증여세의 부과처분의 취소를 구하는 사건이다. 결론은 원고 승소 취지로 미진한 부분의 심리를 위하여 고등법원에 파기환송하는 것으로 나왔다.

주식 기부일로부터 15년, 부과처분일로부터 9년이 흘렀다. 대법관 사이에 의견이 일치되지 않아 전원합의체에 회부되었다. 원고 패소 판결을 파기환송하여야 한다는 대법관 9인의 다수 의견에 대하여 과세요건이 충족된 것이므로 처분이 정당한 것이라는 3인의 반대 의견이 있었다.

사건은 다시 고등법원에서 파기 이유가 된 출연자의 주도적 설립 관여 여부에 대한 쟁점을 심리된 후 종결될 전망이다.

이 사건은 부과처분 당시부터 주목을 받았다. 관할 수원세무서에서 부과 여부로 고심한다는 소식도 들렸다. 황 박사가 기부한 《수원 교차로》 주식 90%(180억 원 상당)의 기부에 대하여 가산세 40억 원을 포함한 140억을 부과하는 것이 과연 정당한 과세권의 행사인지에 대하여 과세 관청으로서도 주춤거릴 수밖에 없는 사건이기 때문이다. 사실 이처럼 세금 폭탄이라고 불릴 수 있는 사건은 좀처럼 일어나기 어렵다.

출연, 재단 설립 준비, 설립 허가 및 등기의 일련의 과정에서 상속세 및 증여세법상의 주식 출연 제한 규정을 아는 이가 있었다면 애초 일어나지 않았을 사건이기 때문이다. 이 사건에서 문제 된 주식 출연 제한 규정은 새로운 것도 아니다. 1994년에 종전 20% 출연 한도가 현재의 5%로 바뀌었다.

이유는 그 조항을 남용한 몇 가지 대기업 사례가 문제가 되었기 때문이다. 재단 출연이라는 우회적 수단을 통하여 증여세를 회피하고 그 주식으로서 관계 회사의 지배권을 그대로 행사하는 부작용이 그것이다. 이것이 세법상 주식 출연 한도의 축소로 이어졌다.

개인이 아닌 세법에 밝은 법인 차원에서 기부를 계획하였다면 세법 조항도 모르고 재단을 설립하는 이러한 일이 일어났을까? 그렇지만 어쨌든 황 박사와 같은 피해자가 나온 것이 현실이다. 일반의 상식으로 선의의 기부가 세금 폭탄이 되어 되돌아온다는 것은 생각하기 어렵다는 반증이기도 하다. 결국 악의의 기부자에 대한 규제가 세법을 잘 모르는 선의의 기부자에게는 함정 세법이 되고 만 셈이다.

기부는 인간의 이기심에 비추어 보면 기특한 행위이다. 증여는 직계 가족 사이에 이루어지는 정도이지 사촌만 되어도 보기 어려운 것이 현실이다. 더욱 타인에 대한 증여는 공동체에 대한 나눔의 정신 없이는 기대하기 어려운 일이다.

아직 소송이 최종적으로 종결되지 않았지만 황 박사가 그동안 겪었던 고초는 제3자로서 가늠하기 어렵다. 황 박사는 이 사건 진행 중 장학재단의 증여세 미납으로 증여세 연대납세의무에 따라 가산세가 늘어난 225억 원의 부과처분까지 받아 재산이 압류된 바도 있다. 남편으로서 아버지로서 가정 경제를 파탄에 이르게 한 데 대한 마음의 고통은 얼마나 힘들었을까? 황 박사는 대법원 판결 선고 후 그래도 다시 기부하겠다는 소감을 밝혔다.

황 박사는 빈한한 가정 사정으로 정말 어렵게 학업을 마쳤다. 모교인 아주대 공대를 거쳐 프랑스에 유학하여 박사 학위를 취득하고 한국과학기술원KAIST 교수로서 오랫동안 봉직한 교육자이다. 모교 후배를 위한 장학 기부의 큰 뜻이 너무 큰 상처를 남겼다.

이 사건은 황 박사, 재단, 과세 관청, 법원 어느 누구에게 크게 책임을 지울 수 없는 보기 드문 일이다. 이 사건을 계기로 더 이상 황 박사 '과세 폭탄 사건'이 되풀이되어서는 안 되고, 대신 더 많은 황 박사와 같은 '기부자'가 나와야 한다.

우리 현실은 법인 기부는 적지 않지만 개인 기부는 오히려 줄어들고 있다. 선의의 기부가 선의로 대접받지 않는다면 누가 기부를 할 것인가?

개인 기부에 대한 세제 혜택을 종전처럼 소득공제 방식으로 바꾸어야 한다. 외국의 예처럼 기부자가 장래 곤궁한 처지에 처했을 때 출연 재산에서 지원이 가능한 틀도 만들어야 한다.

대법원 판결을 계기로 우리의 기부 문화와 철학에 대한 공감대를 넓히고 이를 토대로 기부를 포함한 공익 법제를 재정비하여야 황 박사 사건의 교훈이 가치를 발할 것이다.

(2017. 5. 4.)

| 후기 |

이 사건은 파기환송심에서 원고 승소 판결이 났고 국세청이 재상고하지 않음으로써 2017년 말 확정되었다. 필자가 상고심에서 공익적 견지에서 무료로 진행한 사건이다. 이 사건의 수행으로 법무법인(유) 율촌은 2018년 《머니투데이》 주최 제1회 대한민국 송무대상을 받았다.

**제7장**

# 조세 정책 및 조세 제도

# 01 | 잠 깨운 촛불,
      앞날 밝히는 등불 돼야

2016년 병신년이 막을 내리고 있다. 연초부터 육십갑자의 어감이 안 좋았던 올해, 끝자락까지 당혹, 갈등과 허탈함으로 점철된 느낌이다.

2016년 국내는 국회 총선이 가장 큰 정치 일정이었다. 당초 야당의 분열로 여권의 낙승이 기대되었다. 그러나 여당의 진실한 남자를 두고 벌인 공천 파행으로 예상을 뒤엎고 야당의 대승과 여당의 소수당 전락으로 마무리되었다. 역시 정치가 그때그때 움직이는 생물이라는 비유가 실감이 난다.

여권은 힘을 잃고 우연한 계기로 최순실 게이트가 터졌다. 역대 정권 모두 이만한 스캔들이 다 있었지만, 이번에는 급이 다른 태풍이 되어 전국을 흔들었다. 촛불시위가 연일 계속되고 서울 광화문에만 100만 이상의 시민이 모이는 새로운 기록을 세웠다. 그만큼 심리적으로 상처받은 국민이 많았다는 반증이다.

외신에서 질서를 지킨 시위를 두고 놀랍다는 보도를 하였다지만 최순실 게이트는 그동안 애써 쌓은 국가 이미지와 국격을 떨어뜨렸다. 여당 의원도 찬성표를 던져 탄핵 소추가 되었다. 탄핵 심판을 진행하는 안국동 헌법재판소 앞에서의 상반된 시위대의 함성으로 일하기 어려울 정도라고 한다. 사법 작용이 자기주장 관철을 위한 수단에 의하여 방해받는다면 이는 법치 국가의 모습은 아니다.

이번의 최순실 게이트는 비리 내용보다 국민의 원초적인 감정을 건드리는 배신적 행위라는 점에서 세상을 바꾸어놓은 것이다. 치적은 탑 쌓아 올리는 것처럼 어렵지만 실각은 담벼락 무너지듯 한순간이다.

여러 정치·사회적 변화가 예상되었던 내년 대선 정국도 당연히 그 여파로 한 치 앞도 가늠하기 어렵게 되었다. 안타깝기 짝이 없다. 그러나 경제와 민생을 뒷전에 놔둘 수는 없다. 미국 대선에서 일반의 예상과 다른 트럼프의 승리로 세계 질서가 혼돈에 빠져드는 느낌이다.

국가 경제는 물론 안보 지형에도 영향을 미칠 것이다. 정말 우리는 위기의 한가운데 있다. 이러한 상황에서도 국세 행정만큼은 순탄하게 한 해를 마무리하는 듯하다. 10월 말 기준 작년보다 무려 23조가 넘는 세수를 달성하였다. 경제 지표는 하락하고 있는데도 말이다.

그러니 성과에도 불구하고 염려가 앞선다. 초과 세수의 요인은 국세청의 세무 정보 빅데이터, 세무조사, 조세 포탈 형사처벌의 강화이다. 이러한 외부 요인으로 납세 의식이 높아지는 결과를 낳겠지만 해결되어야 할 과제가 있다.

바로 조세 입법이다. 조세 운용의 기본인 응능 부담과 조세 형평의 어긋남을 어떻게 풀어낼 것이냐의 문제이다. 근로소득세 면세자가 절반에 가까운데도 고소득자에 대한 세율만 올린 올해 세법 개정은 이 점에서 낙제점이다.

단기적인 세수 성과에 취해서는 안 된다. 장기적이며 혁신적이고 전문적인 접근만이 어려움을 헤쳐갈 수 있다.

곧 새해를 맞는다. 정유년이다. 역사적으로는 다들 정유재란을 떠올리지만 '난'이 되풀이되어서는 안 된다. 격동의 한 해가 될 것이다. 국민 다수의 뜻이 어떤 것인지는 국회의 대통령 탄핵 소추 가결로 반영되었다.

이제 차분해지자. 대통령 탄핵 여부는 앞으로 헌법재판소의 판단을 기다려야 한다. 그 과정에서 헌법과 법률이 정한 절차가 시위나 정치권의 압력에 훼손되어서는 안 된다. 국민의 다수 여론은 대체로 옳을지라도 언제 바뀔지 모르는 변화무쌍한 것이라 규범적 역할을 하지 못하는 한계를 지닌다.

법에 의한 지배 원칙은 여론보다 법이 우위에 있음을 선언한 것이다. 이제 바람을 외치는 광장의 역할은 먹거리를 만들어내는 시장의 역할에 그 자리를 넘겨야 한다. 잠을 깨운 촛불은 이제 앞날을 밝히는 등불로 바뀌어야 한다. 그것이 법치주의를 지키는 길이다.

(2016. 12. 22.)

# 02 | 조세 정책만으론
## 부의 편중 해결 못 한다

통계청과 관련 기관이 발표한 「2017년 가계금융·복지조사」에 따르면 2016년 가처분소득을 기준으로 지니계수, 소득 5분위 배율, 상대적 빈곤율이 모두 전년보다 악화된 것으로 나타났다.

OECD 국가 중 미국이 소득 격차가 가장 크고 우리나라가 그 뒤를 잇고 있다는 것은 이미 알려진 사실이다. 우리나라 소득 상위 10%가 전체 소득의 45%를 차지하고 있다. 불평등의 확산 속도도 가장 빠르다.

이러한 소득의 편중과 함께 출발의 평등을 주장하는 금수저론까지 가세하여 계층 간의 갈등은 더 심화되고 있다.

미국에서 닉슨 행정부 이래 지속된 신자유주의는 기업의 자유를 보장하고, 국가에 의한 복지보다는 개개인의 책임을 강조하는 사회적 시스템을 만들었다. 그로 인하여 유례없는 부의 편중의 문제가 부각되기에 이르렀다.

2014년 토마 피케티의 『21세기 자본』에서 지적한 불평등의 역사적 전개는 세계적 신드롬을 불러왔다. 이른바 1:99 문제로서 이를 시정하기 위한 여러 방안이 나오고 있다. 미국 로버트 라이시가 펴낸 책 『로버트 라이시의 1대99를 넘어』에서 내놓은 액션 플랜에도 부유층 세율 인상, 부유층 재산 중과, 금융 거래세 부과 등의 조세 정책을 국방 예산의 삭감, 고액 의료비 통제, 불법 정치자금 차단 등과 함께 제시하고 있다.

우리나라는 재벌 규제, 노동권의 보장, 복지의 확충 등에서 미국과는 경제·사회 환경이 다르지만 양국이 공통으로 부닥치고 있는 부의 편중의 문제는 풀고 가야만 할 중요한 과제가 되었다.

우선 정부는 일자리 창출을 최대 국정 목표로 삼고 공무원 증원 등 여러 정책을 만들고 막대한 재원 투입 계획을 세웠다. 재원 확보를 위하여 이미 고소득층과 대기업에 대한 소득세 및 법인세 증세 입법이 이루어졌다. 아울러 여당 측에서 자산 보유자에 대한 증세를 위한 종부세 등의 강화도 군불을 지피고 있다.

정부는 최근 통계에서 보여준 부의 편중의 심화 현상에 대하여 경기 부진과 구조조정, 노인층 증가의 영향으로 저소득층의 근로소득이 감소한 것을 원인으로 들고 있다. 그런데 부의 편중을 시정하기 위한 고소득, 부유층 및 대기업에 대한 증세 정책이 해결 방안이 될 수 있을까?

부의 편중이 심화되는 것은 중산층 이하의 소득 감소에 기인한다. 소득원은 주로 근로소득이나 사업소득이 되어야 하는데 고용이 늘고 경기가 활성화되지 않고서는 소득을 늘릴 수 없다.

고용이 늘지 않고 있는 이유는 경기·인구적 요인 이외에도 4차 혁명으로 대변되는 경제 구조의 대변화이다. 이러한 경제 구조의 변화 속에서 대내외 경쟁력을 갖춘 혁신적인 정책이 나오지 않는다면 부자로부터 돈을 더 걷어 저소득층에게 나누어주는 것밖에 되지 않는다.

그렇지만 현실은 규제의 덫에서 벗어나야 한다는 목소리로 가득하다. 조세에 의한 나눔의 확대는 일시적으로 부의 편중의 문제를 덮어줄지 모르지만 저소득층 스스로의 근로나 생산 활동에 의한 소득 증대 없이는 밑 빠진 독에 물 붓기가 될 것이다.

증세를 함에 있어서도 자칫 부유층과 대기업에 대한 편 가르기와 공격이 되어서는 안 된다. 부의 편중 현상을 누가 누구의 소득을 빼앗아간 것으로 보아서는 안 되기 때문이다.

부의 편중의 시정을 위해 증세가 불가피하다 하더라도 증세가 곧 해결책이 될 수 없다는 한계 위에 혁신적인 경제 정책이 나와야 한다.

(2017. 12. 28.)

# 03 | 정치를 배제한 것이 좋은 조세 정책

새해가 시작되었다. 국내외 정세가 변전을 거듭하고 있는 상황에서 평창동계올림픽을 계기로 좀 더 안정적인 한 해가 되기를 바라는 것은 모두의 소망인 것 같다.

작년 사상 초유의 대통령 탄핵으로 조기에 이루어진 진보 성향의 정권 교체로 조세 분야에도 기조의 변화가 뚜렷해지고 있다. 국민 복지의 증대는 정도의 차이가 있을지언정 모든 국가의 지향점이다. 복지의 증대는 곧 증세로 귀결된다.

지난 정권은 증세 없는 복지를 내세웠다. 그런데 그것이 가능한 일이었을까? 결국 허구이거나 꼼수로 귀결되리라는 것이 일반의 상식이었지만 정치라는 이름표를 달아 국정 지표가 되었다. 조세는 정치의 영향을 많이 받지만 토대는 경제 위에 있다. 그렇지만 경제는 경제이지 정치가 아님에도 정치 논리가 지배하려 든다.

국가 재정 확충을 위한 증세는 세목의 증설이나 세율의 인상만으로 담보되지 않는다. 경제가 뒷받침되어야 하기 때문이다. 그렇지만 정치인이나 입법자는 세법을 만들어내면 해결될 것으로 믿는다. 고소득자나 대기업 증세는 국민 대다수의 찬성을 이끌어낼 수 있는 유용한 아이템이다.

근로소득세 면세자가 거의 절반에 이르는데도 이는 손대지 않은 채 여론을 등에 업고 이미 입법화되었다. 그러나 정작 복지 재원 마련을 위한 증세가 성공하려면 법으로는 어찌하기 어려운 경기 활성화와 경제 성장이 이어져야 하고, 성숙한 납세 의식이 뒷받침되어야 한다.

우리에게 필요하고도 꼭 이루어내야 과제는 납세 문화의 선진화이다. 납세 의식은 납세자 스스로 자기가 낸 세금이 공평에 맞고, 제대로 쓰이고 있다는 믿음이 들 때 성장한다. 성실 납세자가 사회적으로 인정받고 존경받는 풍토 조성이 필수 조건이다. 납세에 기여한 만큼 사회복지에서 대우받는 조세 마일리지 제도를 갖추어야 하는 것도 그 이유이다.

국가가 아닌 동창회나 단체에서는 회비나 찬조금을 많이 낸 이가 대우받고 존중받는다. 그에 대해 이의를 제기하는 사람은 없다. 그런데 국가의 세금을 많이 낸 사람도 그러한가? 별로 다른 바 없는 이치이지만 우리나라에서는 유독 그렇지 않은 것 같다. 세정에서 당국의 납세자에 대한 감사의 표시는 기본이 되는 소통의 수단이자 납세 문화의 정착에 꼭 필요한 것이지만 아직 그런 정신은 머릿속에 없는 것 같다.

고귀한 의무, 성실 납세만을 강조하면서 탈세에 대한 엄정 대처, 포탈범 처벌 강화만 내밀어서는 납세자의 마음을 움직일 수 없다. 다수의 성실 납세자와 소수의 부실 납세자 중 누구를 대상으로 조세 제도를 운영해야 하는가?

답은 분명하다. 그러나 그동안 우리는 다수 납세자의 사정을 헤아리기보다 잠재적 탈세자로 보아왔던 것은 아닌가? 납세 의식과 수준은 시대와 환경에 따라 변한다. 디지털 시대의 세정의 발전은 거래가 투명하게 드러나 의도적인 소득의 탈루나 조세 포탈을 어렵게 하고 있다. 성실 납세가 절세라는 인식도 확산하고 있다.

이제 조세 입법, 조세 집행, 조세 구제에 있어 패러다임을 바꿀 때가 되었다. 조세 입법 등의 영역에서 조세 철학을 정립하고 고전적인 조세 원칙을 지켜야 한다. 누가 하든 뾰족한 수가 없다는 것이 오랜 역사적 경험이다. 조세 전문가의 목소리가 묻혀버린다면 시행착오는 되풀이될 것이다. 조세 영역에서 정치성을 최대한 배제하는 것이 더 나은 조세의 길이다. 누군가의 외침이 와닿는다. 경제는 정치가 아니라니까!

(2018. 1. 11.)

# 04 | 원천징수 의무는 납세자에게 씌울 멍에가 아니다

세법은 납세자에게 본래의 납세의무 이외에 여러 가지 협력 의무를 부과하고 있다. 소득세 등 각종 신고나 세금계산서 등 제출 의무 등이다.

날이 갈수록 협력 의무의 형태가 다양화되고 그에 대한 가산세, 과태료 등 불이익도 커져가고 있다. 납세자로서는 일일이 의무 이행을 챙기는 일이 여간 부담스러운 일이 아니다. 실제로 그러한 협력 의무가 생겼는지 모르는 경우도 허다하다.

이러한 협력 의무 중 납세자가 큰 어려움을 겪는 것이 원천징수 의무이다. 원천징수는 소득자는 따로 있지만 그 소득을 지급하는 자가 세금을 떼어 국가에 납부하는 제도이다. 근로소득 원천징수가 전형적인 것이다.

봉급을 줄 때 세금을 떼어 납부하는 수고 정도는 사업자가 맡아

달라는 것이 제도의 근거이다. 이 정도라면 그리 어려운 일은 아니지만 대기업이라면 그 업무에 소요되는 비용이 적지 않다. 그렇다고 이를 국가로부터 상환받는 제도는 마련되지 않고 있다.

그런데 세법은 실제 소득 지급 시 세금을 떼게 되는 경우는 물론 소득을 지급하는 것과 세법상 동일시되는 경우, 예컨대 소득처분에 따른 소득에 대해서도 징수 의무를 부과한다. 이 경우는 뗄 돈이 없으니 스스로 납부하고 소득자에 대한 상환 불능의 위험 부담을 떠안아야 한다.

더욱 문제가 되는 것은 외국 기업과의 거래에서 국내 원천소득 여부가 불분명한 경우이다. 거래 종료 후에야 징수 처분을 받아 세금만 부담하는 경우도 적지 않다.

원천징수 의무에 대하여 위헌론이 제기되는 것도 납세자에게 과도한 협력 의무를 부과하여 재산권을 침해하는 면이 크기 때문이다.

최근 대법원에서 판결이 하나 나왔다. 국내 법인이 말레이시아 라부안에 있는 호텔 지분 매매계약을 체결하고 계약금 580억 원을 지급하였으나 대금을 지급하지 못하게 됨에 따라 계약금을 몰취당한 사건이 있었다.

세법은 위약금을 지급하는 경우에 원천징수하도록 되어 있다. 과세 관청은 계약금 몰취 금액이 위약금에 해당하여 원천징수 대상임에도 국내 법인이 이를 원천징수하여 납부하지 않았다 하여 가산세 포함 162억 원을 부과하였다.

대법원은 과세 대상인 위약금은 현실적으로 제공한 경우뿐 아니라 계약금이 몰취된 경우도 포함한다고 하여 원고 패소 판결을 내렸다. 현실적으로 원천징수할 방법이 없는 경우에까지 그 책임을 물을 수 없다 하여 원고 손을 들어준 고등법원 판결을 뒤집은 것이다.

원고는 거액의 계약금을 몰취당한 것도 큰 손해인데 그에 대한 원천징수를 하지 않았다 하여 162억 원을 국고에 내라는 것이다. 계약금이 위약금으로 되어버린 이 사안에서 원고로서는 어떻게 하면 원천징수해야 할 돈을 확보할 수 있다는 것인가?

국가가 마땅히 책임저야 할 과세권 행사를 납세자에게 협력 의무의 명목으로 책임을 전가하여 본래의 책무를 뒤바꾼 것이다.

어떻게 현실적으로 불가능한 징수 의무가 정당화될 수 있는가? 간단한 수고를 전제로 하여 용인되어왔던 원천징수가 그 범위를 넓혀가며 벗기 어려운 멍에가 되고 있다.

원천징수 범위의 확대는 위헌적일 수밖에 없다. 대법원 판결이 아쉽다. 과세권 확보는 법원의 책무가 아니다.

(2019. 8. 29.)

# 05 | 건강보험료는 세금 아닌 세금,
      보험료 아닌 보험료

지난 4일부터 국민건강보험법 개정 법률이 시행되어 법인이 사업주 부담 건강보험료를 체납하는 경우 법인의 과점주주가 그에 대한 제2차 납부 의무를 지게 되었다.

사업주의 건보료를 개인이 책임지게 되는 것이다. 조세에 있어 법인의 과점주주가 제2차 납세의무를 지는 것과 같은 논리이다.

그러면 건보료는 세금인가? 결론적으로 세금은 아니지만 세금과 다른 바 없고, 보험료이기는 하지만 여느 보험료와 다르다.

건강보험은 사회복지의 중요한 축으로서 사회적 보험의 대표 격이다. 우리나라 건강보험 제도는 국제적으로도 성공적인 모델로 평가되어 많은 나라가 경험을 배우고자 한다고 들었다. 불과 수십 년 전만 하여도 약 한 첩, 병원 한 번 못 가보고 생애를 마감하였던 국민이 태반이었다. 오늘 모든 국민이 다른 나라가 부러워하는 의료

복지를 누리고 있는 것은 건강보험 제도 덕분이다.

건강보험은 의료보험이라는 이름으로 1977년 500인 이상 직장의료보험 제도를 시작해 1989년 전 국민을 대상으로 하는 제도로 확대되었다. 그동안 보험 제도의 틀도 본래와는 많이 달라졌고 그 사이 의약 분업 대립 등 사회적 갈등도 격심하였던 과정을 거쳤다. 건강보험의 발전 추이는 건보료의 조세화와 맞물려 있다.

보험은 원래 불의의 보험 사고에 대비하여 보험사가 제시하는 보험 이익과 보험료 정도를 가입자가 골라 임의로 선택하는 것이다. 사회적 보험은 국가나 고용주의 지원은 있으나 국가에 의하여 가입이 강제되어 개인에게 선택권이 없다. 그리고 각기 내는 보험료가 다르지만 혜택은 보험료에 비례하지 않는 구조로 틀이 되어 있다.

의료보험은 초기에는 대상자나 보험료 산정 등에 있어 보험이라는 틀을 유지하려는 노력을 보였다. 그러나 이제는 이름만 보험이지 세금과 다름없는 구조를 갖게 되었다.

그러나 이것이 과연 법체계에 맞는 것일까? 다들 그러려니 하지만 한 번은 짚고 넘어가야 할 일이다. 먼저 건강보험은 강제적이고 보험료 혜택의 차등화가 없다. 가입자는 물론이고 의료 기관도 아무런 선택권이 없고 건강보험 제도의 틀에 맞추어야 한다.

건강보험료는 직장과 지역으로 나누어지고 직장, 즉 사업주는 따로 건강보험료의 절반을 부담한다. 직장인은 소득에 따른 요율에 의한 건강보험료를 낸다.

지역 가입자는 재산과 소득에 따라 건강보험료를 책정한다. 건강보험료의 요율은 보건복지부 장관 소속 건강보험정책심의위원회의 의결을 거쳐 정한다. 건강보험료를 내지 않으면 국세 체납의 예에 따라 강제 징수된다.

이제 법인의 과점주주에게는 제2차 납부 의무까지 부과된다. 사업주가 내야 할 건강보험료액을 개인 재산으로 부담하게 되었다. 1만 원의 보험료를 내는 국민이나 수천만 원을 내는 국민이나 보험 혜택은 동일하다.

고액 체납 시 명단까지 공개하여 사회적 지탄을 가한다. 조세와 다를 것이 무엇인가? 모든 국민이 부담하는 건강보험료를 일개 건강보험정책심의위원회에서 정하는 셈이다.

만일 세금이라면 부담액은 조세법률주의에 따라 엄격한 절차를 거쳐 국회의 통과를 얻어내야 한다. 명목이 세금이 아니다 보니 국회의 결산 심사도 없고 감사원의 감사도 다르다.

보험료 징수의 효율성을 위하여 국세 등과 통합 징수도 논의되었으나 무산되었다. 건강보험 제도가 나름의 권력이 되어 힘을 발휘한 것이다.

명목이 보험에 불과하니 효율적 운용이나 적정한 보험료 책정은 세금과는 달리 투명성이 떨어진다. 국회 예산처는 건강보험료가 최근 과다 징수됨으로써 국민 부담을 가중시켰다고 지적하면서 보험료 인상권을 행사하는 건강보험정책심의위원회의 회의록과 회의 자료 공개를 주장하였다.

이러한 상황이고 보니 국민은 어떻게 보험료가 오르는지 잘 알 수 없다. 세금이라면 턱도 없는 일이다.

2014년 건보료 수입액은 48.5조 원에 달한다. 같은 해 국가 예산 수입액 357.7조 원의 13%에 해당하는 큰 금액이다. 실질이 세금임에도 건보료의 옷을 입었다 하여 조세법률주의를 벗어나는 것은 편법이다. 개선하여야 한다.

국민 복지의 가장 중요한 축인 건강 복지를 위하여서는 차라리 특별목적세인 의료보장세로서 조세화하여 장기 계획, 보장 세율과 집행을 국회의 통제와 감시하에 두는 것이 옳다.

그래야 낭비 없이 튼실한 의료 복지를 이루어낼 수 있다. 아울러 기본 보장 이외에는 의료인과 개인이 선택할 수 있는 의료보험을 허용하는 것이 헌법 정신에 부합한다.

보험이라는 이름으로 조세법의 기본 원칙이 회피되어서는 안 된다. 현재의 틀을 바꾸기는 현실적으로 어렵다. 그렇다고 하여 본질이 바뀌어가는 것을 두고만 볼 수도 없지 않은가?

(2016. 8. 18.)

# 06 | 함부로 쏘는 '부자 감세'

부자 감세. 대다수 국민은 정서적으로 '이건 안 돼'라는 생각을 갖는다. 있는 사람이 더 많은 세금을 내야 하는 것에 대해 반론을 제기하기 어렵다. 오히려 '얼마나 많이?'가 항상 논란의 대상이다.

증세는 정치인으로서는 치명적인 공약이 될 수 있다. 이미 여러 사례에서 입증이 된 학습 효과이다. 현 정부의 증세 없는 복지라는 난해한 공약도 증세 딜레마를 피하자는 것이었지만 결국 복지에는 돈이 든다는 본질을 피해가지 못하였다.

서민 감세, 부자 증세는 정치권에서는 일반의 지지를 얻는 데 효과적이다. 그래서 뒷감당 없이 들고나오는 정책 중의 하나이다. 그러나 감세와 증세는 해법이 매우 어렵다. 해법을 마련하는 것은 재정학자, 조세 전문가의 몫이지만 그들도 생각이 각기 다르다.

부자 증세는 프랑스에서 부자들이 나라를 떠남으로써 실패했지만 미국 대선에서는 새로이 부자 증세가 화두로 등장하고 있다. 법인세는 세계 각국이 감세 기조를 취하고 있음에도 우리나라에서는 야당이 법인세 증세 의원 입법을 발의하였다.

증세 혹은 감세로 인한 경제 효과도 시대와 각 나라의 경제 환경에 따라 다르다. 그러나 정치적 이슈나 계층 논리에 빠져 정작 최적 기준을 찾아내려는 연구와 논쟁은 드물다. 우리나라에서 '부자 감세'는 세율 인하 주장을 막아내는 가장 효과적인 무기이다.

정부가 경제 성장이나 활성화를 위한 정책적 목적에서 세율 인하를 들고나오다가도 반대 측에서 '부자 감세'라는 무기를 쏘아대면 움찔한다. 무엇인가 큰 잘못된 행위를 하는 것처럼.

2008년 이명박 정부는 증여세 및 상속세의 세율을 10~50%인 것을 7~34%로 낮추는 세법 개정안을 내놓았다. 당시 건설 경기가 침체되고 미분양 아파트가 넘쳐나자 증여를 권장하여 돌파구를 마련하기 위한 것이었다. 그런데 국회 심의 과정에서 부자 감세라고 외치는 야당의 방어벽에 막혀 결국 실현되지 못하였다.

그때 개정안이 통과되었다면 많은 부자가 적은 증여세 부담에 끌려 자녀들에게 아파트를 사줌으로써 건설 경기를 되돌렸을 것이라는 지적이 있었다. 증여세율이 높으면 젊은 세대에 대한 증여를 주저하게 함으로써 투자가 활력을 잃고 경기가 침체로 이어진다는 것은 이미 알려진 사실이다. 이른바 동결 효과가 생기는 것이다.

최근 혹서로 인한 에어컨 가동으로 전기 요금 폭탄이 우려되자 요금 누진제를 완화하자는 주장이 강하게 제기되었다. 담당 산자부 간부는 이에 대하여 누진 제도를 완화하면 1%를 위한 부자 감세가 되는 것이라고 하면서 이를 반박하였다. 왜 여기에 부자 감세를 끌어들였는지는 알 수 없다. 혹시 근본을 모르는 것이 아닌가?

전기 수요자인 국민에 대한 전기 공급은 한전이 거의 독점하고 있다. 요금도 정해진 대로 내야 한다. 국민 개개인이 한전으로부터 상품인 전기를 사는 계약인데 공공적 성격으로 개인이 그 내용을 결정할 수 없도록 법에서 제한하는 것뿐이다.

공공적 성격이라 하더라도 누진제로 전기 요금이 1kW당 11.7배가 되는 것은 정당화하기 어렵다. 이러한 일이 민간 영역에서 벌어졌다면 갑질 중의 상갑질로 배겨내지 못할 것이다. 이미 일각에서 공급 약관이 무효라고 하여 전기 요금 반환을 청구하는 집단 소송이 진행되고 있다.

산자부는 아직도 전기 요금을 일반이 부르는 대로 전기세라고 생각하는 것인가? 그렇지 않고서야 감세라는 발상이 어떻게 나올 수 있는가? 세상 변하는 줄 모르고 아직도 구닥다리 같은 사고에 얽매여 있는 관료층이 걱정스럽다.

부자 감세는 이런 데 쓰는 무기가 아니다. 그 뜻이 무엇인지 어느 경우에 써야 하는지 제대로 알고나 쓰자.

(2016. 9. 8.)

# 07 | 징벌적 출국세는<br>득보다 잃는 게 많아

얼마 전 병무청에서 병역 미필자가 국적을 변경하여 병역을 회피하는 행위에 대해 상속·증여세를 중과세하는 등의 제재를 강화하는 방안을 검토한다는 보도가 있었다. 한마디로 '국방 의무'를 저버리는 자에게 '납세의무'로 대신 응징하겠다는 생각이다.

당장 국민의 속풀이에는 도움이 되겠지만, 그러한 목적의 과세가 가능할지 가늠이 가지 않는다. 이 발상도 본질에서는 출국세와 비슷한 것으로 보인다.

출국세Exit Tax는 아직도 일반에게 생소한 개념이다. 외국에 나갈 때 공항에서 걷는 수수료 종류로 이해할 만하다. 과세권이 다른 국가로 떠나는 것이니 퇴국세退國稅가 더 정확할 것 같기도 하다. 출국세는 세금 중과를 피하기 위하여 세금 부담이 적은 나라로 이주하는 것을 막아보려는 시도에서 시작된 것이다.

이미 미국, 독일, 프랑스, 캐나다, 영국에서 시행되고 있고, 이웃 일본도 올해 7월 1일부터 도입하였다. 일본은 5년 이상 일본에 거주하고 1억 엔 이상의 금융 자산을 보유한 사람을 대상으로 해외 이주 시를 기준으로 금융 자산을 양도한 것으로 간주하여 소득세를 징수한다.

떠날 거라면 그동안 올린 재산 가치 증가분에 대해서 세금을 내라는 것이다. 전형적인 미실현이익에 대한 과세이다. 근래에는 재미교포들이 다시 모국으로 귀환하려는 데 걸림돌이 되는 것이 출국세이다. 미국은 종래 우리에게는 아메리칸드림의 대상이었지만 어느 정도 꿈을 이룬 계층에게는 이제는 떠나고 싶은 나라가 된 모양이다.

2008년 6월부터 시행된 미국의 출국세는 미국 국적이나 영주권을 포기하는 경우 출국일을 기준으로 전 세계의 자산을 전부 양도한 것으로 보아 차익에 대하여 조세를 부과하는 방식이다.

당사자로서는 부담이 클뿐더러 세금 조달도 따로 하여야 하니 국적 이탈을 결심하는 것은 쉬운 일이 아닐 것이다. 언뜻 국적을 버리려는 자산 보유 자국민에 대하여 출국세가 인질의 역할을 하지 않을까?

선진국의 이러한 출국세 운용과 도입은 국부 유출 방지와 조세 수입 증대에 맞춰져 있는 것으로 보인다. 더 나아가 출국세는 이제 기업에도 부과하여야 한다는 움직임이 있다. 미국에서 본사를 해외로 이전하는 기업에 대하여 출국세를 부과함으로써 고용 창출의 장애 및 재정 수입의 감소를 막겠다는 것이다.

요즈음 논의가 활발한 OECD를 중심으로 한 BEPS(세원 잠식 및 소득 이전) 대책도 조세의 글로벌화 현상의 하나가 아닐까? 이미 구글이나 페이스북 등 온라인 다국적 서비스업에 대하여 조세 회피를 막기 위한 이른바 구글세에 대한 국제적 공조도 논의되는 상황이다.

우리나라에서도 국회 재정연구포럼에서 출국세 도입을 주장한 바 있다. 그 입법의 필요성에 대해서는 더 논의가 필요할 것 같다. 이와는 반대의 측면에서 과세 정보 교환의 국제적 공조에 터 잡아 그동안의 조세 행정의 수준이나 관행을 도외시하고 국민이 해외에서 창출한 소득에 대하여 소급하여 엄격한 과세의 잣대를 들이댄다면 해외 자산이 국내로 들어올 수 없게 하는 부작용이 생길 것이다.

일마 전에 열린 2015년 세계한상대회에 참석한 한인회장들은 외국에서 벌어들인 소득으로 한국에 금의환향해 투자하고 싶은 생각이 간절한데도 현행 소득세법이나 국세청의 입장으로 보면 한국을 자주 방문하는 동포를 한국 거주자로 간주해 과세하려 한다는 우려를 표명하였다.

출국세의 도입은 어느 계층을 대상으로 한 징벌적 목적으로 하여서는 얻는 것보다 잃는 것이 많을 수 있다. 이러한 점에서 병무청의 국적 이탈 병역 회피자에 대한 중과세 발상은 너무 가볍다는 생각을 지울 수 없다.

(2015. 10. 22.)

# 08 | 가업 승계,
## 세금으로 종말 맞을 판

근래 경제부총리가 가업 상속 요건을 완화하는 방안을 추진한다는 방침을 밝혔다. 부자 증세를 추구하여온 현 정부, 여당으로서는 방향의 전환이 아닐 수 없다. 2014년 48%까지 치솟았다가 여전히 40%를 넘는 근로소득세 면제자 비율은 손보지 않은 채 초고소득자의 세율만을 42%까지 인상하고 종합부동산세, 재산세의 과세표준의 기본이 되는 표준공시지가의 시가 반영률을 대폭 올린 조치와도 대비된다.

근로소득세나 종부세가 주로 부자 개인을 타깃으로 삼는 점에서 가업 승계 세제 완화는 요즈음의 경기 하락과 기업의 침체 분위기를 되살려보겠다는 정책적 의지로 읽힌다. 이는 부자 증세의 기조가 차별화된 것이라고 할 수 있다.

혜택 상한액을 1000억 원 이상으로 늘리는 등 의원 입법도 발의되었다. 가업 상속 요건 완화 주장은 이미 여러 번 지적이 된 이슈이다. 최대 공제액이 500억 원이나 되어 큰 혜택이 뒤따르는 것 같으나 실상은 함정이 너무 많다. 10년간 업종, 지분, 고용 유지라는 요건은 멍에이다. 하루가 다르게 시장 구조가 달라지는 오늘에 이 요건을 모두 갖추어 추징당하지 않고 마무리 짓는다는 것은 정말 행운이 따르지 않으면 안 된다.

한국경제연구원의 조사에 따르면 최근 5년(2011~2015년) 동안 가업 승계 혜택을 받은 것은 연평균 62건에 불과하고 공제 금액은 연평균 859억 원에 불과한 소액이다. 최고를 기록한 2017년 이용 실적은 75건에 불과하다. 허울 좋은 세제 혜택이라는 반증이다. 결국 이대로 가면 오랫동안 사회적으로 당연시되어왔던 가업의 대물림은 세금으로 종말을 맞게 될 처지에 있다.

얼마 전까지만 해도 얼마간의 상속세를 내고 가업을 이어올 수 있었던 것은 누구나 아는 사실이다. 기업 정보의 축적과 기업 자산을 샅샅이 파악하는 것이 가능하게 된 과세 행정의 발전은 세율 인상을 제쳐놓고도 상속인이 물어야 할 상속세를 사실상 크게 높이는 원인이 되었다. 미리 상속세 재원을 따로 준비해놓지 않으면 가업을 유지할 수 없게 된 것이다.

가업 승계에 있어 가장 큰 자산인 주식은 현금화도 어렵다. 상속세相續稅가 아니라 단속세斷續稅라는 신조어가 나오는 상황이다.

가업의 상속에는 고용의 유지는 물론 노하우의 유지 발전, 사회적·문화적 자산이 되는 장점이 있다. 가업 상속의 대상이 되는 기업이 다 그런 장점을 갖고 있지 않다고 하여도 그 업종의 지속성 보

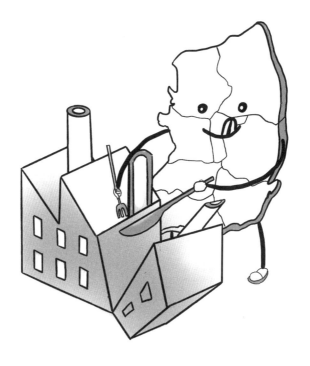

장은 세금을 좀 더 걷는 것 이상의 가치를 갖는다.

100년 이상 된 장수 기업이 일본은 3만 3069개, 독일은 1만 73개라고 한다. 반면 우리나라는 불과 8개에 불과하다. 독일은 글로벌 경쟁력을 갖춘 히든 챔피언이 가장 많은 나라이다. 중소기업의 지속 가능의 틀을 유지하게 하는 가업 승계 세제를 뒷받침해주어 가능한 일이다.

일부 기업인들의 이른바 갑질, 비리, 탈세 행위가 우리 사회에서 기업의 사회적 역할과 가치를 인정하지 않으려는 분위기를 만들어 낸 것도 사실이다. 그러나 최근에 일어난 대기업 오너 관련 몇몇 사건에서 보여준 동영상, 녹음, SNS 기록은 이러한 일탈 행위가 앞으로 발붙이기 어려울 것이라는 확실한 근거가 된다. 정보 사회의 틀 속에서는 이제 생각을 바꾸고 행동도 달리하여야 한다. 기업의 유지와 발전이 우리가 추구하는 기본적인 욕구를 충족하는 수단이라는 점은 인정해야 한다.

오늘 우리 기업은 아주 큰 리스크에 노출되어 있다. 주당 근로시간이 15시간 이상이면 4대 보험과 퇴직금이 강제되고, 탄력성 없는 주 52시간 근무제, 공정 거래에 대한 강한 규제는 기업의 오너를 너무 많은 형사 책임의 위험으로 내몰고 있다.

가업 승계 시의 과중한 조세 부담과 이러한 기업 현실에서 가업 승계를 포기하려는 2세가 점차 늘어나고 있는 것을 탓할 수 없다. 이러한 점에서도 2세들의 가업 승계의 동기 유발을 위한 우선적 조치로서 세금 부담 완화는 절실한 것이다.

우리 사회가 가업 승계를 아무런 노력 없이 얻는 부의 대물림의 한 축으로만 보는 인식과 기업을 옥죄는 제도를 바꾸지 않는 한 이번에 시도되는 가업 승계 세제의 개선 역시 미봉책에 그칠 가능성이 크다.

(2019. 2. 14.)

# 09 | 지방 재정 확충
## 옳은 방향인가?

국회 행정안전위원회가 의뢰한 지방 재정 자립도를 확충하기 위한 용역 보고서가 공개되었다. 요지는 전체 세수 중 국세와 지방세 비중을 단계적으로 조정하여 현재 8:2의 비율을 7:3, 6:4로 바꾸어나가야 한다는 것이다. 그래야 조세 저항을 줄이고 세수의 중립성이 유지될 수 있다는 것이다.

지방소득세의 인상, 공시가격 현실화, 신세원 발굴은 국민의 추가 부담이 이루어지므로 그만큼 국세 부담액을 줄여주는 것이 현실적이라는 것이다.

위 보고서에서 지방 재정을 확충하기 위하여 국세와의 비중을 변경하는 방법을 택하자는 것은 일리 있는 주장이기는 하다. 배경에는 지방자치를 확대하기 위하여 지방 재정을 더 확보하는 것이 당연하다는 전제가 깔려 있다.

그러나 보다 근본적인 문제, 지방자치와 지방 재정의 확대가 과연 바람직한가에 대하여 의문을 갖지 않을 수 없다. 우리가 지방의회를 구성하고, 자치단체장의 직선을 통하여 제대로 된 지방자치를 실시하자고 한 지가 20년이 넘었다.

그동안 당초 목표한 풀뿌리 민주주의, 주민 참여, 주민 복지에 얼마나 기여했는가? 지자체 소속 주민의 주인의식, 일체감, 주민에 대한 서비스 향상 등 분명히 긍정적인 효과도 있지만 보이지 않는 부작용이 만만치 않음을 깨달아야 한다.

지방자치는 중앙 정치의 교육장이 되어야 하지만 시방자치를 본격 실시한 지 20년이 넘었어도 시·구 의원이 도의원에 이어 국회의원이 되는 경우는 거의 없다. 구의원 즉, 바닥 단위에서 출발하여 검증을 받은 인사가 도의원, 국회의원이 되어야 한다. 이 점에서 지방자치 실시의 명분인 풀뿌리 민주주의 정착은 실패한 것이다.

지방의회에서 검증받은 인사라도 정당 시스템과 공천의 벽에 막혀 국회의원으로 진출하지 못한다. 아무런 의회 경험이 없는 인사들 다수가 국회의원이 되니 국회는 제 몫을 하기 어렵다. 정치만 후진국이라는 비난은 계속되고 있다.

지방자치는 지역 이기주의를 부추겨 정부 차원에서 하여야 할 사업이나 일은 번번이 막히고 있다. 단체장은 포퓰리즘에 빠져 재정은 아랑곳하지 않고 전시 행정에 몰두하거나 현금 살포 복지로 표를 산다. 그러니 지방 재정이 온전할 리 없다.

항상 정부에 돈만 달라고 하는 것이 현실이 아닌가? 제대로 된 지방자치라면 그 유지 비용이라도 조달할 경제력이 있어야 하는데 국가에 기대지 않고서는 존립이 불가능한 현실에도 지방자치가 당위라고 할 수 있을까?

그 문제 이외에 다른 측면에서도 지방자치의 확대가 우리에게 맞는 것인지 근본부터 되새겨볼 이유가 있다. 우리나라는 면적 10만 제곱킬로미터의 좁은 땅에 5000만 명이 넘는, 인구 밀도가 매우 높은 작은 국가이다. 도로, 교통수단의 발달로 전국이 반나절권이다.

지정학적 특성도 그렇고, 역사적으로도 삼국 통일 이후 중앙집권 국가를 이루어왔다. 정보 사회에 이르러 모든 국민이 모든 것을 공유한다. 도시국가로 부르는 것이 현실에 부합한다.

길 하나 사이로 복지 수당이 차이가 나고 있다. 지역적 특성은 점차 사라진다. 지자체의 본연의 임무인 소방 업무도 국가직이 되어야 한다고 한다. 스스로 자기 삶을 책임지기보다는 걸핏하면 국가가 책임져야 한다는 풍조는 심화되고 있다. 그런데도 과연 도시국가 같은 우리나라에 지방자치를 확대해가야 하는가?

이러한 근본 문제에 대한 성찰 없이 지방 재정 확충 방안을 논의하는 것은 숲은 외면하고 나무만 보는 것과 다름없다.

(2019. 6. 13.)

# 10 | 설날 고속도로 통행료 면제는 조세 정의 침해

올 설 연휴 기간에 1430만 대의 차량이 고속도로 통행료 575억 원을 면제받은 것으로 나타났다. 정부가 한국도로공사 소관의 고속도로 전부에 대하여 통행료 면제 조치를 하고, 일부 민자고속도로 회사가 참여한 결과이다. 이러한 고속도로 통행료 면제 조치는 지난 추석에 이어 두 번째이다. 면제 조치에 대하여 대체로 명절 선물이라고 반기는 분위기이다.

반면 반론도 만만치 않다. 한국도로공사의 빚이 27조나 되는데도 정부가 나서서 거액의 수입 손실을 강제로 떠안기는 것은 무거운 짐을 후세에게 미루는 것이어서 잘못되었다는 것이다.

그런데 정부의 통행료 면제 조치의 근거는 무엇일까? 작년에 유료도로법 시행령을 고쳐 추석, 설날 명절에 통행료를 면제할 수 있다는 조항을 넣었다.

그러나 정작 모법에서는 공공성이 큰 특정 차량에 대하여서만 면제할 수 있다는 근거를 두었을 뿐, 이번과 같이 기간을 정하여 차량 전부에 대하여 무차별적으로 적용할 수 있다는 조항은 없다. 모법에 위임 근거가 없는 면제 조항이라 유효성 논란이 당연히 제기된다. 그럼에도 작년 추석에 위와 같은 시행령을 근거로 면제 조치를 하였고 올 설 연휴에는 두 번째 시행했다.

고속도로 사업 주체인 한국도로공사는 예상치 않은 손실을 떠안아야 할 처지임에도 불구하고 감내할 수 있다는 입장을 내놓았다. 공기업도 기업인데 경영 원칙에 맞는 자세일까? 그 손실은 종국적으로는 국고, 즉 세금이 떠안아야 할 상황이다. 수많은 교통수단 가운데 고속도로 이용자에게만 혜택을 부여하는 것도 형평의 면에서 조세 지출의 원칙에 위배된다.

여하튼 공짜 점심은 누구나 좋아하는 것이어서 국회는 지난해 12월 유료도로법을 개정하여 유료도로 관리 기관은 설날, 추석 등 대통령령이 정하는 바에 따라 고속도로 통행료를 면제할 수 있다는 규정을 신설하였다. 이에 따른 통행료 면제에 대하여는 국가가 그 손실의 전부 또는 일부를 지원할 수 있도록 하였다. 개정 규정은 2019년부터 시행된단다. 이제야 겨우 법적 근거만 정비해놓았다.

지금까지 두 차례에 걸친 명절 면제 조치는 편법임을 자인한 것이다. 공기업이든 사기업이든 자율권을 최대한 보장해주어야 할 경제 주체에 대하여 법으로 명절 기간의 통행료 면제를 규정하는 것은 입법 만능 사고에서 비롯된 것이거나 입법 재량을 벗어난 것이다.

유료도로 관리자인 공·사기업은 이를 국가의 갑질이라고 생각하지 않겠는가? 많은 국민이 좋아한다고 하여서, 국민에게 선심을 쓰기 위해서 기업의 자율 결정권을 침해하고 그 손실을 세금으로 메우는 입법은 신중하여야 한다. 세금은 남의 돈이며 공돈이 아니다. 남의 돈으로 선심을 쓰는 입법은 조세 집행에서의 정의를 해친다.

(2018. 2. 22.)

# 11 | 민영 교도소 재산세 감면은 국가의 최소한의 의무

법무부 통계에 따르면 지난해 10월 말 기준 전국 53개 교정 시설에 수용된 사람은 5만 7501명이라고 한다. 수용 정원이 4만 7820명이니 9681명이 초과 수용되고 있는 셈이다.

대도시와 수도권 교정 시설은 상황이 더욱 심각하다. 특히 여성 수용자는 정원에 비해 126.4%에 달하는 것으로 나타났다. 수형자에 대한 교정 시설 운영은 국가의 가장 전통적이고 필수적인 업무 중의 하나이다.

헌법재판소는 지난 2016년 12월 구치소 1인당 수용 면적이 0.3평에 불과한 것은 헌법 위배라고 결정하였다. 보충 의견은 개선책으로 국가는 5~7년 이내에 0.78평 이상으로 넓힐 것을 촉구하고 있다.

교정 시설의 과밀 수용은 인권 침해라는 인식이 퍼지면서 과밀 수용에 대하여 국가가 기본권 침해를 배상하여야 한다는 고등법원 판결도 나왔다. 원고가 일부 승소하였으나 아직 대법원에 계류 중이다.

복지 재원이 대폭 확대되고 아동수당 등 복지 범위도 늘고 있지만 교정 시설에서의 과밀 수용으로 인한 인권 침해 문제의 개선은 갈 길이 멀다. 교도소의 증설은 기피 시설로 인식되어 지역 주민의 반대로 새로운 부지를 찾기 힘들뿐더러 기존 교정 시설의 리모델링도 답보 상태이다.

교정 시설은 국가만이 운영하는 것이 아니다. 민영 교도소도 있다. 그 근거가 2001년 7월 1일부터 시행된 민영 교도소 등의 설치·운영에 관한 법률이다. 민영 교도소는 법무부 장관의 위탁에 의하여 교정법인이 운영하며 운영 경비는 법무부 장관이 사전에 기획재정부 장관과 협의하여 지급한다.

지급 경비는 법무부 장관이 여러 사정을 고려하여 예산의 범위 내에서 정하도록 규정하고 있다. 호주, 영국, 미국 등에서는 민영 교도소를 많이 활용하고 있지만 아직까지 우리나라에서는 기독교 계열 아가페재단이 운영하는 여주의 소망교도소가 유일하다.

민영 교도소는 교정 시설 과밀화 해소에 대한 훌륭한 대안이 될 수 있다. 이를 장려하기 위해서는 국가가 앞장서서 지속 가능한 지원의 틀을 만들어주어야 한다.

현재 국고 지원은 국영 교도소의 운영 경비의 90% 수준에 그치고 시설 지원 비용은 한 푼도 없다. 민영 교도소가 더 늘지 않는 중요한 이유이다. 더 좋은 시설과 더 많은 인력을 투입하려면 막대한 재원이 필요하다. 그렇지만 기부금으로 재원을 마련하는 것은 한계가 있다. 국가의 재정 지원이 필수이다.

소망교도소는 현재 운영상의 어려움에 처해 있다. 중요한 원인의 하나가 시설에 대한 큰 금액의 재산세 등의 부담이다. 그동안 감면을 가능하게 한 지방세특례제한법이 종료되면서 재산세가 부과되고 있다.

소망교도소는 국가가 공용으로 사용하는 것과 하등 다름이 없으므로 현행 지방세법의 해석상으로도 면세가 가능하다. 그러나 판단은 법원의 몫이다. 그것이 어렵다면 국가는 민영 교도소의 재산세를 지원해주든지 지방세 감면 일몰 조항을 되살려 문제를 해결하여주어야 한다.

국가가 하여야 할 기본적인 책무를 민간에게 위탁하고 유지를 위한 최소한의 지원도 하지 않는다는 것은 무책임한 일이다. 조세 감면 제도는 이러한 경우를 위하여 있는 것이 아닌가? 소망교도소 재산세 사례는 조세 감면 대상이 과연 적정하게 선정·운용되는지를 되돌아보게 한다.

(2018. 2. 8.)

| 후기 |
2020년 6월 현재 아무런 후속 조치가 이루어지지 않고 있다.

# 12 | 김영란법,
## 방향은 맞았지만 입법은 낙제점

헌법재판소의 위헌 여부 판단을 거치는 우여곡절 끝에 지난 9월 28일부터 김영란법(부정청탁 및 금품 등 수수의 금지에 관한 법률)이 시행되었다. 온 나라가 떠들썩하다. 앞으로 우리 사회는 공직은 물론 사회 전반의 주고받는 문화의 풍속도가 바뀔 것으로 예상된다.

세법의 영역에서도 접대비 상한제 재도입 논의가 별 의미 없게 되었고, 접대비 자체에 대한 규율도 재검토하여야 할 상황에 이를 것으로 예상된다. 작년 접대비로 사용된 카드의 결제 규모는 무려 11조 7000억 원이었다. 업무 무관 비용 등의 판단도 수월하게 되었다. 좀 더 투명한 기업 활동을 이끌어내게 될 것이다.

김영란법은 입법 추진 당시부터 기대와 우려가 교차되었다. 많은 이들은 헌법재판소가 일부에 대하여서는 위헌 선언을 하지 않을까 하는 전망을 하였으나 빗나갔다. 농어민의 타격, 경제 부진의 이슈

제기도 법 시행을 막지 못했다. 투명하고 공정한 사회를 바라는 국민 대다수의 여론이 압도한 것이다.

입법 계기가 옳은 방향임은 틀림없다. 그러나 그 여망대로 김영란법이 안착할 것인지는 두고 봐야 한다. 우리의 관행과 정서를 뛰어넘는 부분이 많기 때문이다.

벌써부터 과잉 대응이 나타나고 있다. 학교 운동회 날 선생님들은 따로 교무실에서 자비로 점심식사를 하였다는 보도가 있었다. 운동회는 왜 하는지? 운동회는 공식적인 학교 잔치다. 학생, 교사, 학부모 모두가 공감대를 이루고 하나가 되자는 것이 아닌가? 행사의 꽃인 점심식사를 참여자 모두가 함께 나누면 안 된다는 것인가? 이 정도가 되면 청렴을 넘어 이상하고 어색한 일이 되고 만다. 더 중요한 가치를 포기하는 바보 같은 행태이다.

내가 독일 유학 중이던 1990년경 연방하원 의장 리타 쥐스무쓰 Rita Süssmuth가 전용차를 대학교수인 남편으로 하여금 이용하게 하였다는 사실이 드러나 연료비 상당액을 물어내게 되었다는 보도를 접한 적이 있다. 당시 나는 웬 나라가 쩨쩨하게 그런 것까지 문제 삼는지 이해하기 힘들다는 생각을 하였다. 그로부터 4반세기가 지난 오늘, 우리나라에서도 이를 당연한 것으로 법으로 받아들여야 할 상황이 되었다.

투명과 공정은 공직 관련이든 사적인 법률관계이든 현대 사회에서 막을 수 없는 추세가 되었다. 그렇지만 김영란법의 입법에 대하여 평가하라면 낙제점이다. 당초 입법을 추진하였던 김영란 전 국민권익위원장의 취지와 많이 달라져버렸다. 법안 명칭에 본인 이름이

붙고 먹어도 안 걸린다는 '영란 메뉴'까지 등장하였으니 소회가 어떠할지 궁금하다.

먼저 김영란법은 적용 대상을 너무 확대했다. 대상자가 400만이라니. 대한민국이라는 저수지에 그물을 너무 넓게 쳐버렸다. 물고기를 잡기 위해 이를 끌어올리려다가는 넘치는 물고기를 못 이겨 배가 뒤집힐 형국이다.

그물코가 넓은 곳도 있고 좁디좁은 곳도 있다. 누구는 빠지고 누구는 걸리느냐? 이러한 논쟁은 계속될 것이다. 란파라치가 한몫을 노린다지만 이 역시 위반 여부를 골라내는 것이 간단치 않아 교육 비용조차 건지기 쉽지 않을 것이다.

교통 법규 사범처럼 CCTV, 블랙박스, 스마트폰에 의하여 현장을 찍는 것만으로는 위반을 가릴 재간이 없기 때문이다. 여기에서 우리가 이 정도 수준의 법밖에 만들 수 없는가 하는 자괴감이 든다.

청렴과 공정성을 끌어올리는 것은 법만으로는 안 된다. 지킬 수 있는 법을 만들고 국민의 인식이 점차 높아지기를 기다릴 줄 알아야 한다. 이미 우리는 법 만능주의의 폐해를 숱하게 경험하고 있다. 적용 대상자를 너무 넓혀놓아 누가 적용 대상이고 누가 적용 대상이 아닌지, 어느 것이 허용되고 어느 것이 그렇지 않은 것인지 알 수가 없다.

국가권익위에서 내놓은 해설집은 이미 두꺼운 책이 되었다. 그리 복잡하여서는 잘 지킬 수 없다. 설사 위반하였다고 하여도 승복하기 어렵다. 알쏭달쏭하기 때문이다. 당초대로 직업 공무원만을 대상으로 규정하였다면 더 명확하였을 것이다.

공직자가 솔선수범한다면 파급 효과는 전 국민에게 미친다. 논란이 많은 교직원, 언론 단체를 그 대상으로 하지 않아도 실효성이 담보된다. 오늘과 같이 전 국민이 들썩일 이유도 적다. 왜 이런 입법이 나오는가?

국회에 입법 전문가가 포진하여야 하고 그들의 검증이 필수적이다. 그러나 우리 국회의 입법 과정에서 개개 의원의 힘이 너무 세다. 법안이 정치적 계산과 포퓰리즘으로 인하여 어디로 어떻게 튈지 모른다.

우리는 앞으로 좋은 입법을 위하여 얼마나 많은 시행착오와 낭비를 겪어야 하는가? 김영란법은 법을 만드는 국회와 국회의원의 책무가 무엇인지를 되새기게 한다.

(2016. 10. 6.)

| 후기 |

김영란법을 시행한 지 3년이 넘었다. 시행 초기 기존의 문화를 바꾸는 것이어서 혼란과 우려가 컸다. 입법 평가가 나오기도 하였다. 요즈음은 법을 잘 준수하여서 그런지 혹은 우리 모두가 무뎌져서 그런지 논란이 되는 일은 드물다. 실효성과 입법 기여의 측면에서 지속적인 평가가 뒤따라야 한다.

# 13 | 종교인 과세<br>이제 시작일 뿐이다

2년의 유예 기간을 거쳐 내년부터 시행 예정인 종교인 소득 과세 문제에 대해 당국과 일부 교계가 아직도 줄다리기를 하고 있다. 이미 정해진 세법을 놓고 납세자와 과세 당국이 막판까지 지루한 줄다리기를 하고 있는 것은 다른 세법의 집행에서는 볼 수 없는 일이다.

우리는 이미 1968년부터 종교인 소득 과세를 추진하여왔으니 50년 동안이나 끌어온 어려운 숙제다. 세법이나 노동 관련법의 규정상 종교인이 제공하는 교직 활동으로 대가를 받는다면 근로자가 아니라고 하기 어렵다.

인류의 시작과 함께 인간은 종교와 불가분의 관계를 맺어왔다. 특히 서양사에서 보면 세속의 법과 종교의 법이 긴장과 대립을 반복하였다. "가이사의 것은 가이사에게"라는 『성경』 구절에서 보듯이 종교인도 국가에 대한 책무에서 벗어나기 어렵다. 우리나라에서도 불교를 국교시하였던 통일신라나 고려가 사원전에 대하여 과세하지 않는 특권을 주었지만 유교를 앞세운 조선에서 사원은 쇠퇴하고 사원전도 전세 등 조세를 부담하여왔다.

우리 헌법은 종교의 자유를 보장하지만 국교는 인정하지 않고 종교의 특권도 인정하지 않고 있다. 조세는 누구나 내야 하는 국민 회비다. 조세로 국가나 지방자치단체가 살림을 한다. 국가 없이 국민이나 단체는 살아갈 수 없다.

역사적 이유로 종교 단체나 종교인은 특권을 누려오긴 했지만 이제 시대는 바뀌었다. 종교인 과세에서 과세 여론이 높다는 것은 들먹일 이유도 없다.

그동안 과세 당국은 당연한 과세 대상인 종교인 소득에 대하여 이런저런 사정으로 과세를 미뤄왔다. 과세 당국 스스로 조세 집행에 있어 조세 형평을 해하여온 것은 부인하기 어렵다. 종교인 과세에 대하여 2015년 소득세법 시행령에 근거를 만들어 넣었지만 그로써 소득 과세가 가능하게 된 것도 아니다. 확인적 의미라지만 오히려 특혜를 부여했다.

근로소득임에도 이를 기타소득으로 볼 수 있도록 하였다. 납세자가 선택할 수 있다니 유례에도 없고 정합성에도 맞지 않는다. 일반 근로자는 그 비용을 제대로 공제받지 못하고 정액으로 일부만 소득공제를 받는 데 그치지만 종교인은 기타소득으로 분류하여 80%를 비용으로 공제받게 되었다.

그 결과 대상자 23만 명 중 20%인 4만~5만 명만이 실제 과세 대상자로 추계되었다. 그중 근로소득을 택한 이는 오히려 근로장려세제에 따라 세금을 더 돌려받는 경우도 있을 것이다. 불교계의 최대 종파인 조계종도 과세에 찬성하고 있고, 천주교는 이미 1994년부터 성직자가 근로소득세를 납부하여오고 있다.

기타소득으로 과세한다면 근로소득으로 많은 세액을 부담하여온 이들은 어떻게 될까? 버티는 것이 정의가 되어서는 안 된다. 일부 교계의 반대 혹은 특별 조건의 요구가 무엇 때문인지 세상은 다 안다.

그러나 우리 사회는 급격하게 투명화되고 있다. 비밀에 싸여 접근이 어려웠던 최고 권부까지도 다 까발려져 형사소추의 위기를 맞고 있다. 누구는 왜 이미 20년 전부터 소득세를 내왔겠는가? 그것이 마땅하기 때문이다.

마땅한 일도 경우에 따라 하기 어려운 경우가 있다. 종교인 과세가 그것이다. 이제 시행이 된다 하더라도 과제가 산적하여 있다. 일반 근로자와의 형평성에 대한 위헌 문제, 종교 단체의 투명한 세무 처리 실현 등이다. 종교인, 종교 단체가 모범 납세자가 되는 것이 내부 분쟁을 막고 일반 국민으로부터 신뢰와 존경을 받는 신앙인이 되는 지름길이 아닐까?

(2017. 11. 17.)

# 14 | 누구도 모르는 유언대용신탁 세금

신탁에 대한 법제도는 우리에게 아직도 생소하다. '신탁' 하면 일반인에게는 오히려 일제 강점기 전국토지조사에서 종중의 소유를 편법적으로 인정하던 명의신탁이 익숙하다. 신탁은 구미에서 잘 발달하여 공익신탁 등은 사회복지와 안정에 크게 기여하고 있다.

우리나라는 2011년 신탁법을 개정하여 신탁을 통한 재산 관리의 새로운 틀을 도입하였다. 유언대용신탁과 수익자연속신탁이 그것이다. 특히 요즈음 주목받는 것이 유언대용신탁이다.

이 중 유언대용신탁은 재산을 물려주는 사람이 금융 기관과 계약을 맺고 생전과 사후를 나누어 재산의 수익자와 상속받을 사람을 정하는 신탁의 한 형태이다.

민법상의 유언이 엄격한 형식을 갖추어야 효력을 갖는 반면 유언대용신탁은 금융 기관과 계약 체결만으로 유언을 대체하는 장점이

있다. 생전에는 자신을 수익자로 정해 신탁한 재산에서 일정 수입을 보장받고 자신이 사망하면 상속되도록 미리 정할 수 있으니 노년에 접어든 부모에게 매력적이다.

요즘 어느 금융 기관에서 '생전에 자산 관리, 사후엔 상속'이라는 캐치프레이즈를 내걸어 유언대용신탁상품 마케팅이 크게 성공하고 있다고 한다. 세간의 효도법 제정 논의에 발맞추어 불효방지신탁이라는 신조어도 생겨났다. 복잡한 유언 절차를 피하면서 자신의 뜻대로 공신력 있는 금융 기관으로 하여금 수탁자로서 상속을 집행하게 할 수 있다는 장점도 내세운다. 금융 기관으로서는 매력적인 새로운 판매 아이템임이 틀림없다.

유언대용신탁을 활용한 가업 승계 마케팅도 화제다. 유언대용신탁과 자기신탁을 결합하는 방법으로 스스로 가업 승계를 이룰 수 있다는 것이다. 이 방법으로 상법상 의결권이 없는 주식의 발행이 전체 주식의 4분의 1로 제한되는 규정과 자본시장법상 신탁업자의 수탁 주식에 대한 의결권 행사가 15%로 제한되는 규정을 회피하여 그 목적을 이룰 수 있다는 것이다.

이 같은 제도 자체의 장점에도 불구하고 도입한 지 4년이 지난 유언대용신탁이 아직 널리 이용되지 못하고 있는 이유는 무엇일까?

우선 세법 등 관련 법 규정이 걸림돌이 되거나 아예 없다는 것이 문제이다. 우선 유언대용신탁 시 자녀 1인에게 몰아주는 형식의 신탁에서는 민법에서 보장하고 있는 공동 상속인들의 유류분 반환 청구권 행사를 감안하여야 한다. 유류분 청구권은 미리 포기해도 효력이 없다. 나중에 유류분을 주장하는 공동 상속인이 있으면 유언대용신탁을 이행하는 데 차질이 생긴다.

무엇보다 소득세, 증여세, 상속세의 과세 문제가 어떻게 되는지 불투명하기 때문에 유언대용신탁을 이용하는 데 장애가 된다. 유언대용신탁에서 피상속인이 생존 중에 발생한 수익을 갖게 되는 경우 위탁자에게 세금이 부과되는 데는 의문이 없다. 그러나 유언대용신탁에 의하여 상속인이 받게 될 수익 및 신탁 원본에 대해선 세법상 명확한 과세 근거 및 방법에 대한 규정이 없다.

유언대용신탁은 일종의 계약이므로 내용을 다양하게 정할 수 있다. 위탁자가 사망한 경우, 상속인 등 지정한 자에게 신탁 재산과 수익을 모두 주게 하는 경우, 수익권만을 주게 하는 경우, 아예 수익자를 지정하지 않는 경우 등이 모두 가능하다.

각각의 경우 상속 시에 수익자가 받게 되는 수익권에 대한 증여세와 상속세의 과세 문제는 전문가에게 물어도 답이 나오지 않는다. 법 규정 없이 이론으로만 해결할 수 없기 때문이다. 또 신탁의 성질상 수익권은 장래 이익이 대상이어서 이를 어떻게 계산할지도 법에 근거가 필요하다.

유언대용신탁에 관한 과세 법제는 나라마다 다르다. 2011년에 나온 법무부 개정 신탁법 해설을 보면 유언대용신탁이나 수익자연속 신탁에 대한 세제의 문제점을 지적하고 입법 필요성을 제시했을 뿐이다. 그동안 세법 규정 미비를 지적한 여러 연구와 논문도 나왔다. 그런데도 5년 전 제도를 도입한 정부와 국회는 아직 이에 대한 입법 노력을 하지 않고 있다. 있는 자를 위한 입법이어서 앞장서본들 득될 것이 없다고 생각하는 것인가?

이대로 방치한다면 신종 신탁에 대한 과세 대란이 일어날 것은 분명하다. 상품으로 판매한 금융 기관은 분쟁에 휘말릴 가능성이 있다. 당국은 조속히 입법에 착수하여야 한다. 어느 누구도 모르는 유언대용신탁 세금 문제를 그대로 보고만 있을 수는 없지 않은가?

(2016. 2. 18.)

| 후기 |
기획재정부 세제실에서 입법 연구 용역을 2019년에 발주하였다는 소식은 있으나 아직 입법화되지 않고 있다. 언제까지 기다려야 하나?

# 15 | 중견기업,<br>법률적 지위에 걸맞은 자리 잡기

중견기업은 아직도 일반에게 낯선 용어이다. 중소기업도 아니고 대기업 집단도 아닌 중간쯤 되는 기업을 일컫는 말이라고 짐작할 수는 있을 것이다. 급변하는 경제 환경에서 경쟁력 있는 기업 구조, 일자리 창출의 터전이라는 캐치프레이즈로 히든 챔피언, 강소기업이라는 용어가 오히려 국민에게 익숙하다.

  일찍이 중규모 기업들의 모임인 사단법인 중견기업연합회가 발족하여 활동하여왔지만 아무런 법적 뒷받침이 없는 친목 단체에 머물렀다. 우리 법전에 중견기업이라는 용어가 등장하게 된 것은 2010년 산업발전법에서부터이다. 법률적으로 지위를 부여받았지만 권리·의무에 대한 규정이 관련법에 반영되지 않았다. 2014년에 이르러서야 한시법인 '중견기업 성장 촉진 및 경쟁력 강화에 관한 특별법'이 국회를 통과하여 조세, 금융 등의 지원을 규정하고 중견기업연합회는 법정 단체로서 승격하여 활동하게 되었다.

중견기업은 중소기업의 범위를 벗어나고 상호 출자 제한 기업 집단에 소속되지 않는 기업군이다. 현행법상 자산 총액이 5억 원이 넘으면 중소기업을 졸업하게 된다. 중소기업을 졸업하면 중소기업 유예 기간의 혜택이 있기는 하지만 그것이 끝나면 조세 감면의 혜택과 금융상의 지원 없이 대기업과 동일 선상에서 경쟁하여야 한다.

이 때문에 중소기업의 틀 속에서 안주하기 위하여 기업을 분할하거나 일부러 키우지 않는 현상이 나타났다. 이를 중소기업의 피터 팬 증후군이라고 부른다.

이제 중소기업과 대기업 사이에 기업 성장의 가교를 만들겠다는 것이 위 특별법의 제정 취지이다. 2013년 말 기준 중견기업 수는 3846개, 고용 인력 116.1만 명(총 고용 인력의 9.7%), 수출액 876.9억 달러(총 수출액의 15.7%), 매출액 629.4조 원이다. 중견기업 중에는 글로벌 강소기업이 많다. 성공한 젊은 창업자들도 많다. 중견기업이 잘 성장하는 것은 우리 경제의 구조와 경쟁력을 튼튼히 하는 길이다.

수많은 청년 구직자들도 대기업에만 매달리지 말고 눈을 돌려 과감하게 성장성이 높은 중견기업에 도전할 필요가 있다. 그러나 중견기업의 앞길은 아직 순탄하지 않은 것 같다. 우선 이번 국감에서 조세 지원의 미흡함이 지적되었다.

납부된 세액 비중은 3분의 1이면서도 감면 혜택은 4분의 1도 못 건졌다는 것이다. 예컨대 중견기업이 100억 원의 세금에 9.9억 원을 감면받는 반면, 대기업 집단은 57억 원, 중소기업은 25.5억 원의 감면을 받게 되었다는 것이다. 최상위 기업 또는 하위 기업에 조세 혜택이 집중되어 중견기업으로 돌아갈 몫이 적어진 탓이라고 한다.

특별법 시행 이전 3년 동안 217개 중견기업이 중소기업으로 회귀하였다는 통계도 있다. 특별법의 취지에 따라 조세·금융 관련법 정비가 뒤따라야 한다. 한편 많은 중견기업의 과제인 기업 승계에 대한 세제 지원 문제 역시 쉽지 않다. 세금 없는 부의 대물림이라는 부정적 시각이 여전한 가운데 기업 승계에 대한 상속·증여공제액이 500억까지 상향되었고, 사후 관리 요건도 일부 완화되었지만 향후 당사자들에게는 고용이나 업종 지속 요건 등을 지키지 못함으로써 오히려 세금의 덫에 묶일 위험이 적지 않다.

외국 법제를 거울삼아 정치적 힘이나 사회적 정서에 휘둘리지 않는 균형 있는 조세 입법과 행정이 절실하다. 이번에 법정 단체화된 중견기업연합회도 아직 경제 4단체라는 기존 체제에 끼어들기 쉽지 않은 모양이다. 특히 종전에 한 뿌리였던 중소기업중앙회와의 관계 설정도 과제이다.

지방 조직에도 상공회의소와의 갈등이 잠복하여 있다. 감독 기관이 모두 중소기업청이나 특별법 입법 추진 시에도 나타났듯이 자칫하면 조직 간의 영역 다툼으로 번질 수 있다.

법제를 더 가다듬어 실질적인 지원 체계를 구축함으로써 중소기업에의 회귀를 막고 이해 집단과의 갈등을 슬기롭게 극복하여나가는 것이 중견기업 자리 잡기의 핵심이다. 중견기업이 튼실하게 되는 것은 중산층이 확고하게 떠받치는 안정된 사회 구조를 만드는 것과 다른 바 없다.

(2015. 10. 8.)

**제8장**

# 조세의 앞날

# 01 | 고령 사회 세제 준비는 되고 있나

세계보건기구WHO와 영국 대학 연구 기관은 2030년 한국 여성의 수명은 90세로 세계 최장수국이 될 것이라고 예측했다. 통계청의 발표에 의하면 2050년에는 우리나라가 고령자(65세 이상) 비율이 40%에 육박하는 최고령 국가가 될 것이라고 한다.

우리나라에서 저출산·고령화의 문제는 십수 년 동안 100조 원을 훨씬 넘기는 천문학적인 헛된 국고 투입만 있었을 뿐 나아진 것이 없다. 무엇인가 핵심을 짚지 못했다는 징표이다.

세계 여러 나라는 인구의 고령화에 따른 사회 구조, 재정 환경의 변화에 맞춰 이미 세제 개편에 나서고 있다. 시급한 처지에 있는 우리나라는 아직 어떤 것도 공표한 것이 없다. 세제 당국은 종전의 권위와 전문성이 약화되어 세법 개정은 매번 정치 논리에 휘둘리거나 그때그때의 땜질만 되고 있다.

올해 세제 개편안에도 사적 연금이나 퇴직소득에 대한 일부 부담 완화만 보일 뿐이다. 일자리 감소, 소득 구조의 변화, 자산 보유 구조의 변경, 건강보험 등 사회보험 부담의 급증 등 거센 파도가 밀려오는 데도 로드맵이 없다.

고령 사회 세제의 틀은 세 부담 주체의 변경과 부담의 적정화, 복지 제도와의 조화로 집약될 수 있을 것이다. 고령 사회에서는 숫자가 줄어드는 현역 세대에게서 과중한 소득세 부담을 덜어 세대 간의 형평을 이뤄내야 한다. 여러 나라에서 현역 세대의 조세 저항을 줄일 수 있는 소비세의 강화가 추진되고 있는 이유이다.

금융을 비롯한 자산은 고령층에게 집중되고 있다. 고령층의 세 부담 증가는 불가피하나 이 계층은 은퇴자로서 근로나 사업소득이 미미하다. 자택 보유세는 소득이 없는 이들에게는 저축금을 헐거나 빚을 얻거나 매각 이외에는 부담할 길이 없다. 기본권인 주거 보장을 위해 상속 시까지 과세를 이연하여주는 방법도 생각해야 한다.

증여·상속세 완화가 거듭 이야기되지만 현실의 벽은 너무 높다. 사회적 자산인 가업의 원활한 승계도 시늉에 그치고 있다. 우리 정서가 부에 대해 너무 부정적이고 부의 대물림에 대해서는 정의롭지 않다고 여기기 때문이다. 부자에 대한 공격을 멈추고 부자가 돈을 쓰게 하고 가업이 유지되는 것이 모두에게 이롭다는 사실을 국민이 인식하도록 하여야 한다.

최근 세대를 건너뛴 증여에 대한 할증률을 미성년자의 경우 20억 원 초과 시 40%까지 높였다. 우리보다 먼저 고령 사회에 진입한 일본을 보자. 부모나 조부모가 자녀나 손자녀에게 교육비, 주택 자금을 증여하는 경우에는 할증이 아니라 아예 각 1500만 엔까지 면세해준다. 자산이 많은 고령층 재산의 세대 이전을 촉진하여 경제를 살리고 결혼, 육아를 장려하려는 것이다. 방향이 정반대이다.

일본 금융 자산의 60%는 60세 이상의 고령자가 갖고 있다. 우리나라도 조만간 그렇게 될 것이다. 증여·상속세의 강화로 인한 동결 효과를 줄여가야 한다.

아예 상속세가 없는 국가도 많다. 수년 전 정부는 퇴직소득에 대한 세율을 연차적으로 강화했다. 고령 사회에서 퇴직금마저 고갈되면 부양은 국가 책임으로 돌아온다. 거꾸로 간 단견이다.

사실상의 조세인 건강보험은 장기요양보험까지 따로 만들어 국가 책임의 틀에 집어넣었다. 그 부담이 가중되어 벌써부터 막대한 국고가 투입되지 않으면 안 될 상황이 됐다. 일본 개호보험의 주관자는 커뮤니티 케어를 담당하는 지방자치단체이다. 지역 사회 사정에 맞는 다양한 형태로 운영된다.

2025년이면 초고령 사회로 진입하는 우리로서는 그에 대비한 재정을 뒷받침하여야 할 세제 개편이 시급하다. 그렇다고 세제만을 가지고는 미래 나라 살림을 제대로 준비할 수 없다. 고복지, 고부담이냐 중복지, 중부담이냐의 국가 정책 방향을 정하고 건강보험 등 총 국민 부담을 아우르는 청사진을 만들어 제시하여야 한다.

고령 사회 세제의 새 틀은 그 첫 단추에 지나지 않는다. 그럼에도 이조차 범정부 차원의 공론화 논의는 없다. 때를 놓치면 부담은 고스란히 국민에게 돌아온다.

(2019. 7. 25.)

# 02 │ 조세 입법,
## 평가할 때 되었다

올해 세법 개정이 마무리되는 수순이다. 모법은 지난 12월 통과되었지만 시행령이 2월 12일에 개정되었다. 시행 규칙이 남아 있지만 골자는 이미 정해진 것이다.

이번에도 어김없이 개정법, 시행령 설명이 책으로 한 권이다. 경제 현상에서 세원을 찾는 세법은 경제의 흐름에 따라 변하기 마련이다. 그러나 세법을 관통하는 좀처럼 변하지 않는 원칙과 법리가 있다.

과연 이와 같은 근본에 충실한 입법이 이루어지고 있는가? 결론은 "아니다"이다. 매년 조세 철학이나 기본 방향이 없어 땜질식, 시험적 입법이 행해지고 있다. 입법 개선의 목소리가 계속 울리지만 변화의 움직임이 없다.

예컨대 자산 평가는 과세에 있어서 가장 중요한 입법 기준이자 고도의 기법이다. 이를 기초로 상속세, 증여세, 법인세, 소득세, 지방세 등의 과세표준을 정할 수 있다. 자산 평가에 관한 규정은 각 세법에 산재해 있지만 상속·증여세법에서 정한 것이 가장 기본이 된다.

올해에도 상속·증여세법에서 증여 재산 시가 평가 기간, 시가의 적용 기준, 매매 등 사례 가액 인정 범위, 비상장 주식 평가 방법 등에 관한 소소한 개정이 이루어졌다. 특히 평가 기법에 따라 격차가 너무 큰 비상장 주식의 평가 방법은 수익 가치와 자산 가치를 두고 여러 번 바뀌어왔다.

이도 저도 어렵게 되자 평가심의위원회에서 결정할 수 있도록 하였다가 평가심의의 영역을 매매가액의 시가 인정까지 확대하고 있다. 앞으로도 이러한 땜질 입법의 흐름은 지속될 것으로 보인다. 그때그때 편한 대로 개정하면 되기 때문이다.

납세자의 권리는 안중에 없다. 평가 기준은 하나를 지향하여야 하는데 어제가 다르고 오늘이 다르다. 납세자의 예측 가능성과 신뢰를 해치고 있다.

세법의 특성상 우리나라에서도 정부가 입법을 주도하고 있기는 하지만 세법도 법률인 이상 국회가 입법권을 갖는다. 당연히 국회는 헌법에서 정하는 이념과 가치에 따라 더 좋은 세법을 만들어 법치주의 확립에 이바지하여야 한다.

자산 평가에 관한 통일적인 평가법을 만들어야 한다는 학계, 실무계의 오랜 외침은 묻히고 있다. 유언대용신탁, 수익자연속신탁 등 새로운 형태를 허용하는 신탁법이 개정된 지 6년이 지났건만 세법 적용에 대한 입법부작위로 금융사는 불안정한 상품을 팔고 있다.

언제까지 납세자에게 세법 입법 부실의 혼란과 피해를 안겨줄 것

인가? 세법 입법 시스템에 대한 근본적인 수술이 필요하다. 편의적
·즉흥적 입법을 조금이라도 막고 필요한 세법을 제때에 만들기 위
해서이다.

방법의 하나로 세법 입법 평가를 제안한다. 세법 입법 평가는 어
렵다. 헌법 적합성, 체계의 정합성에 대한 평가는 책상에서 할 수 있
는 일이지만, 입법 효과의 평가는 장기간에 걸쳐 수많은 현장 조사
와 실태 검증을 통하여 가능하다. 비용도 많이 든다. 그렇지만 이제
세법 교수, 전문가, 실무자가 참여하는 세법 입법 평가를 시작하여
야 한다.

대한변협은 2014년에 입법평가위원회를 구성하고 올해 두 번째
입법 평가 보고서를 냈다. 세법은 조세특례제한법 딱 한 건만 평가
하였다. 세법 전문가의 참여가 제한적이었기 때문이다. 세법 입법 평
가는 여러 방법이 나올 수 있다. 세법 관련 학회가 연합하여 작업을
진행할 수도 있을 것이다. 이제 지혜와 힘을 모아 시작하여야 한다.

(2019. 2. 28.)

# 03 | 세수 부족에 대비해 바꿔야 할 세제

2019년에 들어섰다. 21세기가 시작된 지 20년이 가까워온다. 21세기에 펼쳐지고 있는 정보 기술과 생물 기술의 변화는 전 인류의 삶을 예측 불가로 내몰고 있다.

기업, 일자리의 위기로 나타난 우리 사회의 과제도 그 변화의 흐름 중 하나이다. 지난해 경제 성적표는 취업자 감소, 투자 감소, 소득 격차 확대로 나쁜 평가 일색이다. 그렇지만 세수만은 30조 원이 더 걷혀 호황을 이루었다.

세수 호황은 몇 년째 이어지는 현상이다. 경기와 무관하게 기업과 개인이 더 많은 세금을 부담하였다는 징표이다. 종래 납세자의 거래 정보를 획득할 수 없었던 상황에서는 납세자가 우위에 있었다고 할 수 있다. 추계 과세와 에누리 협의 과세가 판을 쳤지만 이제 달라졌다.

거래의 전자화와 거래 정보의 축적으로 전문성을 가진 과세 관청이 오히려 납세자보다 과세 싸움터에서 훨씬 우위에 서게 되었다. 운동장이 거꾸로 기울어진 것이다. 이는 세율의 보이지 않는 사실상의 인상으로 나타나 세수 초과 현상으로 이어졌다.

게다가 매년 달라지는 세법은 납세자에게 신고나 협조 의무를 편의에 따라 부과하고 그 위반에 대하여 가산세 외에 형사처벌도 불사한다. 납세자의 세무조사에서의 권리도 높아지고는 있지만 정교해지는 거래 방식과 진화를 바로 쫓아가는 세법의 대응은 일반 납세자에게 너무 버겁다. 복잡하고 난해하여 전문가도 헷갈리는 조항이 하나둘이 아니다.

그렇지만 다들 모르는 세법 위반에 대한 제재는 가혹하다. 공정거래법, 상법 및 각종 규제 법규상의 이중, 삼중 제재는 헌법상의 과잉금지에 위반하는 경우도 드물지 않다.

세제를 바꿈에 있어서도 초읽기 식이다. 개정에 따른 경과 규정도 명확하지 않거나 제대로 두지 않고 시행 시기도 숨 가쁘게 정해진다. 납세자는 안내도 받지 못한 채 몇 년 후 과세 단계에서야 알아차리고 다퉈봐도 받아들여질 리 만무하다.

수년간 지속된 세수 호황도 경제가 뒷받침되지 않는다면 지속적인 것이 될 수 없다. 세제 환경의 변화에도 불구하고 정보 기술의 진전에 힘입어 세수가 유지되고 있지만 곧 한계에 다다를 수밖에 없다.

앞으로 납세자의 세제에 대한 불만과 갈등은 증폭될 것이다. 우리는 과연 가까이 다가온 위기에 대하여 어떻게 대처하고 있는가? 기재부 세제실만으로는 역부족이다. 21세기에 걸맞는 싱크 탱크가 필요하다. 정치적 압력에 휘둘리지 않는 전문가 집단의 목소리가 지속적으로 개선 방향을 이끌어야 한다.

이를 위해서는 국가 차원의 결단이 필요하다. 그 과제에 시동을 거는 것은 기재부의 역할이자 책무이다. 땜질 세제에 매달리지 말고 새로운 시대에 맞는 세제에 대한 화두를 던지는 것이 첫 단추이다.

(2019. 1. 24.)

# 04 | 고령 사회 진입에 맞춰
불로소득 인식 바뀌어야

우리나라는 올해 65세 이상 고령자 비율이 14%를 넘어서 고령 사회에 접어들었다. 7년 후인 2026년이면 그 비율이 20%에 이르는 초고령 사회가 될 전망이다.

어느 나라보다도 고령화 속도가 빠르고 출산율은 더 악화되어 최저 수준이다. 미래를 걱정하는 이는 많지만 백약이 무효인 것 같다.

현 정부는 부의 편중을 바로잡기 위한 부자 증세를 가시화하고 있다. 증세 3종 세트라 하여 종부세, 금융소득, 임대소득 과세 강화 방안을 제시한 바 있다. 우선 종부세 증세 방안이 입법화 과정에 있다.

종부세는 자산 보유에 대한 과세이지만 자산 자체의 수익력이나 가치 증가를 전제로 한 것이어서 금융소득, 임대소득과 함께 넓게는 불로소득이라고 할 수 있을 것 같다. 그 밖에 상속, 증여도 불로소득의 범주에 속한다고 할 수 있다.

　불로소득은 크게는 근로소득과 대비되는 개념으로 쓰이고 땀 흘려 번 돈이 아니므로 공동 사회를 위하여 세금을 좀 더 내는 것이 마땅하다고 보는 것이 오늘의 인식이다. '부자 증세' 하면 언뜻 불로소득 과세가 연상되는 이유이다. 과연 이러한 생각이 옳은 것일까?

　불로소득의 원천인 자산의 취득 경로는 각양각색이다. 많은 재산을 상속·증여받은 금수저 계층은 부모가 반팔자라는 속담에 걸맞게 태어날 때의 복으로 불로소득을 누린다.

　그러나 대다수 국민은 청·장년기를 거치면서 본인의 땀으로 일군 노력으로 가지게 된 자산으로부터 이러한 소득을 얻게 된다. 이 경우 불로소득의 원천인 자산은 순전히 본인 노력의 결과물이다.

　이제 은퇴기가 되어 자산소득 즉, 불로소득에 의존할 수밖에 없는 계층에게도 불로소득 증세의 공식을 그대로 적용할 수는 없을 것이다. 정교한 과세의 틀을 마련하여야 하는 이유이다.

개별 납세자에 대한 광범하고 정치한 과세 자료의 축적으로 불로소득의 원천을 분명하게 가려낼 수 있는 여건이 마련되고 있다. 급격한 고령 사회화, 가족의 해체 현상은 고령자의 삶을 불안 속에 가두고 있다.

별다른 소득이 없는 은퇴자에게 1가구 1주택 보유세 증세는 생존의 터전을 빼앗는 일이 될 수 있다. 그나마 이번 종부세 강화 방안에서 이러한 계층의 어려움을 덜어주려는 시도가 보여 다행이다.

연령과 보유 기간에 따른 차등세율을 검토한다는 것이다. 이른바 불로소득에 대한 개별화되지 않은 증세로 고령 은퇴자에 대한 또 다른 불평등과 생존권 침해가 문제될 수 있다.

성실하게 자산을 일군 은퇴자의 노후 생활 보장 유지를 위하여 생존 기간의 저율 과세나 상속 재산에서 징수하는 과세 이연 등 새로운 과세 방안을 찾아야 한다. 그 과정에서 불로소득에 대하여 부정적이기만 한 우리의 인식을 바꾸어나가야 더 나은 조세 시스템을 갖출 수 있을 것이다.

(2018. 8. 30.)

제9장

납세 의식과 조세 문화

# 01 | 납세자의 날, 납세자의 축제 되어야

지난 5일 제52회 납세자의 날 행사가 치러졌다. 납세자의 날의 유래는 국세청이 발족한 이듬해인 1966년 3월 3일부터 시행된 조세의 날이다. 세금 없이는 나라가 하루도 버틸 수 없으니 중요한 의미를 갖는 법정 기념일이다. 이제 반세기가 넘었으나 모든 국민이 납세자일 수밖에 없는 현실에서 일반 국민의 관심은 그리 높지 않다.

행사 당일 기획재정부 주관으로 미리 선정된 모범 납세자에게 훈포장 및 각급 표창을 수여하고 연예인을 홍보 대사로 위촉하여 주목을 끄는 것이 행사의 내용이다. 모범 납세자에게는 세무조사 면제, 징수 유예, 납세 담보 면제, 주택 관련 보증료 할인, 출입국 전용 심사대 이용, 공용 주차장 무료 이용 등의 잡다한 혜택이 주어진다. 나아가 국세청 시설 이용, 은행 대출 우대 등 혜택의 확대에 노력하고 있지만 수혜자가 그만큼 감동을 받는 것 같지는 않다.

納세자의 날

　납세자의 날은 성실 납세자에 대한 포상도 중요하지만 납세자가 납세에 대한 긍지와 보람, 국가 세정에 대한 신뢰를 갖게 하는 것에 의미를 두어야 한다. 그 출발은 국정 최고 책임자, 국세청장의 납세자에 대한 감사 표시라고 생각한다. 납세자에 대한 부단한 감사의 표시는 나라 살림을 맡은 공인의 첫째 덕목이다.

　그런데 여태까지 납세자에 대한 진정 어린 감사 표시는 접해보지 못했다. 납세자의 날 행사에 국정 최고 책임자인 대통령이나 국무총리가 참석하지 아니하고 있는 관행도 바뀌어야 한다. 그러한 변화가 온다면 공직자들이 세금을 공돈으로 여기지 않고 내 돈보다 더 소중히 여기는 풍토가 자리 잡을 것이다.

　올해 행사에도 일자리 창출, 혁신 성장 지원 확대가 강조되었다. 납세자의 날에 조세 정책을 앞세우는 것은 납세자의 날의 본뜻과 조화되지 않는다. 납세자에 대한 감사와 권익 보호가 우선이다. 다행히 올해는 국세청장이 모범 납세자 전원에게 감사의 문자 메시지를 보냈다고 한다. 한 걸음 나아간 것으로 평가할 만하지만 이것으로는 부족하다. 고귀한 돈으로 납세의무를 다하는 성실 납세자에 대한 존중의 문화를 정착하여야 하고, 좀 더 납세자에게 와닿는 세금 복지 혜택을 제도화하여야 한다.

특히 고령 사회를 맞게 된 오늘, 생애를 통하여 세금을 많이 낸 납세자를 위한 노후 연금 제도는 필수적이다. 국민연금과는 별개의 틀이 되어야 한다. 이미 캐나다를 비롯한 선진국은 이러한 제도를 정착시키고 있다. 이들 국가에서는 납세자들이 노후 보장을 위하여 기꺼이 세금을 많이 내려고 한다는 이야기를 접한 국민이 적지 않을 것이다.

내기만 하거나 빼앗기기만 하는 세금이라는 생각이 납세자를 지배하는 한 후진적인 납세 문화를 바꿀 수 없다. 이러한 제도의 개선은 입법에 의하여야 하지만 시동을 걸어야 할 주체는 과세 당국이다. 납세자의 날이 납세자 모두의 축제가 되기 위해서는 획기적인 발상의 전환이 필요하다.

(2018. 3. 8.)

# 02 | 늘어나는 국고 도둑, 누가 기꺼이 세금을 내겠는가

나라든 가정이든 잘 벌어도 씀씀이가 제대로 되어 있지 않으면 살림살이가 나아질 리 없다. 나라의 벌이는 납세자가 내는 세금이 주축이다. 세금은 내는 사람과 쓰는 사람이 다르다. 국민은 나라를 믿고 세금을 낸다. 그 세금이 줄줄이 도둑질당한다면 어떻게 될까? 도둑질을 막을 책임은 당연히 정부에 있다.

세금 중에서 복지나 경제 활성화 지원을 위해 개인이나 기업에 막대한 돈이 보조금이라는 명목으로 지급된다. 보조금은 기초연금이나 일자리안정자금이 가장 큰 규모라지만 셀 수도 없는 각종 보조금을 만들어 거저 주고 있다.

현 정부에 들어 보조금 규모는 2017년 94조 5000억 원에서 올해 124조 4000억 원으로 늘었다. 2017년 국세청이 세무조사를 통하여 징수한 세금이 7조 원에도 못 미치는 상황이니 보조금으로 쓰이는 금액이 얼마나 큰 것인지 알 수 있다.

이러한 보조금을 각종 허위 신고나 편법에 의하여 도둑질해간 부정 수급 건도 부쩍 늘었다. 올해 1~7월만 해도 그 금액이 1854억 원이고 12만 869건이나 되었다. 작년 같은 기간에 비해 2.8배 많은 수치다. 적발되지 않은 건은 얼마나 될지 가늠하기도 어렵다.

보조금 도둑은 탈세와 다르지 않다. 세금 탈루나 조세범에 대해서는 과중한 가산세나 조세 포탈죄로 응징한다. 사회적으로도 탈세자, 탈세 기업으로 지탄의 대상이 되고 고액 체납자는 명단이 공개되어 망신당하는 것도 법제화되어 있다. 청문회를 거치면서 공직 후보자가 내지 않은 세금을 추가 납부하는 것이 다반사이다. 고의든 실수든 세금 탈루는 무섭다.

보조금 도둑은 딱 들어맞는 형사범죄이지만 보조금 부정 수급으로 불린다. 부정 수급이라는 용어가 틀린 것은 아니지만 범죄임에도 비난 가능성이 적게 느껴진다. 개중에는 단순 실수가 있는 경우도 있지만 거의 고의적인 속임수로 받아간다. 사망한 부모의 기초연금을 계속 받아가는 자녀들의 문제로 골머리를 앓는 것은 다른 나라가 먼저 경험한 일이다.

이에 생존 확인 증명서가 수급 요건으로 등장하기도 한다. 허위 계획, 보육원 원생 부풀리기, 유령 직원 신고, 무직자 행세 등 보조금을 가로채는 방법은 셀 수도 없다. 이들 보조금 가로채기는 나라를 속이는 사기 행위이다. 동시에 보조금 관리에 관한 법률 위반의 죄책도 지게 되지만 보조금 도둑은 더 횡행한다.

보조금은 공돈이라는 잘못된 인식이 퍼져 있는 것도 복지 확대의 부작용이다. 정부는 그 대책으로 적발 공무원 확대, 적발 시 바로 고발 조치, 환수액의 30%를 지급하는 신고 포상금 지급 한도 폐지 등을 내놓았다. 이러한 방안이 방만하고 천차만별인 보조금 도둑을 막아낼지 의문이다.

보조금 규모는 빠르게 늘고 있으나 세수는 뒷걸음질치고 있다. 올 1~8월 세수는 작년보다 3.7조 원이 감소하였고 재정 적자는 50조 원에 이른다. 더구나 국가 채무는 급격히 늘어 8월 말 기준 700조 원에 육박하고 있다. 앞으로 나라 살림살이가 걱정이다.

어려운 형편에 세금을 내는 국민의 눈에 보조금 펑펑 쓰기와 보조금 도둑의 증가는 어떻게 비칠까? 납세자라면 누구라도 이렇게 줄줄이 새는 세금을 왜 내는가 하는 회의를 품게 된다. 정부가 국고 도둑을 막지 못한다면 국민에게 세금을 잘 내라고 할 염치가 없다.

바람직한 조세 문화를 정착시키기 위해서는 세금을 잘 걷기 위한 엄정한 세무조사도 좋지만 걷은 세금을 제대로 집행하는 것이 먼저이다. 세금은 눈먼 돈이라는 말을 바꾸는 것이 정부의 최소한의 책무이다.

(2019. 10. 17.)

# 03 | 세금 표기와 납세 의식

우리 국민이 내는 세금 수준은 점차 높아지고 있다. 세금뿐 아니라 각종 건강보험료 등 사회보험료, 부담금도 소득이나 재산에서 지불하여야 한다. 개개의 납세자는 개인이 신고해야 하거나 납세 고지를 받게 되는 소득세, 재산세, 자동차세 등 직접세에는 모두 민감하다. 전년도 혹은 지난번의 세금과도 간단히 비교하기 쉽다.

우리나라 전체 근로소득자 중 43%가 한 푼도 소득세를 내지 않아 조세 형평이 어그러지고 있지만 사실상 이들이 세금을 내지 않는 것은 아니다. 부가가치세, 유류세, 담배소비세 등 소비 단계에서 물게 되는 간접세는 물품이나 용역의 대가와 함께 지불되므로 세액을 따로 인식하기 어렵다. 더구나 간접세액의 총액이 얼마인지 아는 납세자도 없고 관심도 기울이지 않는다. 고지서나 신고가 없는 세금이기 때문이다. 이들 간접세는 총 세수의 3분의 1을 넘는 거액이

다. 납세자가 소비 시에 그로 인하여 부담하는 세금을 분명하게 인식하도록 하는 것이 필요하다.

근래 음식점에 대해서 부가가치세 등을 포함한 총액을 메뉴판에 기재하도록 행정 지도를 하고 있다. 왜 그렇게 종전 방침을 변경한 것인지는 잘 알 수 없지만 소비자 입장에서 세금을 따로 염두에 두지 않고 세금 포함 금액으로 소비를 결정하는 것이 좀 더 편하다는 점이 반영된 것이 아닌가 싶다.

그렇지만 과연 이러한 조치가 타당한 것인가? 선진 각국에서는 부가가치세나 소비세에 대하여 물건값에 합산하지 않고 별도로 표기하고 있다. 국내 소비에 익숙하다가 외국에 가서 그에 붙는 간접세를 잊고 예상보다 높게 나온 청구서에 의아했던 경험은 누구나 있을 것이다. 이들은 왜 그러한 번거로움을 감수하고 있는 것일까?

선진 각국이 편리함을 버리고 상품에 세금을 포함하지 않는 표기를 원칙으로 하는 것은 상품의 대가와 세금은 본질이 다르다는 원칙을 지키고 있는 것에 불과하다. 물건이나 서비스 가격은 사업자가 결정하는 것이고 세금은 세법에 의하여 따라붙은 것이니 성질이 본질적으로 다르다는 점을 서로 주지하자는 것이다.

우리와 같이 세금이 포함된 음식 가격을 표시하게 하면 소비자는 그 통째를 음식값으로 인식하고 소비를 선택하고 비교하기 마련이다. 공급자는 그 전부가 자신의 수입이 아닌데도 상품의 대가를 비싸게 받는 것으로 인식되어 좀 억울하게 느끼지 않을까 싶다.

우리가 다시 원칙으로 돌아가 상품값에 세금을 포함하지 않는 것으로 하여야 할 이유는 무엇일까? 올바른 납세 인식과 납세 문화를 위하여서이다. 그렇게 함으로써 경제 행위에 빠짐없이 따라붙는 세금의 엄중함과 부담을 인식하게 되고 내가 내는 세금의 쓰임의 적절성에 대한 감시자가 될 수 있기 때문이다.

모든 납세자가 세금을 공돈이 아닌 내 돈으로 인식하게 된다면 재정 집행의 효율성과 투명성이 확보되고 복지 포퓰리즘도 발을 붙이지 못하게 될 것이다. 때로는 조그만 변화가 큰 사회적·정치적 진전을 이루어낼 수 있다.

(2019. 4. 5.)

# 04 | 세금을 많이 내 기쁘다

"세금을 많이 내 기쁘다." 이는 얼마 전 모 일간지에 실린 노철학자 김형석 교수님의 칼럼 코너 「100세 일기」에서 읽은 글의 제목이다. 본인도 작년에 상금과 저작물 인세 등의 수입으로 종합소득세 3000만 원을 내셨다면서 세금의 가치를 보니 대한민국에서 몇 해 더 살고 싶어졌다고 쓰셨다.

조세 문제를 오랫동안 접해온 나에게는 감동적인 글이었다. 그 글에서 김 교수님은 세금의 가치를 새삼 느끼게 한 사례로 마라톤 영웅 고 손기정 씨의 상금에 대한 세금 자진 납부와 캐나다에 이민한 친구가 캐나다에서 살고 보니 교회에 헌금하는 것보다 세금을 더 많이 내고 싶어진다는 이야기를 하였다는 것을 들고 있다.

대한민국에서 수많은 혜택을 받아왔다는 생각, 캐나다에서 받은 감동적인 무료 의료 서비스에 대한 감사가 그분들의 세금에 대한

인식을 새롭게 한 계기가 아닐까?

우리나라의 세수는 최근 줄곧 예상 목표를 초과 달성하고 있다. 세수는 경기가 호황이면 저절로 늘어난다. 그렇지 않은데도 세수가 늘고 있는 것은 조세 행정이 정교해진 데서 기인한다. 거래 수단의 전산 정보화는 거래를 투명하게 드러나게 하였고 이로 인해 세금을 숨기기 어려워졌다.

국세청의 방대한 전산 자료 분석은 개별 납세자를 훤히 들여다보고 있다. 탈세 유인이 줄어들고 납세자들에게는 자진 납부가 낫다는 생각이 확산하고 있다. 확실히 종전보다 세금을 많이 낸다.

그렇지만 아직도 근로자의 47%가 한 푼도 소득세를 내지 않는 불평등은 개선되지 않고 있다. 내는 사람과 쓰는 사람이 다른 것임은 물론 땀 흘려 낸 세금을 공돈으로 보고 돈 따먹기에 골몰하는 정치권·단체·개인이 늘어가고 있다. 그래서는 세금을 많이 내서 기쁘다는 납세자가 많아질 수 없다.

성실 납세자의 상실감만 더 커지고 있는 것이 아닌가? 그러면 대책은 무엇인가? 우선 내가 낸 세금이 허투루 쓰이지 않도록 납세자의 재정 감시를 확대하고, 성실 납세자에 대한 국가의 제도적 혜택을 마련하는 것이 급하다. 그래야 국민의 세금에 대한 의식을 건전한 것으로 바꾸어갈 수 있다.

그렇지만 이 문제는 아직도 국정 과제에서 뒷전으로 밀리고 있다. 세금을 많이 내서 기쁘다는 국민이 다수가 되는 세상은 멀기만 하다.

(2018. 7. 12.)

| 후기 |

「2019 국세통계연보」에 따르면 면세 근로소득자 비율은 38.9%로 나타났다. 소득 금액의 증가로 인한 것이다. 그렇지만 다른 선진국에 비하면 여전히 높다.

# 05 | '정부가 책임진다'는 의미 알고나 쓰자

국가라고 하든지 정부라고 하든지 이들이 어떠한 업무를 하면 돈이 들어간다. 그 돈은 세금이나 정부의 부채로 충당한다. 궁극적으로 돈의 부담자는 납세자인 국민이다. 국가나 정부가 부실하게 살림을 살면 고통은 그대로 국민에게 전가된다.

생존에서 복지로 국민의 삶에 대한 패러다임이 바뀌게 됨에 따라 공공의 재정 수요는 급격히 늘어났다. 새 정부의 증세 방안도 국민의 복지 욕구를 충족하기 위한 재정 확충 방안이다. 대선 공약이나 정책 과제는 든든한 재정 없이 수행할 수 없으니 그 방안의 적정성을 떠나 증세의 길로 가는 것은 당연한 귀결이다.

박근혜 정부가 증세 없는 복지라는 허구적 수사로 혼이 난 것도 교훈이다. 국가의 책무에 대한 국민의 인식 변화와 복지 욕구는 정부에 더 큰 기대와 책임을 요구한다. 종래에는 자기 개인 책임에 속하는 것으로 받아들인 일도 이제 정부, 지방자치단체에 책임을 돌린다.

예컨대 천재지변과 각종 사고는 과거에는 어쩔 수 없는 불행으로 받아들여졌지만, 이제는 사정이 달라졌다. 어떠한 꼬투리만 있어도 국가나 지방자치단체에 책임이 있다는 주장을 하고, 안 받아들여지면 법정으로 끌고 간다.

여기에서 국가나 정부가 국민 개인에 대하여 책임을 진다는 의미를 새겨보자. 국가의 책임 영역이 넓어지면 국민은 마냥 좋아지는 것일까? 아직도 대다수 국민은 물론 공직자조차 세금은 공돈이라는 생각에 젖어 있다. 툭하면 국가 책임, 정부 책임을 거리낌 없이 이야기한다.

요즈음 탈원전 공약을 둘러싼 공방에서도 그렇다. 주무장관은 원전이 영구 중단된다면 정부가 모든 법적 절차와 보상 책임을 지겠다고 공언하였다. 신고리 5·6호기의 공사 일시 중단으로 발생하는 협력 업체의 손실비용 1000억 원은 산하 공기업인 한수원이 책임져야 한다는 말도 덧붙였다.

탈원전 논란으로 발생한 손실에 대한 정부 책임이란 바로 수조 원에 달한 손실을 세금으로 메우겠다는 것이다. 그에 따른 엄청난 세금을 따로 내야 할 납세자는 안중에 없는 발상이다. 치매의 국가 책임, 건강보험 수혜 확대, 고교 무상 교육 등 다 이상적인 목표이기는 하다.

국민 여론을 물으면 다들 좋다고 한다. 그렇지만 자신도 이러한 복지 비용을 부담하겠다는 계층은 30%밖에 안 된다는 통계가 있다. '복지는 나에게 그 돈은 남의 주머니에서'라는 기대가 작동하기 때문이다.

조세의 역사는 왕권의 욕심과 무산다중의 분배 욕구를 제어하고 조정하는 쪽으로 발전해왔다. 세금을 내는 국민이 그 일에 과연 동의할 것인지에 대한 생각 없이 걸핏하면 국가 책임, 정부 책임을 말하지 말라. 그야말로 무책임한 행태이자 도덕적 해이를 보여준다.

재판에서도 국가나 정부의 책임을 확대하는 경향이 나타나고 있다. 어떤 판결에서는 사회복지 혹은 사회안전망에 맡겨야 할 사안에 대하여 국가나 정부에 광범한 책임을 지우는 경우가 보인다. 그러나 과거와는 다른 잣대를 적용하여 국가나 정부의 책임을 인정해나간다면 이는 개인이 책임져야 할 일을 국민 전체의 책임으로 바꾼다는 것임을 알아야 한다.

그 책임은 곧 세금을 의미하므로 책임으로 인한 배상액에 대하여 과연 납세자가 승복할 것인지 한 번 짚어보아야 마땅하다.

일본 교세라의 창업자인 이나모리 가즈오는 "소선小善은 대악大惡과 닮아 있고 대선大善은 비정非情과 닮아 있다"고 말했다. 새겨들어봄 직하다. 공직자에게 국가나 정부의 책임이란 곧 세금 책임이라는 인식이 확고하지 않다면 제대로 된 선진 사회가 되기 어렵다.

(2017. 8. 24.)

# 06 | 뒷걸음치는 납세 의식의 해법은?

우리 국민 10명 중 6명은 증거 자료가 없는 현금 매출이 생기면 굳이 과세 당국에 신고하지 않겠다고 생각하고 있다. 한국조세재정연구원이 지난해 국민의 납세 의식을 설문 조사하여 나온 결과이다. 이는 2012년 조사 때의 10명 중 5명에서 한 명가량이 늘어난 것이다.

증거 자료 없는 현금 매출은 촘촘해진 과세 정보의 그물망에서 빠져나갈 길이 좁아지고 있는 것이 현실인데도 말이다. 다른 설문 조사에서 "납세는 국민의 의무이기에 전부 낸다"고 답하는 국민은 40.6%로 역시 2012년 조사 때의 64.8%보다 크게 낮아졌다. 납세 순응도가 급속도로 내리막길을 걷고 있다.

왜 그럴까? 과세 당국의 징세 강화도 그 응답에 영향을 미치겠지만 제한적인 것으로 보인다. 국민의 납세 의식이나 납세 행동은 심리학의 연구 대상으로 흥미 있는 주제이기도 하다. 납세 의식이나 납세 행동에 영향을 미치는 요소는 다양하다.

'세금에 대해 국민이 얼마나 알고 있나? 어떻게 걷어 어떻게 써야 하나? 누가 세금을 더 내야 하나?' 등이다. 국민의 조세에 대한 지식, 공정 사회와 세금의 관계, 부자와 빈자 및 근로소득자와 자영업자의 조세 배분이 이에 영향을 준다.

납세 의식이나 납세 행동은 주로 경제적 관점에서 다루어왔으나 납세자 개인은 합리적이고 경제적인 원리에 의해서만 행동하지 않는다고 한다. 인간은 심리적이고 사회적이며 더 넓게는 문화적 원리에 따라 행동하는 존재이므로 납세 행동을 예측할 수 있는 심리·사회적 변인을 검토하고 이를 문화적 시각에서 이해하여야 한다고 보는 것이 심리학자들의 입장이다.

우리 국민을 상대로 한 어느 연구 결과에 의하면, 전반적으로 사회가 공정하다고 인식할수록 자발적 납세 행동이 증가하지만 탈세나 절세와 같은 납세 회피 행동도 증가하는 것으로 나타났다.

이러한 경향은 납세자 개인의 납세관에 따라 달라진다고 한다. 납세 윤리가 높으면 사회의 공정성과 관계없이 납세 행동을 하지만, 낮은 경우에는 사회가 공정하다고 인식할수록 자발적 납세 행동과 납세 회피 행동이 동시에 증가하게 된다는 것이다.

공정한 사회의 구현이 반드시 건전한 납세 행동을 촉진하는 것은 아니라는 결론이다. 해결책으로는 납세자의 납세 관련 태도를 변화시켜 높은 납세 윤리 수준을 갖추도록 하여야 하는데 납세자가 납세에서 평등 가치를 추구하고, 돈의 의미를 성공의 상징이 아닌 가계의 수단으로 인식할 필요가 있다고 제안한다.

납세 문화를 바꾸어야 한다는 제안에 이의를 달 수 없지만 그보다 시급한 문제가 있지 않을까? 위 설문 조사에서 "낸 세금에 비해 나라에서 받은 혜택이 적다"고 응답한 비율이 79.3%라는 결과도 나왔다. 현재 근로소득자 중 한 푼도 세금을 내지 않는 비율이 40% 정도로 높아졌다.

전체 국민을 두고 보면 간접세는 잘 인식이 되지 않는 것이고 실제 소득세나 다른 직접세는 내게 되는 비율은 높지 않다. 국민의 복지는 한 세대 전과 비교하면 놀랄 만큼 잘 갖추어져 있다.

동사무소가 주민복지센터로 탈바꿈하였다. 아동 보육, 빈곤층 소득 지원은 우리 선대들이 경험하지 못한 혜택이다. 그런데도 왜 그러한 대답이 나왔을까? 경제가 좀처럼 회복되지 않고 청년 실업이 늘며 금수저, 흙수저 논란, 빈부의 격차 확대라는 여러 경제·사회적 요인이 납세 의식에까지 부정적 영향을 준 것이 아닐까?

그것이 사실이라면 뒷걸음치는 납세 의식을 다시 회복하기 위해서 납세 윤리를 강조하는 것만으로는 어려움을 반증하는 것이 된다. 그러면 해결책은 무엇인가? 국민이 느끼는 '세금을 올바로 걷어 제대로 쓰고 있는가?' 하는 의문을 풀기 위한 국회와 정부의 고민과 조치가 미흡한 것이 안타깝다. 이러한 납세자의 의문을 해소하는 것이 납세 의식을 회복하는 선결 과제이기 때문이다.

(2016. 5. 19.)

# 07 | 경제 민주화는 있는데 정치의 경제화는 없나?

20대 국회 총선 결과는 많은 이의 예상을 뒤엎었다. 정치권의 지각이 요동치면서 여소야대가 되었고 제2 야당이 약진하여 캐스팅 보트를 쥐는 형국이 되었다. 총선 대비로 제1 야당의 얼굴이 바뀌더니 지난 대선 때 여당이 핵심 공약의 하나로 내세운 경제 민주화가 다시금 야당을 통하여 정치권의 이슈로 재등장하였다.

『시사상식사전』은 '경제 민주화'에 대하여 정치권과 시민 단체를 중심으로 대기업에 쏠린 부의 편중 현상을 법으로 완화하여야 한다는 주장을 통칭하는 말이라고 풀이하고 있다.

경제 민주화라는 용어는 실정법에 근거하고 있다. 헌법 제119조(경제 질서의 기본, 규제와 조정) 제1항은 "대한민국의 경제 질서는 개인과 기업의 경제상의 자유와 창의를 존중함을 기본으로 한다"고 규정하고, 제2항은 "국가는 균형 있는 국민 경제의 성장 및 안정과 적정한 소득의 분배를 유지하고, 시장의 지배와 경제력의 남용을 방지하며, 경제 주체 간의 조화를 통한 경제의 민주화를 위하여 경제에 관한 규제와 조정을 할 수 있다"고 규정한다.

자유 경제를 기본으로 하되 국가가 이에 대하여 규제와 조정을 할 수 있다는 것으로 내용은 종전의 헌법 규정과 크게 다른 바 없다.

그러나 헌법에서 경제의 민주화라는 용어를 사용함으로써 과연 그것이 무엇인지에 대한 이념, 개념 논쟁으로 변질된 면이 있다. 헌법에서 이 용어를 쓰지 않아도 그 의미는 분명하다. 경제사적으로 보면 시장에서의 자유주의 원칙을 유지하되 그동안의 폐해에 대한 역사적 경험에서 국가가 일정 부분 개입하여 경제에서의 조화를 이루겠다는 의미로 해석된다.

사실 민주라는 개념은 정치 체계에서의 정치적 의사결정 방법에 관한 것으로서 시장이 지배하는 경제 원리와 같이하기가 어려운 개념이다. 따라서 헌법상의 경제 민주화는 그리 적절한 용어는 아니다.

정치나 법이 경제에 관한 의사결정을 하였다고 의도하는 경제 효과가 바로 따라오는 것은 아니다. 시장이 이를 받아들일 여건이 되어 있어야만 한다. 국회가 중소기업의 보호, 근로자 정년이나 임금 인상, 직장 여성의 육아 보장 등에 대하여 아무리 이상적인 법을 만든다 하여도 경제 주체가 감당할 수준이 아니면 시장과 경제가 붕괴되어 그 목적 달성은 불가능하게 된다.

국회에서는 표를 의식한 복지 공약을 내세우고 이를 지킨다고 그에 관한 경제 입법을 추진한다. 입법만으로는 되지 않는데도 말이다. 게다가 19대 국회는 국회선진화법이라는 괴물에 덜미를 잡혀 여야가 입장이 다르면 아무것도 할 수 없는 상황을 초래하였다.

국회 무용론·해악론이 나왔던 것도 나무랄 수 없게 되었다. 경제 민주화의 구호도 좋지만 자유 경제 질서의 본질을 무시해서는 안 된다. 그 한계를 준수하여야 한다.

그런데 경제의 민주화를 둘러싼 논쟁만 분분할 뿐 정작 국민의 다양한 의사를 조정하고 필요한 입법을 제대로 제때에 하여야 할 국회가 그 책무를 저버려왔다. 이제 19대 국회는 막을 내릴 판이다. 이른바 경제의 민주화가 중요하다면 정치의 경제화는 오늘에 더 시급한 과제이다.

정치의 경제화는 정치 과정에서의 의사결정의 효율성과 신속성을 확보하여 본래의 정치적 책무를 다하는 것이라고 생각한다. 19대 국회의 법안 처리율은 43%로 역대 최저, 법률 통과에 평균 500일이 넘었다고 한다. '식물 국회'라는 오명을 듣고 있다.

개원 협상부터 시작하여 끊이지 않은 소모적인 논쟁, 연계 입법 주장, 게다가 다수결의 원칙을 훼손할 수 있는 국회선진화법까지 가세하여 정치는 제 책무를 가장 못하는 영역이 되어버렸다. 국회의원에 대한 무노동 무임금 주장은 근래에 나오기 시작한 화두이다.

정치가 본연의 책무를 다하기 위하여서는 이제 정치도 효율성을 추구하는 정치의 경제화로 눈을 돌려야 한다.

(2016. 4. 21.)

# 08 | 정치인의 공약은 세금 고지서

새 대통령이 선출되고 정부가 새로운 진용을 갖춰가고 있다. 국민의 관심은 새 정부 출범에 따른 변화이다. 그 가운데 공약의 내용과 이행에 초점이 맞춰진다. 대개 언론이 이 이슈를 주도하며 언론사마다 갖는 성향에 따라 시각이 다르기 마련이다. 국민의 입장에선 자신의 처지에서 공약 사항의 득실과 앞으로 다가올 영향을 생각한다.

이번 대선 기간에도 어김없이 후보들의 공약이 쏟아졌다. 모두 실현되어야 하거나 실현되면 좋은 내용이다. 각 후보의 성향이나 이미지가 투표를 가늠하는 가장 큰 잣대가 되지만, 차이가 뚜렷하지 않으면 공약의 내용에 따라 지지가 갈라진다.

그러면 후보가 내세운 공약은 어떻게 이행해야 할까? 재원만 충분히 마련되면 걸림돌이 없을 것이다. 문제는 재원이고 그 재원은 세금이 주가 된다. 국채 발행은 미래의 세금을 당겨쓰는 것으로 다음 세대에게 짐을 전가하는 것이다. 하책下策이다.

문 대통령의 공약을 임기 내 실천하려면 178조 원이 소요된다는 분석이 나와 있다. 이번에도 공약이란 다 실천할 수 없으니 바로 실천할 수 없는 것, 우선순위를 두어야 할 것을 정리하여 공약을 리모델링하여야 한다는 주장이 줄을 잇고 있다.

당연한 주장이기는 하지만 유권자들은 매번 많은 공약公約이 공약空約이 되고 마는 것을 뻔히 알면서도 공약에 대한 기대를 거두지 않는다. 재원 마련은 공약한 사람의 몫이고 약속은 지켜야 한다고 믿는다.

그렇지만 이것이 과연 합리적이고 현실적인 생각인지 되돌아보자. 문 대통령의 공약 재원 마련 방안으로 법인세·소득세율 인상, 각종 세액 감면 축소 등을 들고 있다. 흔히 예상되는 증세 수단이다.

박근혜 정부에서 '증세 없는 복지'라는 공약의 허망함을 재확인한 국민에게 공약 실천을 위해 증세를 내세운 것은 상식적인 일이다. 그렇지만 그 증세 방안이 모호하다는 비판은 이미 각 후보 모두에게 공통된 것이었다. 선거 전략상 상세한 증세 방안은 도움이 되지 않기 때문이다.

이제 선거는 끝났다. 좀 더 냉정해져야 같은 실망을 되풀이하지 않게 될 것이다. 우리는 아직도 국가와 세금과의 관계를 잘 인식하지 못한다. 국가가 책임져야 한다고 하는 경우가 너무 늘고 있다.

국가가 따로 있는 것이 아니다. 국가가 책임진다는 의미는 세금이 책임진다는 의미와 같다. 납세자인 내가 낸 돈으로 문제를 해결한다는 뜻이다. 이렇듯 세금이 책임져야 하느냐고 바꿔 질문한다면

국가가 책임져야 할 일은 좀 더 좁아지지 않을까?

복지 재원도 다를 바 없다. 복지 공약은 납세자인 내게는 세금 고지서인 셈이다. 4대 중증 질환 건강보험 강화나 미세먼지 줄이기 정책도 국민이 더 많은 부담을 안아야 가능한 일이다. 너무 상식적인 명제임에도 이를 인식하는 경우는 많지 않다.

다수 국민은 복지 증진에 동의하지만 내가 더 세금을 낼 용의가 있다고 대답하는 경우는 의외로 적다. 국민대통합위원회가 2015년 조사한 바에 따르면 복지를 위한 추가 부담에 동의한 비율이 31%에 불과하다. 우리는 아직 '복지는 좋지만 내 돈이 아닌 남의 돈으로'라는 뒤처진 사고에 머물고 있다. 그래서 복지 증진은 항상 기대에 어긋나는 결과를 초래한다.

공약의 이행과 관련해 스스로 좀 더 세금을 낼 생각이 없다면 기대하지 않는 것이 낫다. 지금, 나아가 미래에 필요한 것은 국가가 개인의 복지 문제를 해결하는 것은 부차적이라는 생각이다. 국가가 나서는 복지가 중요하긴 하지만 개인이 국가에만 기대지 않고 스스로 만들어가는 정신이 뒷받침되지 않으면 행복한 미래는 다가올 수 없다.

(2017. 5. 18.)

# 09 | 성실·고액 납세자에게도 박수를

요즈음 세수가 계속 호조를 보이고 있다. 올 5월까지 걷힌 국세가 123조 8000억 원으로 지난해 같은 기간보다 11조 2000억 원이 늘었다. 작년에는 전년 대비 역대 최대인 24조 4000억 원이 더 걷혔다.

이대로 간다면 기록 갱신이 예상된다. 이로 인해 국세청의 느긋한 입장은 앞으로도 유지될 전망이다. 이에 따라 세무조사가 줄어들고 사후 검증이 축소되는 추세이다. 납세자가 반길 소식이다.

그러면 세수 증대의 원인은 무엇일까? 신임 국세청장의 분석대로 실물 경제의 호전에 따라 법인 및 개인 영업 실적의 개선, 명목 임금의 상승, 그 외에도 비과세·감면 정비, 세정 혁신 등이 요인이라고 할 수 있겠다.

이러한 세수 증대에는 수정신고 안내라는 새로운 조세 행정의 개선도 큰 기여를 한 것이 아닌가 생각된다. 그 안내 문구에 협박성이

있다 하여 국회에서 논란까지 일었다. 수정신고 안내가 위력을 발휘한 것은 문구가 아니라 그 내용 때문이다.

국세 행정 시스템NTIS의 빅데이터에 기반을 둔 과세 자료의 분석은 개별 납세자의 허술한 점을 콕 집어낸다. 그러다 보니 통지를 받은 납세자로서는 수정신고를 안 할 재간이 별로 없다.

결과적으로 이러한 시스템의 발전이 납세자의 성실 납세 의식을 높이는 계기가 될 것이다. 납세자는 종전보다 더 많은 세금을 내고 있고 앞으로는 더욱 그러할 것이다. 세금 해방일은 계속 늦춰지고 있다. 세금은 누구나 피와 땀을 흘려 얻은 소중한 소득에서 부담한다.

조세 부담은 지속적으로 늘어가는 데 반해 우리 사회는 아직 성실·고액 납세자에 대한 찬사를 보낼 준비가 안 되어 있다. 과거 우리의 에누리 신고, 타협적 과세 관행은 국민에게 이들 역시 제대로 세금을 내지 않는다는 것으로 인식시켜왔다. 그러나 이제 이러한 후진적 조세 환경은 많이 달라졌다. 탈세는 어려워지고, 바로 신체형으로 연결되는 형사처벌의 위험을 수반하고 있다.

이제는 돈으로만 때울 수 없게 된 것이다. 회비로서 움직이는 조직이라면 회비를 많이 내는 회원은 존경받고 우대받는다. 국가와 납세자와의 관계도 이와 달라질 이유가 없다. 세금을 많이 낸 납세자에게는 이들이 사업 실패나 노후에 어려움에 봉착했을 때 일정 부분을 돌려주어야 조세 정의에 맞는다. 선진국에서 시행하고 있는 세금 마일리지 제도도 도입하여야 한다.

부자 증세를 논의하는 마당이라면 이러한 제도도 함께 논의하여야 맞다. 세금은 국가를 움직이는 가장 기본적인 동력임에도 국가나 조세 행정의 책임자가 납세자에게 감사를 표하는 일은 드물다. 납세자의 날에 우수 납세자를 선정하여 표창하는 일이 고작인데 납세자에 대하여 진정 감사하는 메시지를 지속적으로 전달하여야 한다.

그래야 국가 회비를 내는 납세자도 긍지를 느낀다. 납세자가 성실하게 많은 세금을 내고도 여전히 의심의 눈초리를 받거나 존중받지 못한다면 조세 정의는 먼 사회이다. 그 변화의 첫걸음은 세금을 걷고 예산을 집행하는 모든 공직자가 가져야 할 납세자에 대한 감사의 마음이다.

(2017. 7. 13.)

# 10 | '아름다운 납세자상'과 세금 한 푼 안 내는 48%

'아름다운 납세자상'은 국세청이 5년째 시행하고 있는 납세자 포상 제도의 하나이다. 아직은 덜 익숙한 상이다. 그러면 나는 아름다운 납세자인가? 아니라면 평범한 납세자이거나 추한 납세자가 될 것 같다. 납세자란 세금을 실제로 냈든 안 냈든 세법에서 정한 세금을 내야 할 사람이다. 납세의무자가 한 푼도 내지 않았다면 추한 납세 자가 될 것 같다.

아름다운 납세자 선정은 2011년 시작되었다. 선정 기준은 5년 이상 사업을 운영하고 있는 개인 또는 법인으로서 기부, 봉사 등 사회 공헌을 실천하거나 장애인 등 고용 창출, 투명 경영으로 건실한 기업 운영을 통해 지속적으로 사회와 국가 발전에 기여하고 있거나 경제 위기를 슬기롭게 극복하고 재기에 성공한 납세자로 되어 있다.

지금까지 선정된 아름다운 납세자 수상자를 보면 주로 소규모 기

업가, 자영업자, 전문 직종 종사자가 많다. 성실 납세를 넘어 나눔을 실천하여 사회에 공헌하는 사람이 대상이다.

이들은 세금 자체에 초점이 맞춰져 훈포장이 수여되는 모범 납세 자와는 다르단다. 세금을 제대로 내고 나아가 사회에 봉사하는 것을 표창하는 것이다. 이러한 점에서 아름다운 납세자상은 여느 사회봉사상과 어떠한 점에서 차별화되는 것인지 의문이 없는 것은 아니다.

그러나 이 제도를 통하여 납세 의식과 사회 공헌을 고취할 수 있다면 그 의미가 크다. 사실 국세청은 세금을 어떻게든 거둬가는 것만을 제일로 아는 조직으로 인식되어 있다. 그러한 인식을 다소나마 누그러뜨릴 수 있는 계기가 된다면 칭찬받을 일이라고 생각한다.

수상자에게는 세무조사 유예, 출입국 전용 심사대 이용, 공용 주차장 무료 이용 등의 혜택이 주어진다고 한다. 그러나 이를 바라고 나눔을 실천하는 수상자는 없을 것이다. 성실한 납세자는 선진 국가를 이루는 기본이다. 종전보다 크게 개선되고 있지만 아직 우리에게는 더 많은 성실 납세자가 필요하다.

이를 늘리는 것은 무엇보다도 국민의 납세 의식 선진화에 달려 있다. 단지 빼앗기는 돈이 아닌 우리 공동체를 유지하기 위한 국민 회비라는 인식에 의문이 없어야 한다.

그러려면 국민 모두가 소득의 얼마간은 세금으로 내야 하고, 납세자 간 조세 불공평이 없어져야 한다. 아름다운 납세자가 많이 탄생하기 위하여서는 남아 있는 과제가 많다.

포퓰리즘 조세 입법에 휘둘려 근로소득자의 48%가 한 푼도 세금을 내지 않고, 힘들여 납세한 세금이 주고받기 예산으로 주인 없는 공돈처럼 쓰이는 현실에서 아름다운 납세자는 기대하기 어렵다.

성실한 납세자를 선정하여 포상하고 얼마간의 조세 편의를 제공하는 것만으로는 부족하다. 그 기여에 상응하는 제도적인 보상책이 필요하다. 현재 근로장려세제가 있기는 하나 이것만으로는 태부족이다. 사업이 어려움에 처하거나 노후 소득이 줄어들었을 때 납부한 세금의 일부라도 되돌려 받는 방안이 있어야 한다.

세금 마일리지 제도를 한때 검토한 적이 있으나 아직도 오리무중이다. 그래야만 세금이 현재와 미래의 나의 살림 돈이 되는 것이다. 지금의 현실은 세금은 나와 상관없는 '남의 살림 돈'이라는 인식을 나무랄 수 없는 상황이다.

(2015. 8. 6.)

# 11 | 제1회 납세자축제

지난해 12월 '숭고한 납세, 기여한 이에게 무한한 영예를'이라는 슬로건을 내걸고 납세자를 위한 새로운 행사가 시작되었다. 조세 관련 학술 단체인 한국납세자연합회, 한국세무학회, 한국조세정책학회, 그리고《조세일보》가 공동 주최한 민간 행사이다.

이와 취지가 같은 정부 차원의 납세자의 날 행사는 1970년 조세의 날로부터 시작되어 이미 오랜 연륜이 쌓였다. 이날 정부가 모범 납세자를 선정하여 훈포장을 수여하고 표창한다. 모두가 납세자인 전 국민을 대상으로 하는 행사치고는 여느 정부 주최 행사와 다를 것이 없다는 점에서 형식적 행사에 그치고 있다는 느낌을 지울 수 없다.

근래 대통령 혹은 국무총리가 행사에 참석한 예도 없다. 이런 점에서 "성실 납세, 귀하가 진정한 애국자"라는 흔히 듣는 외침은 구

호로만 들린다. 민간 차원에서의 납세자 표창은 이번이 처음은 아니다. 한국납세자연합회에서 대상을 만들어 표창한 것만도 10년이 넘었다.

이번의 납세자축제는 유수의 조세학회와 조세 언론 기관이 공동 주최의 틀을 마련한 것이라는 점에서 고무적이다. 수상 대상은 기업으로 한정하고 최근 3년간의 납세액, 업종별 납세 순위, 자진납세 여부 등을 기준으로 삼았다고 주최 측은 밝혔다.

개인은 검증이 어렵다는 이유로 제외되었다. 납세자축제가 처음 시작되었으니 완성도를 높여가는 것은 앞으로의 과제이다. 보다 객관적이고 납득할 수 있는 기준을 마련하여야 하고 개인도 당연히 대상이 되어야 한다. 그래야 납세자축제가 되지 않겠는가?

주최 측은 납세 대상의 목적을 납세에 대한 사회적 인식을 제고

하고 우리 사회 전반에 깔려 있는 반기업 정서를 완화하며 경제 현장에서 뛰고 있는 재무인들의 자긍심을 고취하기 위한 것이라고 내세웠다.

그러나 납세자축제가 연례행사에 그쳐서는 그 본뜻을 이루기 어렵다. 우리의 낮은 납세 문화는 세금을 공돈으로 인식하고 복지는 줄기차게 바라지만 세금은 네가 내라는 수준에 머물고 있다. 납세자가 존중받기 위해서는 세금의 가치를 올바르게 인식하게 하는 이벤트 이외에도 이를 뒷받침하는 제도를 마련하여야 한다.

예컨대 납세자연금 제도의 마련이다. 생애에 세금을 많이 낸 사람은 기본적인 복지의 틀인 국민연금 외에도 납세자연금에 의하여 보다 확실한 노후를 보낼 수 있게 하여야 인간의 본성과 조세 정의에 부합한다.

앞으로 납세자축제가 우리의 납세 문화의 선진화에 기여하는 새로운 동력이 되기를 기대한다. 그러기 위해서는 이 행사의 주최 단체와 기관의 확대는 물론, 납세자축제 조직위원회를 구성하여 다수가 참여하고 납세자들이 공감하는 축제의 장이 되도록 지속적으로 활동하는 것이 필요하지 않을까?

(2019. 1. 10.)

# 12 | 다운 계약서와
공직자 검증

다운 계약서는 이전에는 없었던 용어다. 이제는 모르는 국민이 없게 되었다. 고위 공직자 청문회에서 어김없이 단골처럼 등장하는 공격 대상이다. 지난번 대법관 청문회 때도 후보자 모두 다운 계약서가 지적되고, 당사자들은 사과하고 탈루 세금을 내겠다고 하였다. 진행되고 있는 헌법재판관 청문회에서도 판박이로 되풀이되고 있다. 이어질 5개 부처 장관 청문회도 다를 바 없을 것이다.

사실 납세자 중 세금 문제에 자유로운 사람은 드물다. 전 생애의 경제 활동이 세금과 연관이 되어 있고, 우리 기성세대는 그동안 엄청난 세제의 변천과 납세 문화의 변화를 경험하였다.

수십 년 전만 하여도 개인에게 세금이란 공인중개사, 법무사, 세무사가 관례에 따라 처리하면 그만이었다. 세금우대통장이라는 것이 등장하면서는 은행마다 직장마다 가족별로 통장을 만들라고 권

유하였다.

당시 일반 국민에게는 세금 탈루나 탈세는 전혀 의식에 들어와 있지 않았고, 과세 당국도 문제 삼지 않았다. 그것이 그 당시의 납세 문화이자 현실이었다. 특히 많은 이가 부딪치는 양도소득세는 실제 양도 차익의 파악이 어려워 기준시가를 정하여 에누리 과세하는 방법에 의하여 겨우 제도를 유지하여온 것도 사실이다.

그러다가 과세 자료가 축적되고 거래가 전산화되어 실거래가액의 파악이 가능하게 됨에 따라 변화가 시작되었다. 매매가격을 등기부에 공시하도록 하는 법제까지 마련되었다. 이제 누구도 함부로 취득이나 양도가액을 속여 양도소득세를 덜 내겠다는 생각을 할 수 없게 되었다. 제도와 문화가 달라진 것이다.

그런데 공직자 청문회라는 것이 당사자의 공직 수행의 적정성보다는 전 생애의 허물을 파헤치는 쪽으로 운영되고 있다. 공직 수행 능력의 검증이 우선되어야 한다는 지적이 있었지만 쉽사리 달라질 것 같지 않다.

다운 계약서가 사회의 관행처럼 자리 잡고 있었던 때에 유독 자신만은 실거래가격을 고집하면서 세금을 더 낸 사람이 얼마나 있었을까? 청문회장에서 다운 계약서라고 공격하는 청문위원조차 자신은 그런 일이 없었다고 장담할 수 있을까?

청문회의 단골 메뉴인 세금 탈루는 당시의 관행이나 납세 수준에 비하여 비난할 만한 행태가 있었던 경우에만 문제 삼아야 맞다. 벌써 도입한 지 오래된 공직자 청문회가 과연 공직 수행 능력을 검증하는 데 기여해왔는지 회의감만 깊게 드는 것은 왜일까?

(2018. 9. 13.)

# 13 | 존재감 없는 세금 포인트, 입법으로 진화해야

세금 잘 내는 납세자에게 주어지는 혜택이 무엇이 있을까? 우선 자진신고하면 세금을 깎아주는 신고세액공제 제도가 있다.

　세법에 정해진 것으로 그동안 많은 납세자가 양도소득세나 상속·증여세에서 자진납부를 통하여 혜택을 누렸다. 그러나 양도소득세에서는 세액공제가 얼마 전 폐지되었고, 상속·증여세에서는 세액공제 비율이 점차 축소되고 있다.

　그 밖에 내세울 수 있는 것이 세금 포인트 정도이다. 이는 성실한 납세자들이 세금 납부에 대한 보람과 자긍심을 느끼도록 한다는 착한 목적으로 2004년 도입한 제도이다. 적립 포인트로 납세 담보를 면제받거나, 성실 납세자 전용 창구를 이용할 수 있고, 민원 증명서를 택배 서비스로 받을 수 있다는 것이 그 내용이다. 2014년에는 중소기업에도 확장되었다. 그 근거는 세법이 아니라 국세청 훈령인 국세징수사무처리규정이다.

납세자가 세금을 체납하는 경우 고액 체납자 명단 공개, 출국 정지의 제재 이외에 나아가 30일간 강제 구금할 수 있는 강력한 법안도 입안되었다. 이들 모두 시행 시기에는 차이가 있지만 징수 강화를 위하여 마련된 새로운 제도이다.

신상필벌信賞必罰은 국가나 기업, 학교, 가정 교육에서도 자연스럽게 받아들이는 원칙이다. 세금을 놓고 보면 벌은 엄격하고 강화되고 있지만 상에는 매우 인색하다. 상이라고 만든 세금 포인트는 납세자에게 잘 알려져 있지 않다.

최근 개인 납세자의 세금 포인트 사용 실적은 0.1%라는 분석이 나왔다. "몰라서 못 쓰고, 알고도 쓸 곳이 적네요." 어느 기사의 제목이다. 잘도 붙였다.

납세자가 세금 포인트를 가치 있는 것으로 여긴다면 모두 앞다투어 사용할 것이다. 상을 주려면 그만큼의 값어치가 있어야 한다. 세금 포인트가 생색내기나 장식에 불과하다는 느낌을 지울 수 없다.

세금 포인트라는 상賞의 근거가 국세청 훈령이라면 한계가 뻔하다. 획기적인 발상으로 틀을 바꾸어야 한다. 국회에서 법률로 정하여 성실 납세자가 칭찬받고 긍지와 보람을 갖게 하는 수준으로 격상하여야 한다.

예산 국회에서는 세정과 관련한 온갖 법률안이 난무하지만 성실 납세자에게 혜택을 주자는 입법안은 보지 못했다. 이를 위해서 재정을 투입하여야 하는 것은 당연하다. 재정 없이는 상다운 상을 줄 수 없다.

일부 납세자에게는 근로장려세제를 통하여 세금으로 부족한 소득을 보충까지 하여준다. 성실 사업자가 세금을 많이 냈어도 파산하게 되면 체납자의 낙인만 있을 뿐이다. 국가는 사업 재기를 돕거나 노후 생활을 보장하기 위한 방안은 외면하고 있다. 국가가 너무 이기적이지 않은가?

일부 국가에서 이미 시행되고 있는 납세자연금도 도입을 검토하여야 한다. 필벌必罰만이 아닌 신상信賞이 균형을 갖추어야 선진 납세 문화를 갖게 된다. 세금을 성실하게 많이 낸 것이 보람이 되고 칭찬을 받는 사회로 나아가야 한다.

현재의 세금 포인트 제도는 도입 목적과 같이 "성실한 납세자들이 세금 납부에 대한 보람과 자긍심을 느끼는"것에 턱없이 못 미치는 것은 분명하다. 다수로부터 외면받고 있으니까.

세금 포인트는 단지 국세청의 징수 업무를 위한 것이 아닌 납세 문화를 획기적으로 바꾸기 위한 입법으로 진화하여야 한다. 이에 관한 사회적 합의가 절실하다.

(2019. 12. 12.)

제10장

조세 판결

# 01 | 조세 소송에서 국가 패소율의 허상

올해 국회 국정감사도 마무리되었다. 말도 많고 탈도 많은 연례행사이다. 이번 국감은 시민 단체 모임인 국정감사 NGO 모니터단이 1999년에 평가를 시작한 이후 역대 최저 평가인 낙제점 F를 주었다고 한다.

국정감사는 헌법상 국회의 핵심적인 권한의 하나로 행정부 감시의 중요한 수단이다. 그럼에도 정기 국감은 정파적 이익이나 의원 개인의 홍보성 한건주의에 치우쳐 좋은 평가를 받는 일은 드물다. 근본을 저버린 까닭이다.

국가 운영 정책과 집행 관련 국정에 대한 감사는 뒷전이고 국회가 나서지 않아도 될 개그맨이 던진 말, 모 인사 딸의 사립대 특혜 입학 의혹, 시위 사망자 진단서의 사인 기재 공방, 나아가 사기업의 비리 등 국정과는 거리가 먼 사안으로 국감장이 떠들썩하였다. 이러한 문제는 굳이 국정감사에서 다루지 않아도 된다. 그것 말고도 위기에 직면한 안보, 경제 등 다루어야 할 중요 사안이 얼마나 많은가?

올해와 같은 근본을 벗어난 감사 형태가 되풀이된다면 정기 국감은 폐지 논란에서 벗어날 수 없다. 올해 국세청에 대한 감사에서도 어김없이 부실 과세의 문제, 조세 소송의 패소율 문제를 다루었다.

논의의 초점이 되는 것은 조세 소송 통계이다. 국가 패소율, 고액 사건 패소율, 법률 대리인 선임률과 그 실적, 조세 환급 금액 규모 등이 도마에 오른다. 고액 사건 패소율과 패소 금액은 최근에 등장한 통계 수치이다.

국회에서는 주로 이러한 통계에 근거하여 국세 행정을 질타한다. 국가 패소율이 높다면 과세 품질이 낮은 부실 과세의 결과라고 몰아붙인다. 그에 대한 변명은 국세청의 몫이다.

조세 행정 불복 및 조세 소송의 제기 건수는 2013년 1만 2311건(10조 4116억 원), 2014년 1만 3357건(13조 4095억 원), 2015년 1만 2177건(10조 2021억 원)이었다. 국세청의 패소 건수는 2013년 2980건(1조 7616억 원), 2014년 2864건(1조 8879억 원), 2015년 2928건(2조 3119억 원)이다.

대체로 불복 건수와 패소 금액에 급격한 변화는 없는 것으로 나타났다. 법률 대리인 선임 사건의 패소율 통계도 나왔다. 선임 사건 패소율이 57.3%로서 자체 수행 패소율의 7배라는 것이다. 송무국을 강화하고 고액 사건에 대하여 사건별 특성에 적합한 조세 전문 우수 변호사를 선임하여 승소율을 높이겠다고 하였는데 예산 낭비가 아니냐는 질책도 나왔다.

　국세청은 과세 품질 향상을 위한 여러 방안을 시행하여오고 있고, 부실 과세 책임자에 대하여는 인사 불이익까지 준다. 그럼에도 불구하고 매년 같은 지적을 받는 이유는 무엇일까? 문제는 이른바 부실 과세의 원인이며 무엇이 부실 과세이고 부당 과세인가 하는 점이다. 개개의 사건에 대하여 과세 처분의 사실 관계와 근거, 소송 수행 과정에서의 공방을 살펴보지 않고서는 부실 과세로 몰아붙일 수는 없다.

　애매한 사실 관계나 법리의 모호성은 항상 소송의 결과를 예측하기 어렵게 만든다. 소송의 본질적 특성이다. 국세청은 세법에 따라 조세 행정을 집행하는 기능을 한다. 조세 법령상 사실상 및 법률상 과세 요건을 충족했다고 세무 공무원이 판단한다면 과세하여야 하는 것이 책무이다.

　법령의 위헌이나 위법, 예규나 선례의 당부는 고려 대상으로 삼을 수 없다. 세무 공무원은 법관이 아니기 때문이다. 위법이나 부당한 과세에 대한 권리 구제를 위하여 불복 절차가 마련되어 있고 그에 맡겨야 한다.

근래의 고액 조세 소송에서의 국가 패소는 대부분 국세청에 책임이 없다. 종합부동산세, 포괄주의를 규정한 증여세, 카드 회사 포인트·단말기 부가가치세 등이 고액 사건이지만 조세 법령의 유·무효, 법령 해석의 차이로 인한 것이다. 이는 집행 기관인 국세청으로서는 어찌할 수 없는 영역이다.

소송 제도가 사법적 절차를 통하여 법령의 유·무효, 해석상의 다툼을 최종적으로 해결하는 오랜 사회적 산물임은 누구도 부인하지 않는다. 조세 소송 국가 패소율이 0%이거나 그에 가까운 것은 비정상의 징표이다. 국세청이 과세할 수 있는데도 과세하지 않았다거나 법원이 납세자의 권리구제를 봉쇄하였다고 할 수밖에 없다.

고액 사건에서 전문 우수 변호사를 선임하였다고 하여 승소를 보장하는 것은 아니다. 승소 가능성을 다소 높일 수 있을 뿐이지만 방어로서는 유용한 수단인 것은 분명하다. 적당한 국가 패소율은 정상적이고 건강한 것이다. 국가 패소율만으로 논하지 말고 개별 사건을 내놓고 부실 과세 여부를 따져야 한다. 이제 통계 수치에만 기대는 국감의 함정에서 벗어나야 한다.

(2016. 10. 20.)

# 02 | 과세 처분 무효 범위 넓혀가야

납세 신고나 과세 처분에 잘못이 있을 때는 바로잡아야 하는 것은 당연하다. 이런 경우 납세자가 구제받는 방법은 경정청구나 처분에 대한 불복 제기이다.

과세 처분은 그 잘못의 정도에 따라 취소와 무효로 나뉜다. 이는 우리가 갖고 있는 전통적인 대륙 행정법 체계에 터 잡고 있어 모든 행정 처분에 마찬가지로 적용된다.

그러면 취소와 무효는 어떻게 다른가? 취소는 처분일 혹은 처분을 안 날로부터 90일 이내에 불복하여야 한다. 그나마 불복 기간은 종전 60일에서 늘어난 것이다. 반면 무효는 제한을 받지 않고 구제받을 수 있다. 무효인 과세 처분의 경우 5년 이내에 납부한 세금을 돌려받을 수 있다.

세법을 잘 알지 못하는 대부분의 납세자로서는 90일 이내에 스스로 혹은 전문가를 찾아 불복을 제기하는 것은 쉬운 일이 아니다. 뒤늦게 억울함을 알게 된 경우에는 처분이 무효가 아닌 바에야 방법이 없다. 과세 관청이 최장 15년까지 과세권을 행사할 수 있는 것에 비하면 균형이 맞지 않는다.

문제는 대법원이 끈질기게 취하고 있는 무효 요건이 엄격하다는 데 있다. 이른바 중대명백설로 처분에 중대하고도 명백한 흠이 있어야 한다는 것이다.

일반 행정 처분의 무효 요건과 특별히 구분하지 않는다. 과세 요건을 못 갖춘 경우라면 세금을 거둘 수 없는 것이므로 중대한 흠이라고는 인정하지만 세법이나 그 해석에 문제가 있다 하여 바로 그 흠이 명백하다고는 보지 않는다.

납세자 입장에서는 과세 관청이나 법원에서도 엇갈리는 세법인데 불이익을 자신에게 떠안기는 것이 납득이 되지 않는 일이다.

재정의 확보나 조세의 조기 확정도 중요하지만 국가가 걷을 세금만 걷는 것이 대원칙이 되어야 한다. 그러기 위해서는 무효의 명백성 요건을 완화할 필요가 있다.

일반 행정 처분은 그 효과가 대상자 외에 널리 미치는 경우가 많지만 과세 처분은 이해관계자가 납세자와 과세 관청으로 좁혀진다. 구제의 폭을 넓혀야 하는 이유이다.

대법원은 1995년 그리고 작년에 재차 종전의 중대명백설을 변경하려는 시도를 하였다. 그렇지만 변경하자는 의견은 다시 소수에 그쳤다.

그러나 최근 개별 사건에서는 종전의 태도를 완화하려는 경향이 나타나고 있다. 예컨대 지방세 면세 요건 관련 대법원 판결(2019.4.23. 2018다287287)이 그것이다. 문언에 따르면 분명한 면세인데도 불구하고 과세의 당위성을 내세워 과세한 처분을 무효로 보아 구제를 해준 것이다. 종전의 틀에 의하면 '해석에 다툼의 여지가 있는 경우'에는 흠의 명백성이 인정되지 않는 것이었다.

위 판결은 사뭇 접근 방식이 다르다. 위 사건의 제1심 판결과 제2심 판결은 서로 결론이 달랐다. 과세 당국이나 법원도 잘 모르는데 하물며 납세자는 어찌 답을 미리 알고 세금을 내야 하나? 바람직한 방향이다.

저출산·고령화, 복지 국가로 갈 수밖에 없는 현실에서 납세자는 앞으로 더 많은 세금을 내야 한다. 그만큼 납세자의 권리 보장이 필수적이다. 국가가 정당한 세금만을 걷겠다는 당연한 원칙을 조세 행정에서 지킬 수 있도록 해야 한다.

조세 분야에서 법원이 처분 무효 요건을 완화해 구제의 길을 넓혀가는 것이 조세법률주의의 정신이다.

(2019. 5. 23.)

# 03 | 과세 처분 무효,
어디까지 인정돼야 하나

과세 처분은 당연히 세법에서 정한 요건을 지켜서 행해야 한다. 만일 과세 요건에 어긋나거나 세무조사 등 부과 절차를 그르친 흠이 있는 경우에는 납세자는 그 처분에 대하여 불복할 수 있다. 그 흠의 정도에 따라 취소 사유가 되기도 하고 무효 사유가 되기도 한다. 취소 사유라면 처분 후 일정한 기간 내에 불복을 제기해야만 하는 제약이 따른다.

그렇지만 무효 사유라면 그 과세 처분의 효력이 전혀 인정되지 않으므로 5년의 시효에 걸리지 않으면 언제든지 납부한 세금의 반환을 청구할 수 있다. 그런데 무효와 취소를 가르는 기준은 무엇인가? 우리 세법에는 이를 가르는 명시적인 기준을 제시하지 않고 있으므로 결국 법원이 개개의 사건마다 결정한다.

종래 학설과 판례에서는 그 흠이 중대하고 명백한 경우라야 무효

라고 본다. 사실 과세 처분이 무효까지 가는 경우는 흔치 않다. 법치 행정을 달성하려면 국가가 잘못한 경우 언제든지 바로잡아주는 것이 마땅하다. 그렇지만 그렇게 되면 행정 목적의 달성에 제약이 되는 경우가 생기므로 일정한 기간 내에 불복한 경우에만 취소해준다.

과세 처분이 중대하고도 명백한 흠이 있다는 두 요건을 갖추어 무효가 되는 경우는 드물다. 흠의 중대성은 인정되지만 명백하다는 요건을 갖추지 못하였다고 판단되는 경우가 대부분이다. 이에 따라 종래 판례에서 명백성을 완화하여야 한다는 시도가 있었지만(대법원 1995.7.11. 94누4615 전원합의체 판결), 소수 의견에 그쳤다.

그로부터 20년이 지난 최근, 대법원은 다시금 무효의 요건을 완화하는 문제를 두고 전원합의체 판결(대법원 2018.7.19. 2017다242409 판결)을 내놓았다. 그 결과는 역시 종래의 전원합의체 판결을 뒤엎지 못했다. 완화하자는 의견은 대법관 4인의 소수 의견에 그쳤다.

과세 처분의 무효는 앞으로 여전히 중대하고 명백한 흠이 있어야 한다는 판단 기준이 유지되었다. 이번에 문제된 사건은 종합부동산세 세액 범위에 관한 것이다. 종합부동산세 계산에서 지방세인 재산세를 공제하게 되어 있는데 시행 규칙에서 전부 공제가 아닌 공제액의 일부를 제한한 것이 문제되었다.

이미 이 시행 규칙의 효력을 인정할 수 없다는 대법원 판결이 나와 있는 상황이다. 종합부동산세 부과 시에 불복하지 않은 납세자가 위 판결 후에 그 차액의 반환을 청구하는 소송을 낸 것이다. 세법이 잘못되어 더 많은 세금이 부과된 것으로 밝혀진 경우라면 불복 시기나 여부에 불구하고 되돌려주는 것이 조세 정의가 아닐까?

납세자의 의무 불이행에는 지나치게 가혹하고, 세 법령이나 과세 관청의 허물에 대하여 너그럽다면 올바른 사회라고 할 수 없다. 더구나 과세 처분은 납세자와 과세 당국 사이의 금전 문제로서 일반 행정 처분과 달리 제3자나 사회에 미치는 영향은 미미하다. 이러한 점에서 이번 대법원 전원합의체 판결은 아쉬움이 남는다.

(2018. 8. 16.)

# 04 | 법관의 직관과 조세 판결

최근 흥미 있는 연구 논문이 발표되었다. 장재형 박사의 「도덕적 직관이 나타나는 대법원 조세 관련 판결과 조세심판원 결정에 관한 연구」이다. 몇 개의 심판 결정과 판결을 찾아내 이를 두고 도덕적 직관이 조세법 원칙에 우선한 사례라는 주장을 펴고 있다.

장 박사가 논문에서 인용한 도덕심리학자 조너선 하이트는 저서 『바른 마음The Righteous Mind』에서 도덕적 직관을 여섯 가지 모듈로 나누었다. 배려, 공평과 부정, 충성과 배신, 권위와 전복, 고귀함과 추함, 자유와 압제가 그것이다.

장 박사는《수원교차로》증여사건 판결(대법원 2017.4.20. 선고 2011두21447 판결)을 명백한 상증법의 규정이나 입법 취지에도 불구하고 사회적 약자를 배려하여야 한다는 도덕적 직관인 배려 모듈이 작용한 것이라고 본다.

소득처분에 관한 법인세법 규정이 무효라는 헌법재판소 최초의 세법 위헌 판결에도 불구하고 법인 대표에의 사실상의 귀속이라는 사실 관계를 인정하여 처분을 유지한 대법원 판결(대법원 1997.10.24. 선고, 97누242 판결)도 예로 들고 있다. 이 판결은 회사 공동체를 배신한 회사 대표를 비난하는 감정을 발생시키는 충성과 배신의 모듈이 활성화된 결과로 보고 있다. 이러한 분석은 법관의 가치 판단에 작용하는 여러 요소를 직관의 측면에서 본 것으로 수긍이 가는 면이 있다.

나의 오랜 조세 쟁송 대리 경험으로는 '모양'이 나쁜 사건은 승소하기 어렵다. 사실 관계와 법리에만 충실하게 따른다면 당연히 같은 결론을 내야 하지만 납세자의 비난받을 행태가 끼어 있으면 결론이 달리 나기도 한다. 흔한 일은 아니지만 그 결론을 유지하기 위한 방편으로 사실 인정을 달리하여버리는 경우도 있다.

이런 경우도 도덕적 직관이 작용하는 경우라고 말할 수 있지 않을까? 장 박사는 조세 판결을 대상으로 하고 있지만 직관은 작든 크든 판단이 필요한 거의 모든 과정에 작용하는 것이라는 생각이 든다.

헌법에서 법관은 헌법과 법률에 의하여 그 양심에 따라 독립하여 심판한다고 하고 있으나 법관의 판단 과정에서는 복잡한 여러 요인이 작용하는 것을 보게 된다. 그 요인 중 중요한 축은 여론이다. 이른바 법률의 법정이 아닌 여론의 법정이 우위에 있다고 보이는 경우가 그것이다. 이러한 현상은 특히 정권의 교체 등 사회의 변화기에 두드러진다.

빗발치는 여론은 평소와 다른 잣대를 만들어 답이 달리 나오기도 한다. 주로 형사 사건에서 문제가 되지만 그것이 행정소송의 영역이라고 하여 자유로울 수 없는 것이 아닐까?

직관과 여론, 옳고 그름을 떠나서 모두가 사법 판단에 중요한 도구가 되고 있는 현실은 부인할 수 없을 것 같다. 이는 동서고금의 역사를 통하여서도 수많은 사례를 통하여서도 알 수 있다.

그러나 직관이 너무 앞서거나 여기에 익숙해지면 오만과 편견이 최대의 적으로 다가온다. 여론 또한 한때의 지나가는 바람에 그칠 때가 많다. 이 점에서 정의의 추구를 목적으로 하는 사법 제도가 갖는 현실적 한계를 새삼 느끼게 된다.

(2018. 5. 24.)

# 05 | 조세 포탈에 솜방망이 처벌인가?

조세범에게 처벌이 약하다는 국회 입법조사처의 연구 결과가 나왔다. 지난 5년 동안 검찰에서 다룬 조세 형사범(조세범처벌법 위반, 특가법 위반)에 대한 처분 결과와 법원의 재판 결과를 분석한 자료이다. 기소율은 5명 중 1명, 유죄 판결을 받은 10명 중 8명가량이 집행유예나 재산형을 선고받았다는 것이다. 기소된 사람 1만 3548명 중 49.1%가 불구속 기소, 45.3%가 약식 재판, 구속 기소는 5.7%에 불과했다.

조세 형사범의 경우 전체 형사범 대비 재산형 비중이 높고 자유형이 선고되는 경우에도 실형보다는 집행유예가 많다는 것이다. 결국 조세 범죄에 대한 기소율 및 형사처벌 수준은 전체 형사범보다 낮은 편이지만 국가 과세권을 침해하고 조세 형평에 대한 국민 법감정을 훼손시키는 중대한 형사범이므로 처벌의 실효성을 강화하여야 한다는 것이 요지다.

그러나 기소를 강화하고 구속을 넓히고 양형을 엄하게 하면 형평에도 맞고 조세 범죄가 줄어들게 될까? 조세범처벌법은 조세 포탈범에 대하여 2년 이하의 징역이나 포탈 세액의 2배 이하의 벌금을, 포탈 세액이 5억 원 이상인 경우 등은 3년 이하의 징역이나 포탈 세액의 3배 이하의 벌금에 처하고, 정상이 나쁘면 이를 병과할 수 있도록 하고 있다.

더 나아가 특정범죄 가중처벌 등에 관한 법률은 포탈 세액이 연간 5억 원 이상 10억 원 미만인 경우 3년 이상의 징역, 연간 10억 원 이상인 경우에는 무기 또는 5년 이상의 징역형에 처하되 그 포탈 세액의 2배 이상 5배 이하의 벌금을 반드시 병과하도록 하고 있다. 형법에서 정한 법정형 중 벌금형의 최고액은 단체·다중이 하는 강요죄 등에 규정된 5000만 원이라는 사실을 아는 법률가도 많지 않다.

그렇지만 조세 포탈범에게는 수십, 수백억 원대의 엄청난 벌금이 병과된다. 황제 노역이 논란된 것도 모두 조세 범죄다. 조세 포탈범에 대하여 징역형에 다시 포탈 세액의 2배 이상의 벌금형을 재량 없이 반드시 병과하도록 하는 것은 헌법상 과잉금지 원칙에 비추어 과도한 처벌이다.

조세 포탈범은 형사처벌 이외에 금전적으로 포탈 세액은 물론 그에 40%의 중가산세까지 물게 되는 제재를 받고 있는 것이다. 납세자가 어떤 생업을 택할 것이지는 선택이지만 봉급생활자는 조세 포탈의 위험이 없다. 대상은 주로 사업자이다. 사업주를 조세 포탈로 구속하고 나면 수많은 근로자의 생활 터전인 사업체가 제대로 굴러

갈 수 있는가? 불구속 원칙이 맞다.

또 한 가지, 우리 조세범처벌법에서 조세 포탈의 요건인 사기 그 밖에 부정한 방법은 그 유형이 광범하다. 조세범으로 고발되지 않고 추징으로 끝나는 많은 사건의 경우 조세 포탈의 요건을 갖춘 경우가 대부분이다. 누구는 고발되어 형사처벌을 받고 누구는 추징 혹은 통고처분으로 종결되는가? 굉장히 풀기 어려운 숙제이다. 연혁적으로도 조세 포탈은 재산형에 중점을 두어왔다. 조세 포탈에 대한 단죄에 있어 우리는 다른 선진국에 비하여 가벼운 측면이 있는 것도 사실이다.

그러나 아직 국민의 납세 의식이 철저하지 못하고 후진적 기업 관행이 남아 있으며 제도가 온전치 못한 실정에서 걸려든 납세자만 엄하게 처벌한다고 문제가 개선될까? 아직 국민의 아까운 세금을 까닭 없이 낭비해 국고를 축내는 공직자에 대한 처벌 수단은 미미하다. 조세 범죄와 무엇이 다른가? 조세 범죄에 대한 추이와 그에 대한 연구는 의미가 있지만 통계 수치만으로 솜방망이 처벌이냐 쇠방망이 처벌이냐를 재단할 것은 아니다.

(2017. 11. 2.)

# 06 | 중복 세무조사 위법 판례의 명암

종전에 납세자에 대한 세무조사는 부과 제척기간이 남아 있는 한 거듭 실시되어도 시빗거리가 되지 못했다. 이 때문에 정권 교체기를 전후하여 표적 세무조사가 논란의 중심에 서 있기도 하였다.

실제로 과거 정치자금을 댄 몇몇 기업이 가혹한 세무조사 끝에 결국 문을 닫게 되는 사례가 있었음은 알 만한 사람은 다 아는 사실이다. 더구나 당시 기업의 납세 의식 수준과 세무 관리는 한참 뒤떨어져 있어 과세 관청이 엄격한 세법의 잣대를 들이대면 살아남을 재간이 없었던 시절이었다.

그러나 이와 같은 제한 없이 과세 관청의 재량에 맡겨진 세무조사는 이제 옛말이 되어가고 있다. 종래 베일에 싸여 있던 조사사무 처리규정이 세상에 나오게 되었고 신설된 국세기본법 제7장의 2(납세자의 권리)에 구체적으로 반영되기에 이르렀다.

더구나 중복 세무조사는 법에서 정한 예외가 있는 경우를 제외하고는 그 사유만으로도 과세 대상 여부를 따질 것 없이 아예 과세권을 상실하게 되었다. 거듭 세무조사라는 절차적 위법을 이유로 처분을 취소하는 법리는 형사 절차에서 위법 수집 증거의 증거 능력을 인정하지 않는 것과 맞먹는 논리이다.

위법 수집 증거를 재판에서 못쓰게 하는 것은 영미법의 증거 법칙에서 유래한 것이다. 예컨대 범행에 사용한 총기를 불법 가택 수색하여 찾아냈다는 사실만으로 그 총기를 살해의 증거로 쓰지 못하고 무죄 석방할 수 있다는 법리이다. 범인의 처벌보다 적법 형사 절차에 대한 가치를 우위에 놓아야 인권이 보장된다는 입장이다.

미국 영화에서나 접한 이러한 법리는 처음에는 갸우뚱하였으나 이제 우리 형사 절차에서 확실히 자리 잡게 되었다. 이제 형사 절차를 넘어 대표적 침해적 행정인 조세 영역에서도 그 힘을 발휘하게 되었다.

중복 세무조사가 위법으로 과세 처분 자체가 취소되어야 한다는 최초의 대법원 판례는 이미 2006년에 나왔다. 그 이후 2010년 국세기본법 제81조의 4 세무조사권 남용 금지 조항을 정비하면서 대법원은 중복 세무조사의 위법에 대하여 단호한 태도를 이어가고 있다.

과세권자의 입장에서는 단지 한 번 조사한 것을 재조사하거나 누락된 부분에 대하여 보완 조사하는 것이 위법이라고 판단하는 것은 과도하다는 생각이 들 것이다. 종전에 거의 문제가 되지 않았던 사례이기 때문이다. 조사사무처리규정에서 현장 확인으로 규정한 사안도 그 실질이 세무조사의 성격이라면 중복 세무조사임을 피해

갈 수 없게 되었다.

이러한 대법원의 입장으로 인해 종래 무사 통과되던 절차적 적법성 문제가 문전에서 도전을 받아 과세 당부를 가리기에 앞서 과세 관청이 패소하고 마는 사례가 늘고 있다. 이에 따라 과세 관청으로서는 세무조사의 칼을 여러 번 쓸 수 없으므로 신중하지 않으면 안 된다. 숲을 보지 못하고 나무만 본 세무조사는 자칫 납세자에게 면죄부를 안겨주는 경우도 있을 것이다.

한편 중복 세무조사 위법의 범위를 너무 넓히는 것도 문제이다. 국세기본법은 조세 탈루의 혐의를 인정할 만한 명백한 자료가 있는 경우, 거래 상대방에 대한 조사가 필요한 경우 등 여러 가지 예외 사유도 규정하고 있다.

앞으로 과연 어떠한 경우가 금지되는 중복 세무조사인지를 놓고 개별적 사안에서 납세자와 과세 관청 사이에 치열한 논쟁이 벌어질 것이다. 아울러 중복 세무조사 범위를 확실히 정의하고 예외 사유를 정비하는 입법 논쟁도 예상된다. 결국 예외 없이 행사되어야 하는 과세권과 적법한 절차에 의해서만 세금을 부담하겠다는 납세자의 권리가 적절한 좌표를 찾아가는 것이 향후 과제가 될 것이다.

그러나 분명한 점은 종래의 일방통행식 조사 방식은 더 이상 통하지 않을 것이라는 것이다. 앞으로 더 많은 세금을 내야 할 상황에서는 납세자가 납득할 수 있는 더 정교한 세무조사 방법이 정착되어야 한다. 납세자의 권리 강화는 세계적 추세이다. 최근 대만에서도 독자적인 납세자 권리 보호법이 통과되었다는 소식이 들린다.

(2017. 4. 20.)

# 07 | 조세범 벌금형과 노역장 유치 논란의 허실

귀족 노역, 금수저 노역, 억대 월급(?) 노역이란 말이 등장했다. 최근 전직 대통령의 친인척 두 사람이 벌금액을 납부하지 않아 노역장에 유치되면서 언론에서 새로 만들어낸 용어이다. 이들이 노역으로 대체하는 벌금액은 1일 400만 원으로 정해졌다.

　법원에서 2014년 7월부터 소액 벌금의 경우에 적용하여온 1일 10만 원의 40배라서 불합리하다는 것이 대체적 여론인 것 같다. 이미 발 빠르게 현행 노역장 유치 상한 기간 3년을 6년으로 늘리자는 의원 입법이 발의되었다. 며칠간 거의 모든 언론이 이들에 대한 특혜를 지적하며 법 개정의 필요성을 보도하였고 종편에서 호재라고 보고 장시간의 대담 프로를 진행하였다. 이제 좀 잠잠하여졌지만 그 과정에서 정작 논란의 대상인 노역장 유치의 기본 틀에 대하여는 제대로 설명되지 않았다. 일종의 숨겨진 왜곡이다.

형법은 형의 종류와 경중에 대하여 규정하고 있다. 사형, 징역, 금고, 자격상실, 자격정지, 벌금, 구류, 과료 순이다. 벌금은 자유형, 자격형이 아닌 금전형으로서 아래 순위에 있는 비교적 가벼운 형벌이다. 형법에도 벌금이 징역형이나 금고형과 함께 선택형으로 되어 있다.

형법에서 정한 법정형 중 벌금형의 최고액은 단체·다중이 하는 강요죄 등에 규정된 5000만 원이다. 그렇다면 이들이 받은 40억 원이라는 벌금형은 도대체 어떻게 된 것인가? 특별 형법인 조세범처벌법과 특정범죄 가중처벌 등에 관한 법률에서 형을 이중으로 가중하고 있기 때문이다. 조세범처벌법은 조세 포탈범에 대하여 2년 이하의 징역이나 포탈 세액의 2배 이하의 벌금을, 포탈 세액이 5억 원 이상인 경우 등은 3년 이하의 징역이나 포탈 세액의 3배 이하의 벌금에 처하고, 정상이 나쁘면 이를 병과할 수 있도록 하고 있다.

더 나아가 특정범죄 가중처벌 등에 관한 법률은 포탈 세액이 연간 5억 원 이상 10억 원 미만인 경우 3년 이상의 징역, 연간 10억 원 이상인 경우에는 무기 또는 5년 이상의 징역형에 처하되 그 포탈 세액의 2배 이상 5배 이하의 벌금을 반드시 병과하도록 하고 있다.

이들은 양도소득세 27억 원을 포탈한 죄로 기소되어 징역 2년 6월-집행유예 4년, 징역 3년-집행유예 4년에 각기 벌금 40억 원을 병과받아 그 형이 확정되었다. 이들이 벌금을 납부하지 않자 그 벌금을 몸으로 때우는 노역장에 유치된 것이다.

법원은 벌금 선고 시 벌금을 미납한 경우에는 1일 400만 원으로 환산한 기간, 즉 1000일을 노역장에 유치하는 것으로 선고하였다. 이는 형법 제70조 제2항에서 규정한 유치 기준인 "벌금액이 5억 원

이상 50억 원 미만인 경우 500일 이상"에 비추어도 가볍다고 할 수 없다.

게다가 위 조항은 1일 5억 원으로 환형 유치하여 세상을 떠들썩하게 하였던 허 모 회장의 조세 포탈죄에 대한 황제 노역 사건 이후 새로 만들어진 조항이다. 형법 제69조는 노역장 유치 기간을 3년 이하로 제한하고 있다.

돈이 없어 벌금을 내지 못해 노역장에 유치되더라도 무제한적으로 신체의 자유를 박탈하는 것은 형이 무거운 징역형에 비교하여 균형이 맞지 않다는 법리의 반영이다. 일반 형사법에서 정하는 통상적인 1일 10만 원으로 환형 유치를 하면 이들은 무려 4만 일(109년)을 징역과 다름없는 생활을 하여야 한다. 이에 동의할 수 있는가?

조세 포탈범에 대하여 징역형에 다시 포탈 세액의 2배 이상의 벌금형을 재량 없이 반드시 병과하도록 하는 것은 헌법상 과잉금지 원칙에 비추어 문제가 있다. 조세 포탈범은 금전적으로 이미 포탈 세액에 40%의 중가산세까지 물게 되는 제재를 받고 있는 것이다.

이러한 형벌에서 벌금형의 무게나 노역장 유치 제도의 본질을 고려한다면 노역장 유치 환산 금액에 대한 여론의 질타는 다분히 한쪽만 본 것이다.

조세 포탈범의 경우에는 그 과형 구조상 거액의 벌금형이 선고될 수밖에 없고 또다시 같은 문제에 부닥치게 된다. 돈이 있으면서도 노역장 유치로 돈값을 대신하는 사람이 있을까? 만일 있다 하더라도 정상적인 경우는 아니다. 밉다 하여도 제도 탓만 하여서는 안 된다.

(2016. 7. 21.)

# 08 | 행정소송
## 서면 30쪽 제한에 대한 기대

앞으로 행정소송에서 당사자가 법원에 제출하는 소장이나 답변서, 항소·상고이유서 등 서면이 30쪽을 넘을 수 없게 될 전망이다.

대법원이 민사소송규칙을 고쳐 민사·가사·행정소송에서 각종 제출 서면이 30쪽을 넘기면 재판장이 이를 30쪽 이내로 줄여 제출할 것을 명령할 수 있다는 규정을 마련하여 입법 예고하였다.

다만 변론권 제한이 될 우려가 있어 30쪽을 넘더라도 접수 거부 등의 제재는 하지 않기로 한다는 것이다. 쪽수 제한과 아울러 서면의 크기와 여백, 글자 크기 및 줄 간격도 세세하게 규정하고 있다.

강제적인 것이 아니더라도 지금까지의 무한정 늘어만 가던 서면 쪽수 경쟁은 수그러질 전망이다. 모처럼 박수받을 법원의 조치이다.

서면 쪽수 제한은 이미 다른 나라에서 시행하고 있다. 예컨대 미국 연방법원 및 주법원은 서면의 쪽수와 단어 수를 제한하는 규칙을 두고 있다.

연방항소법원의 경우 최초 서면은 30쪽 및 1만 4000단어, 반박 서면은 15쪽으로 제한된다. 글자 크기, 여백에 대한 규제도 따른다. 서면 쪽수가 종전보다 비교할 수 없게 늘어난 이유 중의 하나는 문서가 전자화되고 인터넷 세상을 맞게 되었기 때문이다.

의뢰인이 입수하는 옥석 구분이 없는 사건 관련 정보가 무더기로 대리인에게 전달된다. 대리인은 의뢰인의 반영 요구에 응하거나 일일이 당부를 가려 설명하여주어야 한다.

이 과정에서 의뢰인의 주장과 자료가 여과 없이 법원에 전달되는 경우가 흔하다. 대리인으로서는 당사자와의 공연한 마찰을 피하고 패소 시 질책에 대비할 필요를 느껴서이다.

또 하나, 상대방 대리인과의 외형적 경쟁도 관련이 있다. 상대방이 100쪽을 써냈는데 우리가 20쪽이라면 무엇인가 기싸움에서 밀리는 것 아니냐 하는 의뢰인이나 외부의 시각을 무시할 수 없는 면도 있다.

그러나 사건의 승패는 쪽수가 결정하는 것이 아니다. 얼마나 핵심적인 쟁점 정리와 언어로서 법관을 설득하느냐에 달려 있다. 쪽수가 많으면 후반에 집중도가 자연스레 떨어지고 잡다한 주장으로 핵심이 흐려진다.

긴 서면을 읽기는 읽었으나 핵심은 잡히지 않은 경우가 흔하다. 쪽수 대결은 소송 절차에서 가장 소모적인 경쟁으로서 쌍방 대리인, 재판부 모두 부담만 가중된다.

이번 대법원 규칙의 30쪽 제한은 당사자들의 일방적인 요청을 자

제시키거나 대리인 스스로도 좀 더 짜임새 있는 논리 구성과 효율적인 소송 수행을 도모할 수 있는 계기가 될 수 있다. 대리인은 앞으로 서면 작성에 있어 문장을 축약하고 도표나 산식을 다양하게 활용하는 방법을 궁리하여야 할 것이다.

이로 인하여 소송 비용도 절감되고 법원으로서도 기록의 부담을 덜어 보다 나은 판결을 만드는 데 시간을 할애할 수 있을 것이다. 서면 쪽수의 제한은 민사, 가사는 물론 조세 행정소송 절차에서도 유용할 것이다.

이는 전심이 필수적인 조세심판, 심사청구 절차에서도 긍정적 효과를 가져올 것이다. 전심 절차 진행에 있어 서면에 의한 공방은 나름대로 독특한 틀을 유지하여 법원에서의 소송 절차에서보다는 덜 소모적인 것이 사실이다.

그러나 전심 절차에서도 법원 절차에 익숙한 일부 대리인들이 그와 동일한 방식으로 방대한 서면을 작성, 제출함으로 인하여 심판 관계자가 어려움을 토로하고 있는 것이 현실이다. 이번 대법원의 소송 규칙 개선으로 전심 절차를 포함한 조세 쟁송의 모든 영역에서 소모적인 서면 경쟁을 벗어나 효율적이고 차별화가 가능한 새로운 공방의 틀이 마련되기를 기대한다.

(2016. 6. 23.)

# 09 | 외부세무조정 규정 무효 대법원 판결의 파장은?

대법원 전원합의체는 최근 외부세무조정을 강제하고 있는 법인세법 시행령 및 소득세법 시행령 규정, 그리고 세무조정을 할 수 있는 전문가에서 변호사를 제외하고 있는 각 시행 규칙을 모법의 위임 근거가 없다는 이유로 모두 무효로 판단하였다(대법원 2015.8.20. 선고 2012두23808 조정반지정거부처분 사건).

이에 따라 외부세무조정 강제 규정은 효력을 잃고 모든 납세자 스스로도 세무조정 계산서를 작성할 수 있게 되었다. 세무사회 등 관련 전문가 집단은 전혀 예상치 못한 판결에 당혹감과 위기감에 휩싸이게 되었다.

대법원은 판결 이유에서 향후 법률의 형식에 의한 외부세무조정 제도의 입법을 예상하면서 관련 제도의 도입 여부, 외부 전문가의 범위 등의 공론화 필요성까지 언급하였다.

이는 대법원으로서는 다소 이례적인 조치이다. 문제를 궁극적으로 해결할 공을 국회에 넘김으로써 정책 법원을 지향한다는 취지가 반영된 것이 아닌가 싶다.

기획재정부는 발 빠르게 외부세무조정 제도를 법률에 규정하기 위해 관련법을 입법 예고하였다. 따라서 대법원 판결의 결과에 따라 누구나 세무조정 계산서를 작성할 수 있는 기간은 한 시즌도 되지 못할 것 같다.

이 사건의 발단은 종래 세무조정반으로 지정받아 세무조정 업무를 행하던 변호사들을 신설된 시행 규칙에 의하여 전문가에서 제외한 것이었다.

원고 법무법인의 소송 목적은 신설 시행 규칙에서 변호사를 세무조정 전문가군에서 제외한 것은 시행령의 위임 범위에 벗어날 뿐 아니라 헌법상의 평등의 원칙, 직업 선택 자유의 원칙에 위배되어 무효이므로 종전대로 세무조정 업무를 할 수 있도록 조정반지정거부 처분을 취소하여달라는 것이었다.

제1심 및 제2심 모두 시행 규칙이 상위법에 위반되어 무효라고 판단하였다. 대법원은 이에 더 나아가 직권에 의한 법률 판단으로서 외부 조정을 강제하도록 한 시행령 자체가 모법의 위임 없이 납세자의 기본권 및 기본적 의무를 규정한 것이므로 무효라고 선언했다.

대법원에서 문제의 발단이 된 분쟁의 해결과는 직접 관련 없는 법규까지 직권으로 손을 댄 것은 흔치 않은 일이다. 이제 외부세무조정 문제는 새로운 입법의 내용이 어떻게 되느냐에 따라 판가름 나게 되었다.

결국 변호사가 세무조정을 할 수 있느냐 하는 당초의 쟁점을 떠나 제도 자체가 새 국면을 맞게 된 것이다. 일부 언론에서는 연 1조 원 규모의 세무조정 업무 시장에 변호사가 뛰어들게 되었다고 지적하고 있지만 지금의 현실에서는 변호사에게 세무조정 업무는 그렇게 쉽게 수행할 수 있는 영역은 아니다.

그렇지만 법조 인접 직역 사이에 갈등이 재연될 가능성이 크다. 지금 보면 왜 시행 규칙에서 종전까지 허용하여오던 변호사의 세무조정반 지정 자격을 제외하였는지 의문이다. 단순한 착오라고는 보이지 않는다.

어떠한 의도였든 간에 평지풍파에다 직역 간의 다툼을 심화시키는 계기가 되고 말았다. 행정 입법에서 나타나는 전형적인 단견을 보여주는 나쁜 사례가 아닐까? 이미 입법이 예고되었지만 외부세무조정 제도는 국세 행정의 효율성을 감안해야 한다.

납세자들도 그동안 전문가에게 세무조정을 맡기는 것이 관행이 되었고 착오를 덜 수 있다는 점에서 그 큰 틀은 바뀌지 않을 것으로 예상된다. 남은 일은 세무조정을 할 수 있는 자격자의 범위, 특히 변호사를 어떻게 취급할 것인가 하는 것이다.

당초 입법 예고안은 '세무사 등 대통령이 정하는 자'로 되어 있다가 정부 안은 '세무사법에 따른 세무사 또는 세무 대리 등록을 한 자'로 변경되어 국회에 제출될 예정이다.

그러나 현행 세무사법상 변호사의 세무사 등록이 불가능하고 세무 대리 등록마저 봉쇄되어 있어 입법 과정에서 그 접점에 대한 공감대가 이루어지지 않는다면 또다시 위헌, 시행령 무효의 논쟁이 재연될 가능성이 크다.

　이러한 문제는 법조 양성 제도의 변경에 따른 변호사의 대량 배출로 인한 변호사의 일자리, 일거리 부족이 이제 변호사들 사이의 갈등을 넘어 법조 인접 직역에도 영향을 미치고 있는 사례이다. 전문가의 서비스는 상품과 달라 대량 배출이 국민에게 값싸고 질 좋은 서비스를 가져다줄 것이라는 기대는 오산이다.

　세무 전문가의 영역에서도 언제까지 관련 직업군 사이의 소모적인 직역 갈등이 계속될 것인가? 법률 인접 직역의 통합이 거론된 적도 있으나 갈 길은 너무 험하고 멀다.

(2015. 9. 10.)

| 후기 |

대법원 판결 이후 2018년 4월 26일 헌법재판소는 변호사의 세무 대리를 제한하는 세무사법 제6조는 헌법에 불합치한다고 결정하였다. 그러나 세무사와 변호사 사이의 직역 갈등이 첨예하여 개선 입법 기한인 2019년 12월 31일을 도과함에 따라 위 조항은 효력을 상실하였다. 개선 입법이 될 때까지는 입법 공백이 생겨 혼선이 초래될 것으로 보인다.

# 제11장

# 조세사

# 01 | 역사로 본
## 조세, 세, 세금의 의미

조세법, 세법 둘 다 두루 쓰이는 용어이다. 조세, 세, 세금도 마찬가지다. 그런데 어떠한 차이가 있는 것일까? 무슨 뜻인지는 모두가 다 알지만 그 역사를 되돌아봐야 제대로 설명이 된다. 화폐 경제가 자리 잡지 못했던 근대까지 세금이라는 용어는 쓰이지 않았다. 국가에 대한 물적 부담은 생산물이지 금전이 아니었기 때문이다.

동양 문화권에 속해 있던 우리나라의 경우를 보자. 세제의 근간은 중국에서 왔다. 조선의 경우 국가에 대한 백성의 재정 부담은 당唐에서 확립한 조租·용庸·조調가 큰 틀이었다. 조세는 한자 조租와 세稅의 결합어이다. 모두 벼 화禾 변을 쓴다.

사전에는 조의 뜻은 조세, 온갖 세납을 통틀어 이르던 말, 세는 세금, 온갖 세납을 통틀어 이르던 말로 나와 있어 서로 같은 의미로 쓰이는 것처럼 읽힌다. 역사적으로 보면 조와 세는 모두 관청에 바치는 농작물이었지만 구분되어 사용되었다. 그렇지만 삼국 시대와 고려 시대에 조와 세는 구분 없이 관청에 바치는 벼, 즉 전세의 의미로 사용되었다고 한다.

조선 시대의 조세 체계의 근간인 조租·용庸·조調는 각기 세稅·역役·공물貢物로 이해하면 된다. 조租는 토지에 대하여, 용庸은 사람에 대하여, 조調는 호戶에 대하여 부과되는 부담이었다. 당시 농업이 산업의 중심이었으므로 조租는 현물인 곡식을 내는 것이었다.

조선 초기에는 토지에 부과되는 조租가 조租와 세稅로 대별되었다. 조租는 경작자가 수확의 일부를 공전公田의 경우에는 국가에, 사전私田의 경우에는 전주田主에게 바치는 것을 의미하였고, 세稅는 전주田主가 경작자로부터 받은 조租 중에서 일부를 국가에 바치는 것이었다.

이러한 세稅는 소득의 일부를 국가에 납부하는 현대적 조세의 의미를 갖고 있었다. 세종의 공법貢法 시행 이전까지 경작자는 조租의 경우는 수확량의 10분의 1 정도, 세稅는 그 15분의 1 정도를 내야 했다. 조의 경우 10분의 1 비율은 구약 성경에 나오는 십일조가 중세 유럽 세율의 기준이 된 것과도 같아 자못 흥미로운 일이다.

그러나 성종조에 이르러서는 공신전, 별사전의 증가로 토지가 부족하게 되어 과전법이 유지되지 못하고 관수관급법官收官給法이 시행되었다. 이로 인하여 모든 전세田稅를 관부에서 징수하고 관리들에게 나누어주는 방식으로 바뀜에 따라 조租와 세稅의 구분이 없어졌다.

이러한 연유로 조세라는 단어가 현재의 의미로 정착된 것은 갑오경장 이후 홍범 14조(1895년)에서부터이다. 제6조는 "부세賦稅는 모두 법령으로 정하고 명목을 더하여 거두지 못한다", 제7조는 "조세

부과와 징수 및 경비를 지출하는 것은 모두 탁지아문에서 관할한다"라고 규정한다.

여기에서 비로소 근대적 의미의 조세와 조세법률주의의 개념을 보여주고 있다. 그러면 세금은 어떠한가? 근대적 의미의 세금이라는 말이 우리나라에서 사용되기 시작한 것은 1875년 조선과 일본 사이의 강화도조약 체결에 따른 '조선의 여러 항구들에서 일본인들의 무역 규칙'부터라고 한다. 규칙 제7조에서 항세港稅를 규정하면서 이를 세금으로 지칭한 것이 최초이다.

이는 조약을 강요한 일본의 용례에 따라 쓰이게 된 것이다. 오늘 일반에게는 조세라는 개념보다 세금이라는 용어가 익숙하고 더 알기 쉽다. 세금은 당연히 돈, 금전, 화폐를 뜻한다는 것도 상식이 되었다. 조세, 세, 세금이라는 용어의 변천은 대충 이러하다. 이제 이를 굳이 구분하여야 할 이유는 없어지게 되었으나 여전히 함께 쓰이고 있는 만큼 세금을 다루는 이는 그 연혁을 알면 궁금증이 풀릴 것 같다.

(2017. 6. 15.)

* 이 칼럼은 오기수 교수의 『조선 시대의 조세법』(어울림, 2012)의 도움을 받았다.

# 02 | 마그나 카르타 800주년에 보는 한국 조세 제도

2015년도 기울고 있다. 800년 전인 1215년 영국에서 근세사에 특기할 만한 중대한 사건이 일어났다. 그해 6월 15일 존 왕이 대헌장으로 불리는 '마그나 카르타Magna Carta'에 서명한 것이다.

프랑스와의 전쟁에서 패하고 교황과도 충돌하여 파문당한 상황에서 마지못해 귀족들에게 약속한 문서이기는 하나 왕권의 제약을 통한 근대 민주주의와 시민의 권리 보장의 단초가 된 것으로 평가받고 있다. 그 내용에는 조세를 포함한 봉건적 부담의 제한, 자유민에 대한 체포·구금·추방 등을 제한하는 인신 보호 및 재산권 보장을 포함한 여러 사항이 있다.

마그나 카르타를 계기로 후속 권리청원, 권리장전을 통한 부르주아의 혁명으로 왕권은 지속적인 제약의 길을 걸었고 의회 정치의 기틀이 마련되기에 이르렀다.

　그 이전 동서고금을 통하여 조세 부과는 왕명 등 어떠한 형태이든 법령의 형식으로 이루어졌겠지만 그 성립에 있어 귀족 집단의 동의를 필요로 하게 되었다는 점에서 조세사적 의미가 크다.

　법제사의 측면에서는 마그나 카르타가 법치주의에 의하여 시민의 권리를 보장하는 근대 헌법의 토대가 되었다고 평가한다. 특히 마그나 카르타에서의 조세와 인신 보호 및 재산권 보장 규정은 권리장전 이후에도 이어져 프랑스 인권 선언, 미국 독립 선언 등 일련의 시민혁명 과정에서 천부인권설까지 가세하여 시민의 확고한 권리로서 자리 잡았다.

마그나 카르타 800년, 오늘의 우리 조세 제도의 현실과 과제는 무엇인가? 조선 봉건 왕조 이후 근대화기의 대한제국, 일본의 지배를 거쳐 1948년 대한민국 정부가 수립됨에 따라 그 이전 조선 왕조의 체제·법제와는 뿌리를 달리하는 서구의 그것이 자리 잡게 되었다.

우리 주변을 보자. 말과 음식은 그 정도가 덜하지만 입는 옷, 머리 스타일, 주거 등 전통적인 것은 찾아볼 수 없게 되었다. 정치와 법제도 서양의 것을 받아들여 이제 우리 것으로 토착화했다고 할 수 있다. 조선 시대의 세제에서 세종의 공법은 무려 17년에 걸쳐 주민 투표, 시험 실시 등을 거쳐 완성도 높게 시행된 자랑스러운 유산이지만, 이는 오늘 역사적 사실로만 남아 있을 뿐이다.

반면 마그나 카르타에서 비롯되었다는 조세법률주의는 이제 국제 사회에 공리로서 널리 자리 잡게 되었다. 우리의 조세법률주의는 내실 없는 답보 상태를 계속하다가 1988년 현 헌법재판소가 출범함에 따라 획기적으로 정착되었다. 수많은 조세법률이 헌법재판소에서 조세법률주의, 헌법상의 재산권 보장 위반을 이유로 위헌 결정을 받은 결과이다.

그렇지만 조세 형평과 실질적 조세법률주의의 측면에서는 많은 과제를 남기고 있다. 조세법만으로 해결할 수 없는 보수와 진보의 시각차, 성장과 분배의 우선순위, 자본과 노동의 자리매김 등이 복잡하게 얽혀 있기 때문이다. 이러한 거대한 문제에 대한 담론은 제쳐두고 우리가 부딪치는 현실적인 문제는 무엇인가? 첫째 조세 입법의 업그레이드이다.

수시로 바뀌는 세법에 대한 좀 더 전문적인 검토와 신중함이 필요하다. 일감 몰아주기, 일감 떼어주기 과세 등 독창적인 세법은 그 필요성과 집행력, 지속 가능성을 검증하여야 한다. 예산 국회에서 조세소위의 밀실에서의 주고받기 입법은 납세자를 무시하는 행태 이다.

둘째, 제도 개선이다. 이제 과세 정보의 비대칭성이 오히려 문제될 정도이다. 납세자의 개인정보, 사생활을 더 보호하여야 하고 애매하 더라도 과세하는 문화는 개선하여야 한다. 헌법재판소에서 위헌이 라고 판단한 과세 처분이 대법원에서 유지되는 모순은 어떠한 형태 로든 결말을 내야 한다. 2003년 귀속 재평가 관련 법인세의 관련 조 항에 대하여 위헌 결정이 있었음에도 대법원은 원고의 청구를 기각 하였고 이에 대하여 헌법소원이 제기된 지 2년 이상 되었어도 아무 런 답이 없다. 이미 선례가 있는 사안인 데도.

셋째, 우리 납세자의 납세 의식이다. 제대로 세금을 내야 한다. 일 본에서는 소득세 단순 무신고도 형사처벌을 한다. 벌이 무서워서가 아니라 성실 납세는 국민이 당연히 지켜야 할 덕목이다. 세금의 낭 비는 전 납세자가 나서서 감시하면 발을 붙이지 못하게 될 것이다.

좋은 세법을 만들고 제대로 집행하고, 올바른 판결에 의하여 선 순환되는 선진 조세 사회의 정착은 아직도 갈 길이 멀다. 2015년이 저무는 시점에서 마그나 카르타 800주년을 마감하게 되는 소회가 남다르다.

(2015. 12. 17.)

# 03 | 눈길을 주어야 할 한국 조세사

국세청 발족 50년을 즈음하여 『국세청 50년사』가 나왔다. 1966년에 설치한 국세청은 갑오개혁 이후 도입한 근대 세제 120년의 역사에서 세정 발전의 획기적 전환점이 되었다.

농업 경제를 기반으로 한 동양식 세제는 19세기 말 서구 열강의 동양 진출에 의하여 서양식 세제로 대체되기 시작하였다. 이제는 서구의 세제를 근간으로 하는 글로벌 모델이 세계 각국에서 자리 잡게 되었다. 조세의 역사는 우리 사회의 역사일 수밖에 없다. 근대 조세 역사 속에 우리나라 근대 격동기에서의 국가·사회의 변혁과 대응이 고스란히 담겨 있다.

우리나라 고유의 세제는 동양 세제의 전범이 된 중국의 조租·용庸·조調의 틀에서 운용되어 내려왔다. 『조선왕조실록』 등 기록물에 의하여 조선 시대에 이미 수준 높은 세제를 마련하였음을 알 수 있다.

조선 시대에 전세는 조세의 근간이었으므로 가장 중요한 세제였다.

이제 세간에 많이 알려졌지만 세종 때의 전세 개혁안인 공법貢法은 무려 17년간의 여론조사, 시범 실시 등을 거쳐 시행되었다. 그 과정은 『조선왕조실록』에 생생하게 기록되어 있다. 심지어 여론조사 참여자의 실명까지 나온다. 세종의 공법 개혁 과정은 최근 오기수 교수에 의하여 『세종 공법』이라는 단행본으로 출간되었다. 이 책은 금년 대한민국 학술원의 우수 학술 도서로 선정된 바 있다.

그 이후 공법은 연산조 이후 무너지기 시작하여 이를 대체하는 대동법이 100년에 걸쳐 여러 차례의 보완을 거쳐 자리를 잡게 된다. 조선조의 유교적 왕도 정치의 이념 아래에서 백성을 위하여 마련된 조세법과 징수 제도 속에는 우리 고유의 조세 정서와 문화가 투영되어 있다.

임란 이후, 그리고 조선조 말에 시대적 상황으로 조세 제도가 흔들렸으나 오늘의 우리가 거울 삼을 만한 조세 사상도 많이 담겨 있다. 그렇지만 이러한 선조들의 조세에 관한 경험과 정신의 유산은 오늘에 이어지지 못하고 있다. 근대 세제의 도입으로 우리 고유 세제는 잊혔고, 고유 세제를 연구할 기반도 갖추어지지 않아 연구자들이 나오기 어려웠다.

당연히 조세법 교육에서도 한국 세제사를 다룰 문헌이나 학자도 없었다. 그 때문에 조세 입법과 조세 집행을 담당하는 분들에게 이를 접할 기회가 주어지지 않았다. 다행히도 2014년 9월 20일 우리의 조세사를 연구하여온 오기수 교수를 비롯한 학자 몇 분이 주도하여 한국조세사학회를 창립하였다. 때늦은 감이 있지만 이제 좀 더 체계적이고 조직적인 연구가 가능하게 된 점에서 기대가 크다.

학회의 참여 회원은 많지 않지만 2015년 11월 그동안의 학회 활동을 토대로《조세사학연구》창간호가 발간되었다. 창간호에서는 조선 시대의 조세 역사 교육, 한국여성세무사회의 역사, 한국전쟁 후 UN의 한국 세제에 관한 보고와 건의, 조세 관련 연구 방법 등을 주제로 한 논문이 실려 있다. 고유 세제와 근대 세제를 아우르는 주제이다.

앞으로 양자의 접점을 찾는 연구가 활성화되기를 기대한다. 특히 우리 고유 세제사는 한문에 능한 세법 전공가가 아주 드문 현실에서 그 기반을 확충하기가 쉽지 않다. 한국조세사학회는 오는 11일 2016 춘계학술대회를 연다. 발표 주제에는 「19세기 말 서양의 조세 사상과 유길준의 『서유견문』」, 「이순신의 둔전 경영과 해로통행첩 시행에 관한 연구」가 포함되어 있다.

주제만 보아도 흥미롭다. 세법학, 세무학에 관심이 있는 학자, 실무가가 예전보다 층이 두꺼워졌다. 이제 우리도 한국 고유 세제에 대한 연구와 해석을 통하여 그에 담긴 정신을 세법에 스며들게 하는 작업을 시작하여야 할 때가 되었다. 이제 많은 분이 한국 조세사에 관심의 눈길을 보내주어야 하지 않을까?

(2016. 6. 9.)

# 04 | 국세청 반백 년, 그 발자취와 과제

3월 3일 국세청은 개청 50년을 맞이했다. 1966년 3월 3일 정부는 종래 재무부 사세국司稅局에서 담당하여오던 내국세 업무를 국세청으로 독립시켜 전문화된 조직으로 탈바꿈하였다.

사세국이라는 명칭은 구한말 갑오개혁 때인 1885년 4월 1일 칙령 제54호 탁지부 관제에서 처음 등장하는 것으로 나타난다. 국세청의 발족은 제3공화국의 경제개발계획에 따른 재정 수요를 원활하게 충당할 목적도 컸다.

출범 첫해 국세청은 700억 원을 징수하여 1965년 세수액 대비 66% 증가라는 괄목할 만한 실적을 이뤄냈다. 2015년 국세 수입은 200조 원을 돌파하였다. 지난 50년 사이 국세 수입은 어림잡아 3000배 가까이 늘었다. 2014년 12월 국세청은 수송동 시대를 마감하고 세종 청사로 이전하여 새로운 도약을 꿈꾸고 있다.

국세청 50년의 역사는 우리나라가 한국전쟁의 참화 속의 빈곤을 딛고 세계 경제 강국으로 도약한 근대화의 발자취 그대로이다. 1968년 종합소득세가 시행되었고 1976년 12월 아시아 국가 중 최초로 부가가치세제가 도입되었다. 부가가치세는 도입 당시 모험이라고 여겨졌지만 이제 국세 수입의 3분의 1을 차지하는 중요한 세목으로 자리 잡고 있다.

국세청은 1983년 8월 명성그룹 세무 사찰 결과를 발표한다. 그 결과 명성그룹은 해체의 수순을 밟게 되었다. 그 후 1994년 3월 5개 주요 언론사에 대한 세무조사 발표는 국세청을 권력 기관으로 인식하는 계기가 되기도 하였다. 국세청은 그 외에도 지하경제의 양성화, 부동산 투기 억제, 물가 안정 유지 등 시대적 상황에서 요구된 가욋일에도 앞장서서 경제 경찰의 역할도 해냈다.

이러한 국세청의 현실적인 힘은 표적 세무조사, 정치적 세무조사로 불리는 어두운 그림자도 드리웠다. 정권 교체기마다 인사가 흔들렸고 최고위직이 연이어 영어의 몸이 되는 사례도 경험하였다. 이로 인하여 조세의 중립성, 공정성에 대한 의문이 제기되었다.

제도적으로는 1979년 12월 법인세법에서 신고 납세 방식의 과세로 전환을 시작하여 이제 상속·증여세 등 일부를 제외하고는 납세자 스스로 세액을 결정하고 신고하는 선진 제도로 이행하게 되었다. 사회의 투명화 요구와 전산 시스템에 의한 경제 활동은 국세청의 부과 징수 업무를 획기적으로 개선하는 계기가 되었다.

고도화된 정보 기술을 바탕으로 새롭게 구축한 차세대 국세 행정 시스템NTIS은 세계 첨단으로서 과세의 정확·정밀성 확보와 납세자의 편의를 획기적으로 증진시킬 것이다. 이로 인하여 추계 과세가 드물어지고 에누리 신고, 에누리 과세도 과거의 일이 되었다. 국민들의 납세 의식의 향상은 세금 탈루나 조세 포탈에 대하여 엄격한 대응을 요구하게 되었다.

그러나 우리 법제에서 조세 범죄로 인정하는 기준은 아직도 선진국에 비하여 너그럽다. 세무 공무원은 종전과는 달리 전문 직종 종사자로서 인정받아 공채 경쟁이 치열하다. 국세청의 전가보도의 역할을 하던 세무조사는 그 조사 대상의 선정, 조사 방법과 절차에 대하여 상세한 규정에 의한 통제를 받게 되었다. 국세청 발족 50년이 된 지금은 국세청 본연의 역할을 제대로 수행할 수 있는 제도적 틀이 마련되고 납세자의 의식이 달라졌다.

앞으로 국세청장의 임기 보장, 국세 행정의 중립성 훼손에 대한 제도적 보호, 세무 공무원의 전문화와 청렴 문화 정착 등이 국세청의 미래 과제로 남아 있다. 그러나 무엇보다도 중요한 것은 제도가 아니라 그에 걸맞는 국세청 구성원들의 종래의 낡은 관행에서 벗어나려는 의지와 의식의 선진화이다. 국세청 개청 반백 년의 괄목할 업적을 되돌아보며 납세자의 신뢰와 함께 납세자와 동행하는 국세 행정을 기대한다.

(2016. 3. 3.)

# 05 | 한국세법학회 30년의 과제

한국세법학회가 창립 30주년을 맞았다. 그 30년 동안 제자가 스승이 되었다. 세법의 한 세대가 지난 것이다. 오는 25일 기념 학술 세미나를 열어 그동안의 발자취를 돌아보고 새로운 30년을 기약하게 된다.

1986년 서울대 법대 이태로 교수 문하생들이 세법연구회를 결성한 것이 출발점이다. 그 당시 세법은 거의 불모지였고 겨우 대학원 석사 과정에서 몇몇이 전공하는 정도였다.

세법연구회는 그 이후 폐쇄적 구성에서 외부에 문호를 열기 시작하면서 저변이 확대되었다. 그에 따라 세법연구회는 2002년 7월 사단법인 한국세법연구회로 명칭과 조직을 변경하였다.

학회 학술지인 《조세법연구》를 창간한 것은 1995년 5월이다.《조세법연구》는 2005년에 한국학술진흥재단(현 한국연구재단) 학술지로 등재되었고 올해가 22년째로 22집 2권까지 나왔다.

2005년은 사단법인 한국세법학회로 명칭을 전환한 해이기도 하다. 회원들이 수년간 기획하고 참여하였던 우리나라 최초의 『조세판례백선』이 세상에 선을 보인 것도 그해이다.

세법을 다루는 학회는 많다. 한국세무학회, 한국회계학회, 한국재정학회 등이다. 한국세법학회는 세법 연구를 본령으로 하는 학회의 선도자이자 중추로서 역할을 다하고 있다. 그 발전과 더불어 한국조세법학회, 한국조세연구포럼 등의 세법 연구 학회도 활성화되고 있음은 고무적인 일이다.

한국세법학회는 세법 실무 개선에도 관심을 두어 법원조세커뮤니티와 연 1회 학술대회를 개최하고 있다. 국회에서 국회의원, 국회포럼 등 단체와 세법 개정 공동 세미나도 열고 있다. 또한 세무 관련 학술 단체가 연 1회 여는 조세관련학회 연합학술대회의 일원이기도 하다.

이러한 세법 관련 학회의 괄목할 발전에도 불구하고 한국 세법학은 아직 많은 과제를 안고 있다. 우리나라가 OECD의 중요한 일원으로서 재정 규모도 대폭 확대하였으나 재정의 기초이자 동력인 세법의 질은 이에 미치지 못하는 것이 사실이다. 선진 세정을 내세우고 있으나 막상 우리 세법은 선진 세법이라고 부르기에 민망하다.

학회 창립 2년 후인 1988년 발족한 헌법재판소가 세법 영역에서 가장 많은 위헌 결정을 내림으로써 세법 발전에 채찍이 되었음은 다행스러운 일이다.

이는 세법전만 보아도 안다. 종전에는 모법은 얼개 규정에 그쳤지만 이제는 하위 규정이 모법으로 다수 올라와 충실해졌다. 형식은 조세법률주의의 모습을 갖추게 되었으나 그 내용은 아직 미흡하다. 가장 중요한 세법 입안 과정에서 세법 전문가의 참여 수단이 제한되어 있어 좀처럼 전문가의 검증이 어렵게 운영되는 까닭이다.

세법 기초 입안 작업도 아직까지 실무 행정가의 손에 맡겨져 있음은 아쉬운 일이다. 한국세법학회는 저변이 확대되고 학회로서 권위를 갖추게 된 만큼 앞으로 조세법의 입법과 집행에 실질적인 기여를 할 방법을 찾아야 한다.

세법의 기본 이론, 비교세법, 국제조세의 연구도 빼놓을 수 없는 숙제이다. 예전에는 소수에 의한 세정만으로도 굴러가는 세상이었으나 이제는 개개 국민이 세법을 모르면 안 되는 시대가 되었다. 세법 전문가도 어디에서나 만날 수 있게 되었다.

앞으로는 국민 다수가 참여하여 세법을 만드는 시대가 될 것이다. 좋은 세법을 만드는 데 한국세법학회가 선도자의 역할을 다하여주기를 기대한다. 다시금 한국세법학회 30주년을 축하한다.

(2016. 11. 17.)

# 06 | 조세심판원 발족 10년의 과제

조세심판원이 2008년 지방세 심판 권한을 갖고 기획재정부 소속 국세심판원에서 총리실 소속으로 바뀐 지 10년이다. 청사를 세종시로 이전한 것이 2012년이니 벌써 6년이 되었다. 모체는 1975년에 국세심판 업무를 담당하기 위하여 신설한 국세심판소이다. 1998년 조세소송 구조가 2심제에서 행정법원을 신설하여 3심제로 바뀌면서 종래 국세청의 심사청구가 심판청구와 동격이 되면서 납세자가 선택적으로 제기할 수 있는 기형적 형태로 남았다.

현재는 조세 행정심판의 90%를 조세심판원에서 처리한다. 이러한 상황에서 동격의 국세청 심사청구와 감사원의 심사청구가 존속되어야 할 근거가 사라졌지만 으레 그러하듯이 기관의 이해가 엇갈려 해결 전망은 여전히 불투명하다. 행정심판기관의 조세법원화도 논의되지만 현실성이 더 떨어진다.

조세심판원은 총리실 소속으로 겉으로 위상이 높아졌으나 원장의 직급은 아직도 1급에 머물러 있다. 인사 문제로 총리실, 기재부, 행안부의 이해가 맞물려 상임 심판관 직무 대리가 드물지 않다. 법정 자격을 요하는 상임 심판관은 직무 대리에 의하여 대체될 수 있을까? 대법관 직무 대리가 없는 것과 마찬가지 이치이다.

조세심판원은 최근 납세자 권리 구제의 실효성 제고 방안을 발표하였다. 골자는 좀 더 소송 절차에 접근하여 원시 심리 자료의 공유, 중요 사건 쟁점 기일 도입, 사건 조사 과정에서 당사자의 주장 기회 확대, 처리 기간의 단축, 비상임 심판관의 로비 노출 차단 등이다. 진일보한 것이고 의욕적이지만 이는 조직 확충이나 시간 없이는 해결되기 어려운 과제들이다.

더 중요한 것은 조세심판원의 독립성 확보와 전문화이다. 총리실 소속이지만 외청과 같이 운용되어야 하고 비상임 심판관을 상임화하여야 한다. 비상임 심판관은 합동회의를 제외하고 월 2회 참여한다고 하지만 본업이 따로 있는 그들로서는 업무 부담이 너무 크다.

일본의 국세불복심판소는 심판관이 모두 상임인 데다가 지부도 12개에 이른다. 상임 심판관만 181명이다. 불복하는 납세자의 입장은 어떠한가? 지방세 심판청구는 임의 절차임에도 거의 예외 없이 심판원을 거친다. 변호사가 강제되지 않고 신청 비용이 들지 않는다. 가장 큰 장점은 받아들여지면 행정청의 불복이 불가하여 최종적으로 구제받게 되는 행정심판의 특징이다.

과세 관청은 불복 수단이 없다는 점을 아쉬워하지만 행정심판은 행정청의 불복과 함께할 수 없는 법리이다. 또한 많은 당사자가 호소하는 것은 심판정이 있는 세종시까지 가기가 불편하다는 것이다. 조세 심판청구에서 종전보다 당사자들의 권리가 강화되고 진술의 기회도 좀 더 보장되었다. 당사자나 그 대리인이 조세심판원을 방문하거나 심리에 참석하여야 하는 경우가 늘었다.

그런데 당사자와 그 대리인, 심판 관여인의 대다수가 수도권에 거주한다. 왜 서울에 분원을 두지 않는가? 분쟁 당사자가 접근이 용이한 곳에 행정 기관을 두어야 한다는 것은 행정의 기본이다.

세종시 이전 때부터 거론되어왔던 서울 분원 설치가 답보 상태인 것은 아직도 국민에게 다가가지 못하고 있다는 징표이다. 다수의 당사자나 관계인은 심판원의 운영 개선도 좋지만 서울 분원의 설치로 애로를 해결해주면 더 반길 것이다. 예산이 크게 필요한 것도 아니다. 총리의 결단이면 된다.

(2018. 11. 8.)

KI신서 9157

# 세금을 다시 생각하다

**1판 1쇄 인쇄** 2020년 6월 10일
**1판 1쇄 발행** 2020년 6월 17일

**지은이** 소순무
**펴낸이** 김영곤
**펴낸곳** (주)북이십일 21세기북스

**출판사업본부장** 정지은 **뉴미디어사업2팀장** 이보람
**디자인** 제이알컴 **교정** 제이알컴 **일러스트레이션** 신현재
**영업본부이사** 안형태 **영업본부장** 한충희 **출판영업팀** 김수현 오서영 최명열
**마케팅팀** 배상현 김윤희 이현진
**제작팀** 이영민 권경민

**출판등록** 2000년 5월 6일 제406-2003-061호
**주소** (10881) 경기도 파주시 회동길 201(문발동)
**대표전화** 031-955-2100 **팩스** 031-955-2151 **이메일** book21@book21.co.kr

**(주)북이십일** 경계를 허무는 콘텐츠 리더

21세기북스 채널에서 도서 정보와 다양한 영상자료, 이벤트를 만나세요!
**페이스북** facebook.com/jiinpill21 **포스트** post.naver.com/21c_editors
**인스타그램** instagram.com/jiinpill21 **홈페이지** www.book21.com
**유튜브** youtube.com/book21pub

서울대 가지 않아도 들을 수 있는 명강의! 〈서가명강〉
유튜브, 네이버 오디오클립, 팟빵, 팟캐스트, AI 스피커에서 '서가명강'을 검색해보세요!

**ISBN** 978-89-509-8842-5 03320